U0571478

河南省
制造业高质量发展创新驱动
路径设计与方法研究

Innovation Driven Path Design and Method for
High Quality Development of Manufacturing Industry in
Henan Province

黄毅敏◎著

经济管理出版社
ECONOMY & MANAGEMENT PUBLISHING HOUSE

图书在版编目（CIP）数据

河南省制造业高质量发展创新驱动路径设计与方法研究／黄毅敏著 . —北京：经济管理
出版社，2022. 6
ISBN 978-7-5096-8519-8

Ⅰ . ①河… Ⅱ . ①黄… Ⅲ . ①制造工业—产业发展—研究—河南 Ⅳ . ①F426. 4

中国版本图书馆 CIP 数据核字（2022）第 097450 号

组稿编辑：丁慧敏
责任编辑：丁慧敏 吴 倩
责任印制：张莉琼
责任校对：王淑卿

出版发行：经济管理出版社
　　　　　（北京市海淀区北蜂窝 8 号中雅大厦 A 座 11 层　100038）
网　　　址：www. E-mp. com. cn
电　　　话：（010）51915602
印　　　刷：北京虎彩文化传播有限公司
经　　　销：新华书店
开　　　本：710mm×1000mm /16
印　　　张：16. 5
字　　　数：285 千字
版　　　次：2022 年 7 月第 1 版　　2022 年 7 月第 1 次印刷
书　　　号：ISBN 978-7-5096-8519-8
定　　　价：68. 00 元

·版权所有　翻印必究·

凡购本社图书，如有印装错误，由本社发行部负责调换。
联系地址：北京市海淀区北蜂窝 8 号中雅大厦 11 层
电话：（010）68022974　　邮编：100038

前言
FOREWORD

2014 年习近平总书记调研指导河南工作时提出，希望河南围绕加快转变经济发展方式和提高经济整体素质及竞争力，着力打好以发展优势产业为主导推进产业结构优化升级，以构建自主创新体系为主导推进创新驱动发展，以强化基础能力建设为主导推进培育发展新优势，以人为核心推进新型城镇化"四张牌"。

党的十九大报告指出，"我国经济已由高速增长阶段转向高质量发展阶段"。高质量发展是以创新、协调的新发展理念为战略引领，以增进人民福祉为出发点和落脚点；以供给侧结构性改革为主线，重构我国在产业、产品、企业、要素四个层面的供给体系；以创新要素驱动生产为手段，实现全要素生产率提升的发展方式。河南省制造业结构横向合理化和纵向高级化持续升级，为河南省实体经济发展奠定了良好的发展基础。然而，研究发现河南省制造业仍受产能过剩、成本偏高、利润受挤压等多重因素影响而呈现高耗能、高污染、自主创新比重小及产业价值链低端等现象，高质量发展势在必行。

本书在河南省制造业发展特征和态势测度基础上，首先分析了河南省制造业高质量发展的困境与优势、机遇与挑战，以高端制造业为例对河南省制造业创新能力进行实证研究，提出适合河南省制造业高质量发展的科技创新成果转化路径、协同创新路径、创新效率升级路径等。

其次针对河南省制造业创新能力不足，设计企业精益管理创新方法实践调研问卷并进行调研与分析。本书发现，河南省多数制造企业采用六西格玛管理、精益生产、ERP、流程再造等管理创新方法来提升企业基础创新能力，但整体效果不佳。原因在于没有将这些创新方法深化到企业基础创新能力提升中去，很多制造企业缺乏对本企业资源配置规律性的基础研究，导致其从产品开发到市场服务的众多微观环节存在成本过高、流程不畅、可靠性差、劳动生产率与设备利用率不高、生产与服务系统柔性化水平低等现实问题，进而造成制造业呈现低质、低效、高成本、高耗能、高污染的特征。同时，很难建立产品、设备、材料的"硬技术"和关于生产要素、人和环境的资源组合配置的"软技术"的集成创新机制；没有将科技成果转化到制造工艺、产品设计等价值链上其他环节，导致创新难以实现创新价值链的增值与升级。

最后提出基础创新能力重构，助推河南省制造业高质量发展的思路与方法。本书认为，管理技术创新与专业技术创新如同一驾马车的两个轮子，缺一个轮子或两个轮子不同步就会导致马车不能运转或原地转圈。虽有技术创新，但缺乏与之匹配的管理创新的协同，也不能高效地转化成生产力。管理创新方法缺失，将导致专业技术成果转化与动能释放机制不畅通，过程管理与科学指导不到位，进而无法实现制造业基础创新能力重构。因此，在政府积极推动引导的同时，制造业自身亟须探究推进高质量创新发展的理念与方法，重构基础创新能力，培育强化企业软实力。

该研究成果得到河南省哲学社会科学规划后期资助项目《河南省制造业高质量发展创新驱动路径与方法研究》（2018HQ010）的资助。同时，也感谢河南省高等学校哲学社会科学创新团队（2019-CXTD-08）、河南省科技发展计划软科学项目（222400410075）和河南省高等学校智库研究项目（2022ZKYJ22）的资助。

感谢参与项目研究的学生，其中，徐媛媛撰写第一章至第三章，共4万字；上官彩云撰写第四章，共3.2万字；马远远撰写第六章至第七章，共4.4万字；刘慧敏撰写第九章至第十章，共3.5万字。研究成果是年轻学者数年来的研究心血，期望以书结友，与同道研究者相互切磋，共同为制造业高质量发展建言献策、保驾护航！

黄毅敏

2021年6月6日

目录
CONTENTS

绪 论

第一节　选题背景

一、河南省制造业需要高质量发展

党的十九大报告指出，"我国经济已由高速增长阶段转向高质量发展阶段"。河南省制造业结构横向合理化和纵向高级化的持续升级，将为河南省实体经济发展奠定良好的基础。然而，研究发现河南省制造业仍受产能过剩、成本偏高、利润受挤压等多重因素影响而呈现高耗能、高污染、自主创新比重小及产业价值链低端等现象，高质量发展势在必行。

二、基础创新能力薄弱制约河南省制造业高质量发展

基础创新能力薄弱主要体现在制造业成本较高、高级化水平偏低、价值链处于末端等方面。目前，河南省众多企业采用六西格玛管理、精益生产、ERP、流程再造等管理创新方法来提升企业基础创新能力，但整体效果不佳。究其原因是这些创新方法与企业基础创新能力提升的有机融合程度不强，很多制造企业未能对本企业的资源配置规律性进行充分的基础研究，导致成本过高、流程不畅、可靠性低、劳动生产率与设备利用率不高、生产与服务系统柔性化水平低等现实问题贯穿于企业从产品开发到市场服务的各个微观环节，进而造成制造业呈现低质、低效、高成本、高耗能、高污染等特征。基于河南省制造业薄弱的基础创新能力，想要建立起"硬技术"和"软技术"相结合的集成创新机制难度较大；将科技成果转化到制造工艺、产品设计等价值链上的其他环节能

力不强，导致虽有创新却很难实现价值链升级与增值。

三、基础创新能力重构助推河南省制造业高质量发展

管理技术创新与专业技术创新对企业创新不仅缺一不可，而且还要两边协同协助才能发挥强大的效益。虽有技术创新，但缺乏与之匹配的管理创新的协同，同样不能高效地转化成生产力。缺乏专业技术创新成果转化与释放动能的机制和通道，缺少必要的科学指导和过程管理，都难以实现企业基础创新能力的重构。在此过程中，政府必须为企业提供科学指导，树立政策导向，同时企业要研究实现高质量发展的理念和方法，通过基础创新能力重构，培育企业软实力。

在此背景下，深入研究河南省制造业高质量发展面临的困境与机遇，基础与优势，基础创新能力测度方法，基础创新能力重构思路、重点、路径及对策，为河南省制造业高质量发展提供系统的理论参考，更为制造业高质量发展乃至河南省实体经济高质量发展提供针对性的理论参考与支持，以现实为导向，具有很强的现实意义。

第二节　研究意义

大量的企业实践表明，制造企业的生产基础创新能力是重要的基础。如果没有良好的生产基础创新能力而想要植入某些先进技术，不仅无法正常发挥功效，甚至可能带来负面影响。基础创新能力重构是推动制造业高质量发展的有效方法。那么，如何科学、有效地实现制造企业硬性约束条件下的软实力提升，实现制造业基础创新能力重构，进而提升自主创新能力及高质量发展层次是摆在各界面前的一个重要问题与难题，也是本书的出发点和拟解决的主要问题。

本书采用理论联系实际的学术思想和定量与定性相结合的研究方法，梳理并测度河南省制造业发展基础及优势，探索河南省制造业基础创新能力重构的重点及突破口，设计适合河南省制造业基础及优势的高质量发展路径，为河南省实体经济发展提供针对性的理论参考与支持，具有很强的现实意义。

第三节 相关研究综述

一、高质量发展文献评述

（一）五大发展理念

詹新宇和崔培培（2016）在五大发展理念的基础上，对2000~2014年中国各省份经济增长质量综合指数进行了测度。鲁俊群（2019）认为，数字经济契合五大新发展理念，在中国经济面临新旧动能转换、转向高质量发展的新时代，数字经济将有力推动中国经济实现高质量发展。李子联和王爱民（2019）为了能够直接有效地反映江苏"六个高质量"的发展现状，以五大理念为思想构建了高质量发展评价体系，便于比较江苏与全国其他省市的发展质量。

（二）创新和供给侧结构性改革

程俊杰（2019）指出，创新是实现高质量发展的第一动力，针对当前中国面临的创新能力、创新转化能力不足等问题，提出从模仿到创新、构建优化空间和政策双重机制的建议。王刚等（2019）认为，在现在经济发展融合的背景下，新一代科技革命和产业革命的交融，创新链和产业链的融合，都处于快速发展时期。王喜成（2018）认为，推动高质量发展，必须改变以GDP为单一导向的旧有思想观念和工作导向；坚持以创新发展理念驱动经济的发展，努力实现供需、生产配置、投入产出、收入分配和经济循环的高质量发展，进而在新的层次和高度上持续推动经济健康发展。

（三）不平衡不充分发展

李金昌等（2019）在构建高质量发展评价指标体系时从社会的两个主要矛盾入手，紧扣高质量发展的内涵和新时代社会主要矛盾的变化，从5个部分（经济活力、创新效率、绿色发展、人民生活、社会和谐）提取共27项指标。刘国斌和宋瑾泽（2019）主要立足在区域经济，通过对区域经济的不平衡不充分发展的矛盾的分析，在从科技创新、政府制度、市场机制、社会组织参与四个维度阐述促进区域经济高质量发展的作用机理的同时，结合新发展理念的思想寻找区域经济高水平发展的现实路径，以推动区域经济摆脱发展矛盾，向高质量发展转变。

（四） 关于环境

王群勇和陆凤芝（2018）认为，环境规制对经济增长质量的影响存在"单门槛效应"。环境规制对中西部地区经济的高质量发展作用尤为显著，但对东部地区影响较弱，总体上对促进中国经济高质量增长起到显著作用。童纪新和王青青（2018）基于2005～2016年中国重点城市群，建立指标体系对经济发展质量进行核算，通过构建动态面板模型和门槛模型分析，得出研究结果：雾霾污染对经济发展质量表现出显著的负效应；环境规制并不能有效抑制雾霾污染；雾霾污染、环境规制对经济发展质量的影响存在空间异质性。

（五） 区域制造业高质量发展

钞小静和任保平（2011）以经济质量增长的内涵为出发点，对中国及各地区自1978年以来40年的经济增长质量进行测度，并得出结论：这40年无论是从总体层面上还是区域层面上，中国的经济增长质量水平都获得了一定程度的提高，但是各地区之间的经济增长质量水平仍然存在很大差异。张长星（2019）提出要促进河南经济高质量发展，要正确处理好速度与质量的关系、河南与周边地区协调发展的关系。任保平等（2015）从经济增长的效率、结构、稳定性、福利分配、生态环境代价以及国民经济素质6个方面来构建经济增长的质量指数，重点测度了2012年中国各地区的经济增长质量水平。

（六） 高质量发展研究方法

李元旭和曾铖（2019）将技术创新、政府规模、高质量发展纳入同一个分析框架，并以企业家精神为中介变量与其互动，刻画新时代中国经济高质量发展的机理和路径。徐鹏杰和杨萍（2019）从产业和社会两个层面构建指标体系，测算2006～2016年中国30个省份的高质量发展水平，构建空间计量模型实证检验扩大开放、全要素生产率对中国高质量发展的影响。魏敏和李书昊（2018）构建了10个子系统、53个测度指标的经济高质量发展水平测度体系，测度出新时代中国经济高质量发展水平并分析其空间分布规律。方大春和马为彪（2019）基于 2012~2016 年省际面板数据，从五个维度构建高质量发展综合评价体系，测度中国省际高质量发展水平，并采用地理信息系统与探索性空间数据分析相结合的方法，考察其时空格局演变。许永兵等（2019）基于对高质量发展内涵、任务及要求的认识，从六个维度构建高质量发展指标体系，以河北省为例运用 2005~2016 年经济运行数据，以单指标评价法和发展质量综合评价进行分析。

任保平和李禹墨（2018）认为，需要构建高质量发展的评判体系，实现中国经济从发展的高速度向高质量的转变。评判体系包括：高质量发展的指标体系、政策体系、标准体系、统计体系、绩效评价体系、政绩考核体系。孟祥兰和邢茂源（2019）在供给侧结构性改革的背景下，基于对高质量发展深刻内涵的理解，从五个维度构建了高质量发展评价体系。

（七）高质量发展研究评述

通过对高质量发展的文献收集和整理，发现大多文献都从五大发展理念、创新、不平衡不充分发展的视角出发，注重经济效率与效益，兼顾环境，现有文献研究区域经济高质量发展的多，但针对制造业高质量发展的较少。

关于制造业的高质量发展，学者基于创新、资产配置、人才、产出结构、绿色发展、两化融合、产品质量等角度构建评价体系，核心思想与经济高质量发展一致，都体现了创新、协调、绿色、开放和共享的理念。

通过收集整理相关文献发现，高质量发展的研究方法多样，但大多集中于计量模型（多元回归、空间计量、结构方程等）和指标评价体系，也有一些学者运用因子分析、灰色关联分析、规范研究或对比分析法等方法。

本书从高质量发展的视角出发，将五大发展理念融入高质量发展评价体系的构建中，力图构建体现高质量发展内涵的制造业评价体系，以期丰富相关理论研究，并为制造业高质量发展提供实际参考。

二、区域创新驱动理论模型

杨阳等（2015）通过对区域创新驱动发展的内在机理进行分析，构建了区域创新双层驱动的理论模型，指出了创新驱动发展相关研究存在的误区，并指出创新驱动和驱动创新等相关概念。霍国庆等（2017）通过系统回溯创新驱动发展的理论基础，构建了中国区域创新驱动发展的理论模型，并对模型进行验证，认为区域创新驱动发展结构方程模型可以接受，但是对于分发的调查问卷的回收数量、可信度及效度存在一定的偏差，且对于这个模型是否适用于中国的所有地区还有待验证。但这两者的研究都在双层驱动的结构中孕育区域创新驱动发展理论模型，并通过驱动机制使自主创新与区域产业发展相融合，率先驱动区域的自主创新，最终实现区域的全面发展。

（一） 区域创新驱动影响因素

对于创新驱动的影响因素，唐学芳等（2016）从主题、环境、制度、投入、人才五个方面进行了详细的理论分析，为学者的研究提供了一定的理论实证验证基础。吴战勇（2017）首先提出内部因素主要有组织因素、产业因素、人才因素，外部因素主要从经济因素、文化因素、政治因素来考虑。在此基础上根据所发放的有效调查问卷，并对获得的基础数据进行分析和处理，运用统计学的分析手段得出经济因素、政治因素、人才因素是对区域经济创新发展产生直接影响最大因素的结论，说明经济发展水平、经济结构和政治稳定性、政策法规以及管理水平和人才的引进等是其中的关键驱动因素，而产业因素、组织因素和文化因素产生的影响较低。此结果与其他研究结果相符，验证了了在进行实证分析时可以选择这些关键性因素进行分析，而无须再考虑一些其他变量。李楠等（2016）将创新投入、创新环境、创新人才、创新政策、创新载体五种因素确定为区域创新驱动发展的关键因素，在构建了结构方程模型以后，发现这五种因素之间的联系并不紧密，区域发展模型的构建需要加入区域战略。利用结构方程模型，李炜等（2018）研究认为，区域创新及培育能力的组成因素包括四个方面，即产业创新活力、区域知识支撑水平、区域创新及培育环境、区域经济发展水平。Adeliya 和 Renata（2015）通过评估透明度对区域经济发展的影响以及影响区域发展潜力的因素，得出区域内部和外部的社会和经济因素，以及区域创新潜力的利用。

有学者也对影响因素进行了更为细致的划分和实证验证。臧欣昱等（2017）用 SFA 方法针对驱动因素进行分析，发现对协同创新具有正向影响的因素有环境质量因素和创新主体能力因素，对区域协同创新具有显著负向影响的有创新主体距离，总体来说，影响最大的是企业、市场、政府这三方面因素的驱动。修国义等（2017）采用 DEA－Malmquist 指数法和灰色关联度分析法，分析 2000~2015 年 30 个省市的面板数据，发现整体上省际间创新驱动能力的影响因素驱动。这比前述研究所选的变量更具有针对性和细化性。李永周和袁波

（2018）运用 EViews 8.0，参照柯布—道格拉斯生产函数建立初始计量模型，运用《中国科技统计年鉴》数据进行回归分析，对关键因素进行了细致化分，并得出结论：对社会创新发展都具有较高效率的影响因素是科研经费、创新型人才、企业专业技术人员的开发利用、技术引进吸收和创新产品开发投入；市场结构与区域创新驱动效率负相关，即盲目的竞争反而大大降低了地方政府区域创新驱动的质量和有效性；中央政府的支持和地方政府科研资金投入的强度对于区域创新驱动发展的效率无显著影响。孟卫东和但森（2013）针对我国 31 个省市对知识创造能力、知识获取能力、企业创新能力、创新环境和创新绩效五个方面进行了实证分析。

因为地区经济发展水平的差异性，各地区的影响因素可能存在偏差性问题。在现有文献研究中，有学者针对某一省市的影响因素进行了分析。刘丽辉和陈晶瑛（2012）在对广东省区域创新能力影响因素进行实证分析时运用了知识生产函数，加入了技术合同成交额这一影响因素，用来反映创新主体之间的知识流动能力，认为该因素反映了一个地区的创新基础，是促进创新和技术进步的基本动力。李涛和孙研（2016）在对西部地区的研究中也考虑到了技术的流动性，采用了技术流动环境来衡量技术创新的对外开放度对西部地区创新活动的影响。

（二）创新驱动评价方法研究

我国对区域创新驱动影响因素的分析很多，柳卸林（2003）最初从中国国情出发，提出以企业为创新主体的创新结构体系，开放的、可利用国内外各种资源的知识获取体系，一个有区域特色的产业创新体系，面向创新管理的政府工作方式，适宜创新的环境和基础设施是区域创新体系建设的关键因素。此结论的提出为后续创新驱动影响因素的研究提供了很大的借鉴价值。表 1-1 和表 1-2 为各学者对区域创新驱动影响因素的研究情况。

表 1-1　区域创新驱动影响因素理论研究

作者	影响因素	主要分析结果
唐学芳等（2016）	主题、环境、制度、投入、人才	理论层面提供影响因素参考
李楠等（2016）	创新投入、创新环境、创新人才、创新政策、创新载体	该五种因素可作为关键影响因素分析，并且因素之间具有联系

续表

作者	影响因素	主要分析结果
李炜等（2018）	区域知识支撑水平、区域创新及培育环境、产业创新活力、区域经济发展水平	提出创新概念，针对创新的影响因素进行分析，经济发展水平对创新具有最重要的影响，其次是环境、活力、知识
吴战勇（2017）	分为内外两大因素。内部因素为产业因素、组织因素、人才因素；外部因素为经济因素、文化因素、政治因素	经济发展水平和经济结构、政治稳定性和政策法规以及人才的引进和管理水平等是关键驱动因素

表1-2　区域创新驱动影响因素实证研究

作者	方法	主要分析结果
臧欣昱等（2017）	SFA方法	政府、市场和企业为主要驱动因素，环境质量和创新主体能力对区域创新具有促进作用，创新主体之间的距离越近，区域创新越好
修国义等（2017）	DEA-Malmquist指数法和灰色关联度分析法	外资开放度、贸易交流度和产业结构升级程度、高等教育水平、规模经济与区域创新驱动全要素生产率关联度最高
李永周等（2018）	参照柯布—道格拉斯生产函数建立初始计量模型	科研经费、加强创新型人才、企业专业技术人员的开发利用、技术引进吸收和创新产品开发投入对社会创新发展都具有较高效率
孟卫东等（2013）	计量经济方法	知识获取能力、知识创造能力、创新环境和创新绩效、企业创新能力对创新能力有明显的正向促进作用，由于区域差异，五种因素在东部、中部、西部省（市、自治区）影响程度不同

通过以上分析可以看出，影响创新驱动的因素总体上分为创新投入、创新环境、创新制度、创新主体、创新人才以及空间影响等。另外，根据研究区域的差异性选取适宜的影响因素。

尹猛基（2015）基于创新驱动发展的内涵和投入产出思想，构建省级行政区域创新驱动发展水平评价模型，研究结果显示上海、江苏、浙江、天津、北京的创新驱动发展水平排在前5位；部分省份的经济总量虽大，但创新驱动发展的水平不高。Esmaeilpoorarabi等（2018）对区域、城市和集群分为11个主题进行分析，其中涉及人力资本、数据、工具性资本、环境、经济和社会等，运用层次分析法择取权重，最终选取了人力资本、环境、国际交流等，具有一定的参考价值。Bjorn 等（2011）考察了区域创新系统方法的要素以及特征，通过对区域创新系统范式的评价以及综合分析，为理论、实践以及政策领域做出相应的贡献。

结合文献（蒋玉涛，2009；杨千钰，2017），区域创新评价指标如表 1-3 所示。

表 1-3　区域创新评价指标

一级指标	二级指标	三级指标	四级指标
创新驱动条件	基础条件	经济条件	人均 GDP
			地方财政收入
		教育条件	高校在校学生数
		信息条件	国际互联网用户数
	环境条件	技术环境	高新技术企业区
			科技研究机构
			技术市场合同成交额
		政策环境	科技投入/地方财政支出
			教育经费/地方财政支出
		硬环境	每百人公共图书馆藏书量
			人均财政支出
		软环境	大中型工业企业科技活动获得金融机构贷款额
			教育经费占 GDP 的比例
创新驱动能力	创新投入	人才投入	R&D 人员数
			R&D 人员数/年末从业人员数
		资金投入	R&D 经费投入
			R&D 经费投入/GDP 比重
	创新产出	知识产出	专利授权数
			有效发明专利拥有量
			每百名科学家与工程师平均发表的国内论文数
			每千名科技活动人员发表的科技论文被国外主要检索工具收录数
			每亿元科技经费内部支出产生的发明专利授权数
			每万人三种专利申请数

续表

一级指标	二级指标	三级指标	四级指标
创新驱动能力	创新产出	技术产出	新产品增加值
			高新技术产业增加值
			大中型工业企业新产品销售收入占主营业务收入比重
		技术扩散	技术市场成交合同额
			大中型工业企业国内技术成交额
创新驱动贡献	就业贡献	失业率	年末城镇登记失业率
	技术贡献	产业结构	第三产业增加值/GDP
			高新技术产业增加值/GDP
		技术依存度	技术引进经费/R&D 比重
	环境贡献	空气质量	城市空气质量指数
		污水处理	城市污水集中处理率
		废物利用	工业固体废弃物综合利用率
		单位能耗	单位 GDP 能耗
	生产效率	生产率	劳动生产率增长
			技术效率变化
			纯技术效率变化
			规模效率变化
			技术进步变化
			全要素生产率
	增长速率	增加值率	第三产业增加值率
			高新技术产业增加值率
	要素贡献	贡献率	物质资本贡献率
			人力资本贡献率
			劳动力贡献率
			技术进步贡献率

（三）创新驱动发展路径

培育区域发展的核心动力，将创新能力和潜力转化为现实生产力，增强区域创新发展的内在动力和活力，这是创新驱动推动区域竞争优势重构的路径。创新驱动路径选择的研究脉络如表1-4所示。

表 1-4 创新驱动路径选择

作者	路径分析
林平凡（2016）	针对技术、市场、产业、创新文化四个方面提出了四个路径
王业强等（2017）	关于新时期科技创新驱动区域协调发展的战略思考：坚持"分区分级分类"的基本思路，合理培育区域创新增长极点，加强科技创新点线互动，构建"弓箭型"科技创新空间网络体系，实行差别化引导政策等观点
吴战勇（2017）	实施科技创新区域差异化的优先推进战略，推进引领性企业向战略性新兴产业转向以及区域协同创新三大路径
孙志芳（2013）	多元信息建设融资渠道、优化信息人才资源开发体系和优化信息服务中介组织体系等路径

（四）创新效率研究

Grazzi 等（2017）对印度制造业的技术创新过程进行了实证分析，发现加大科研经费投入和引进国外技术都会使技术创新效率得到提高。Mammadov（2017）基于模糊理论构建了相关的全新指标体系，并对近 700 家企业进行了技术创新效率的评价分析。我国目前对于制造业的投入和重视是不够的，知识创新与产品创新的效率不均衡，创新效率过低，应提出建立更完善的创新体系与改善国内的创新环境，加强企业创新文化管理的建议（范蔚琳，2017）。我国创新活动的开展力度不够大，投入资源浪费比较严重，投入与产出比例太小，应当加强企业的自主创新能力，政府也要加大支持力度，建立完善的创新体系（马俊杰，2017）。河南省创新方面存在的问题有：城市创新建设发展不均衡、大部分城市创新规模低下、城市创新环境不够优化，应建设完善创新体系、集聚创新人才、优化创新环境（王留帅，2016）。知识创新方面要加强将知识转化为产品的能力，加强政府的扶持力度，增加企业创新积极性（王玮，2016）。政府的扶持力度和企业自身的创新能力是影响创新效率的关键因素，所以迫切需要加大政府扶持力度，以此来鼓励企业进行创新活动，而且在此基础上还要要求企业对自身的创新能力进行强化。

在技术创新效率方面的研究，学者青睐于两阶段与三阶段 DEA 模型，前者通过将技术创新活动过程看作一个整体，并对其进行分解，从而更好地将这个活动过程展示出来，而后者则考虑到不同被评价单元所处的不同环境，巧妙地使用随机前沿方法（Stochastic Frontier Approach，SFA）将环境影响分离出来，使技术创新效率可以更加真实地反映出来。本书将这两种方法相结合，将三阶段分析融入两阶段之中，从而将两种方法的优势合二为一，更加准确地将被评价单元的技术创新效率展示出来，为决策者提供更有价值的信息，帮助其更有效地解决问题，提升技术创新水平，促进河南省制造业转型升级，促使河南省经济更加快速稳定地发展。

综上所述，大部分学者从宏观角度对技术创新效率评测方法进行研究，具体到每一行业或者小地区的较少。目前，学者更加偏向对技术创新进行动态分析，并偏向于分阶段测量和评价技术创新效率，可以更加准确地确定技术创新这一动态过程，且能在一定程度上探究技术创新的"黑箱奥秘"。

三、灰色关联方法研究

作为一种系统分析方法，灰色关联分析模型具有不要求序列长度和概率分布的优点，弥补了数理统计方法做系统分析的不足。目前，基于点关联系数的分析模型（邓聚龙，2002；肖新平，1995；党耀国等，2004；孙玉刚和党耀国，2008），已拓展到基于面积的广义关联分析模型（刘思峰和谢乃明，2010；蒋诗泉等，2015；Luo 等，2015），但其主要适用于截面数据与时间序列等一维数据的类型。因此，对面板数据进行灰色关联分析是一个有价值的研究方向（Liu 等，2013）。之后，学者从不同方面对灰色理论进行了研究，如张可等（2010）填补了灰色关联理论在面板数据中应用的空白；吴利丰和刘思峰（2013）建立三维灰色凸关联度模型，考虑了指标的发展趋势；钱吴永等（2013）解决了关联序的问题；Li 等（2015）解决了面板数据不等时长的问题。

河南省制造业高质量发展特征与态势研究

第一节　河南省制造业高质量发展基础：工业发展 SWOT 分析

一、引言

河南省制造业在 20 世纪 50 年代中后期得到了很好的巩固和发展，制造业中心城市主要组成集中于京广铁路和陇海铁路沿线。平顶山市已发展成为首批中国煤炭生产基地，郑州市成为首批中国的纺织业重要产地。河南西部发展成为中国五大优质黄金的生产和加工产地，中原油田为全国主要开采油田，矿产资源的工业化和综合开发利用使得近年来河南省工业总产量跃居全国首列。近年来，尽管河南省工业保持了经济发展总体平稳、持续提高的势头，但工业运行过程中的困难和矛盾问题仍然十分突出，工业经济发展下行压力依然很大。结合近年来河南省工业的发展现状和工业经济发展的一般趋势和规律，河南省在国民经济和社会发展过程中应继续保持传统支柱产业平稳运行、积极地推进战略性重点新兴产业的增长，进一步将河南省打造成先进的制造业大省。

近年来，随着中部地区经济的深度发展，河南省抓住机遇，积极发展工业，迅速崛起，工业发展呈现良好的势头，主要有以下特征：①从规模和总量上来看，河南省工业发展势头良好，做大做强趋势明显。近年来河南省工业投资总值和规模以上工业生产总值均呈现正向攀升，且工业投资增速不断加快，河南省工业的规模和体量不断加大。如图 2-1 所示，2013~2017 年，河南省工业企业的固定资产投资呈现不断上升的变化趋势。2017 年，规模以上工业企业的主

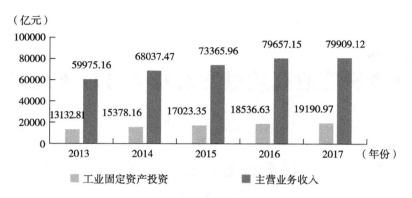

图 2-1　2013~2017 年河南省工业固定资产投资及主营业务收入

资料来源:《河南统计年鉴》。

营业务收入增长达到历史新高,增长规模达到 79909.12 亿元,较 2013 年增长 33.24%。2016 年工业企业为税收贡献了 2282 亿元,较 2015 年增长 1.09%。另外,从图 2-2 中可以看到,自 2013 年以来,河南省的工业生产总值也不断大幅上升,增幅也逐年略有小幅度的增加。总体上河南省工业的固定资产投入和工业产出都在进一步加大,工业发展态势稳中向好。②从工业增加值来看,河南省工业近年来稳定发展并总体呈上升趋势,规模以上工业增加值占全国的比重也在逐步提升(见表 2-1),2018 年河南省全部工业增加值达到了 22034.83 亿元,比 2017 年的 18807.16 亿元增长了 17.2%。而且全省规模以上工业的增加值较 2017 年有较大提高,提高了 7.5%。通过规模以上企业数据则可以看出,

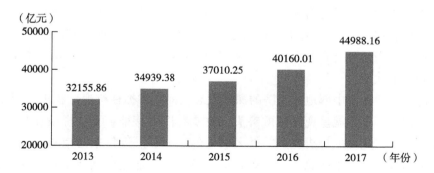

图 2-2　2013~2017 年河南省工业生产总值变动

资料来源:《河南统计年鉴》。

传统产业同比增长了 6.7%，占河南省规模以上工业增加值比重最大，占 46.6%；战略性新兴产业和高新技术产业分别提高了 12.2% 和 12.3%，占到规模以上工业的 15.4% 和 10.0%，占比在逐步提升扩大；而高耗能工业同比提高了 7.3%，在全省规模以上的工业中占比 34.6%，较往年有所下降。传统制造行业对全省规模以上工业总值贡献近半，传统行业仍是河南工业的重要支柱。相比之下，高新技术制造业仅占全省规模以上工业的 10.0%，说明河南在高新技术产业方面还有所欠缺。总体而言，河南省工业经济有了做大的动力和基础，但在工业发展质量上还有巨大的提高空间。③从轻重工业的相关指标来看，河南省轻重工业增加值变化大致相等，轻重工业结构不断合理深化。1978 年，全省轻重工业产值比重为 0.8∶1，重工业占比高于轻工业，但仍以劳动密集型为主，技术含量不高。改革开放尤其是进入 21 世纪后，随着工业化进程的加快，以黑色和有色金属工业、石油化工及煤化工工业、装备制造工业等为主体的重化工业加快发展，工业内部结构向更高层次演进，重工业比重逐渐增加。2018 年，全省轻、重工业增加值比重分别为 10.70% 和 10.80%，重工业比重大幅上升，资本密集型、技术密集型企业得到迅速发展，为工业经济由大变强奠定了基础。具体数据如表 2-2 所示。

表 2-1　2015~2018 年工业增加值　　　　　　　　单位：亿元

年份 地区	2015	2016	2017	2018
河南	16100.92	16830.74	18807.16	22034.83
全国	234968.9	245406.4	275119.3	301089.3
百分比（%）	6.85	6.86	6.84	7.32

资料来源：国家统计局。

表 2-2　2015~2018 年河南省轻重工业相关指标

年份	重工业增加值（%）	轻工业增加值（%）	重轻工业比
2015	11.90	11.50	67.1∶32.9
2016	11.70	10.40	66.0∶34.0
2017	8.90	8.10	64.7∶35.3
2018	10.80	10.70	67.0∶33.0

资料来源：《河南省国民经济和社会发展统计公报》。

二、河南省工业化所处阶段

本书参考钱纳里关于工业化的相关指标来考察河南省工业化所处阶段（见表2-3）。

表2-3 钱纳里工业化水平评价指标标准

经济含义	基本指标	工业化初期	工业化中期	工业化后期	后工业化阶段
经济发展水平	1955年人均GDP（美元）	1200~2430	2430~4870	4870~9120	>9120
	2000年人均GDP（美元）	1320~2640	2640~5280	5280~9910	>9910
	2005年人均GDP（美元）	1490~2980	2980~5960	5960~11170	>11170
产业结构	三次产业产值结构	A>20%	A<20%	A<10%	A<10%
		A<I	I>S	I>S	I<S
空间结构	人口城市化率	30%~50%	50%~60%	60%~75%	>75%
就业结构	第一产业就业人员比	45%~60%	30%~45%	10%~30%	>10%

修正人均GDP指标，得到1995~2018年中国通货膨胀率相关指标，如表2-4所示。

表2-4 1995~2018年中国通货膨胀率相关指标

年份	CPI指数	通货膨胀率	CPI累加指数	年份	CPI指数	通货膨胀率	CPI累加指数
1995	—	—	100	2007	4.80%	4.8	124.36
1996	8.30%	8.3	108.3	2008	5.90%	5.9	131.7
1997	2.80%	2.8	111.33	2009	-0.70%	-0.7	130.78
1998	-0.80%	-0.8	110.44	2010	3.30%	3.3	135.1
1999	-1.40%	-1.4	108.89	2011	5.40%	5.4	142.4
2000	0.40%	0.4	109.33	2012	2.60%	2.6	146.1
2001	0.70%	0.7	110.1	2013	2.60%	2.6	149.9
2002	-0.80%	-0.8	109.22	2014	2.00%	2	151.9
2003	1.20%	1.2	110.53	2015	1.40%	1.4	153.3
2004	3.90%	3.9	114.84	2016	2.10%	2.1	155.4
2005	1.80%	1.8	116.91	2017	1.50%	1.5	156.9
2006	1.50%	1.5	118.66	2018	2.10%	2.1	102.1

资料来源：根据中华人民共和国商务部每年公布的通胀值整理。

修正后的人均 GDP 与工业化发展过程各个阶段的对应关系如表 2-5 所示。

表 2-5　修正后的钱纳里工业化水平评价指标标准

经济含义	基本指标	前工业化阶段	工业化实现阶段			后工业化阶段
			工业化初期	工业化中期	工业化后期	
经济发展水平	2017 年人均 GDP（美元）	1014~1914	1914~3812	3812~7641	7641~14309	>14309
产业结构	三次产业产值结构	A>I	A>20%	A<20%	A<10%	A<10%
			A<I	I>S	I>S	I<S
空间结构	人口城市化率	<30%	30%~50%	50%~60%	60%~75%	>75%
就业结构	第一产业就业人员比	<60%	45%~60%	30%~45%	10%~30%	>10%

通过对相关数据的处理，得到结果如表 2-6 所示。

表 2-6　人均 GDP、三次产业产值结构、人口城市化率和第一产业就业人员比情况

人均 GDP	三次产业产值结构	人口城市化率	第一产业就业人员比
	A=9.6%		A=31.0%
47130 元	I=47.7%	50.16%	I=38.0%
7650 美元	S=42.7%		S=31.0%

注：汇率以 6.16 计算。
资料来源：《河南统计年鉴》。

从表 2-6 中可以看出，河南省已经达到了工业化中期。人口城市化率虽不太高，但已经接近中期阶段水平。按照工业化进度将各指标进行排序，应为：第一产业就业人员比、人口城市化率、人均 GDP 和三次产业产值结构。总体来说，河南省目前属于工业化发展中期。

三、河南省工业发展 SWOT 分析

作为中部地区的重要大省，河南省经济发展相比同一地区实力较强，但与其他省份和地区相比，经济实力仍有较大提升空间。通过 SWOT 分析，整体把握河南省制造业发展过程中的优势和劣势，抓住发展机遇，洞悉发展过程中的挑战，为河南省工业的转型升级提供有力的决策依据，对河南省工业的未来发展趋势做出科学预测。

（一）工业发展具有的优势

（1）相对区位优势。河南地处中原，承接东西、贯通南北，其地理位置优势很大。得天独厚的地理位置为河南省带来了便利的交通优势，使河南省成为中国重要的交通枢纽。其中陇海、京广两大铁路干线相会于河南省会城市郑州，成就了郑州"全国铁路心脏"的重要交通称号，并构建了"双十字"的河南铁路网和"米字形"的高铁网，为河南省构建中原城市群、连接周边城市共同发展提供了发展基础。在新时代的背景下，联通世界的中欧班列在河南发展，河南省逐步成为中国对外交流和经济往来的重要新阵地，为河南省的经济发展带来了新思路、新机遇。此外，河南省航空业近年发展势头迅猛，郑州机场开通民航运营，新郑机场的辐射范围已基本拓展覆盖全球主要经济体。货运量已经跻身全球50强，这为河南省对外经贸发展往来打开了新大门。便利的陆上交通，飞速发展的航空业，随着多式联运交通发展而来的人员流通、货物流通、资金流转、信息流通将为河南省的发展注入源源不断的活水。

（2）工业基础良好。河南省抓住改革开放的机遇促进工业的发展，70年来不断在发展中找寻适合自己的道路，坚持工业、农业发展和自然生态保护齐头并进，走新型工业化和城镇化相结合发展的道路。70年来，河南省工业逐步发展并不断壮大，在全国的影响力和地位发生了翻天覆地的改变。工业结构门类日趋完善，目前河南已基本建立起了40个工业行业大类。不仅传统工业部门日渐齐全，一些新兴的产业部门也逐渐建立起来，且市场竞争力也在不断增强。2018年6月，河南省规模以上工业增加值同比上年提高了7.8%（增加值增速均为扣除价格因素的实际增长率），较5月增加了0.1个百分点（见图2-3），充分体现了工业的良好发展趋势，40个大类行业中增加值保持同比增长的占85%，34个行业都保持增长态势。由此可见，新时代下河南省工业经济的转型提高是具有有利的现实基础的。

（3）具有后发优势。目前，河南省的工业化进程正在进行跨越式发展，后发优势凸显。工业经济持续较快增长，结构不断优化升级，质量效益逐渐改善，产品优势不断加强，经济发展空间较大。近年来，河南省不断加大科研经费投入，建设新型实验室，使一批科研机构兴起。截至2017年，全省规模以上工业企业中有研发活动的机构数2397个，规模以上工业有效发明专利数1.4万件。未来，河南省在现有经济发展的基础上，若能充分利用先进的生产技术以提高资源利用率，在不影响生态环境的基础上对自身资源加以整合并进行合理开发，

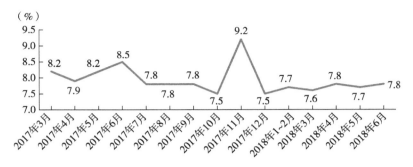

图 2-3 河南省规模以上工业增加值增长速度

资料来源：河南省统计局。

将会产生巨大的经济效益，将绿水青山真正良性改造成"金山银山"，极大地实现可持续发展。

（4）劳动力及市场优势。河南省有丰富的人力资源优势，可以为河南省工业发展提供大量劳动力。2018年，河南省总人口共有10852.85万人，仅次于山东省和广东省，位居全国第三，总人口相较2017年初增加了64.71万人。其中常住人口增加了26.71万人，常住人口总数9559.13万人，达到总人口的88%以上。近年来河南省越来越关注教育，重视对高技术、知识人才的培养。若能将庞大的人口转化为高技术人才，那么带来的人口红利是其他省份无法企及的。就人口总量、储蓄与消费的关系来看，庞大的人口潜藏着巨大的消费市场。2016年末，河南省城乡居民人民币储蓄存款比2015年末增长13.3%，达到人均53977.62亿元。2017年，全省的服务业中仅批发零售业和住宿餐饮业就达到了增加值4577.71亿元，高于GDP年均增速2.9个百分点，占GDP的比重为10.3%。人口红利和市场前景对河南省工业的发展将产生巨大的拉动效益。

（5）具有资源优势。河南省是中部省份中的资源大省，工业发展资源优势显著。就自然资源来说，河南省地形种类丰富，有山地、丘陵、平原，复杂的地质构造和地层结构，对矿产资源的形成十分有利，河南省地下矿产资源丰富。到2012年，河南省内已发现各类矿产共141种，且已开发利用的矿产共有92种，其中非金属矿产、金属矿产、水气矿产分别有61种、23种、2种，以铝、煤、石油、天然气等为主，储量较大。此外河南省还是重要的能源基地，发现能源矿产共有6种，石油、煤炭和天然气这些主要能源的储量分别占全国第8位、第10位和第11位。化石能源保有量在全国位次均相对靠前，种类丰富，储量大。河南省清洁能源开发历史悠久，条件优越。全省共有河流1500多条，已开发的水电装机发电量约为 233.11 万千瓦，河流开发程度高，居全国第二。

（6）相对的科技优势。近年来河南省对科技发展的重视程度大大提高，科技水平占据相对优势。科学研究投入不断加大，如表 2-7 所示，河南省科研经费投入总量和增速均持高速上升态势。目前，全省有高新区共 32 家，其占有量达到全国第 10 位，其中国家级高新区就有 7 家；除专门的技术高新区外，作为技术创新的主体，企业的科技创新地位日益突出。平顶山、郑州、洛阳等投入建立了一批高新技术产业开发区，例如中航光电科技股份有限公司、许继集团有限公司、郑州宇通客车股份有限公司、平高集团有限公司、郑州日产汽车有限公司等，涌现出一批高新技术企业并站在河南省技术创新的最前端。另外，一批以国家专利审查协作河南开拓新技术、国家技术转移郑州重点开发、国家知识产权强省试点等为代表的"国字号"创新载体也先后落户河南。这些举措极大提高了河南省科技成果的转化率和优化度，使科技创新对经济的支撑力加大。自 2005 年全省重大科技专项实施以来，共立项 367 项，预期实现经济效益达 1500 亿元。

表 2-7　1991~2018 年河南省 R&D 内部支出情况

年份	R&D 经费内部支出（亿元）	较上年增量（亿元）	增速（%）	年份	R&D 经费内部支出（亿元）	较上年增量（亿元）	增速（%）
1991	0.65	—	—	2005	55.61	13.25	31.3
1992	0.8	0.15	23	2006	79.84	24.23	43.6
1993	1.95	1.16	145	2007	101.13	21.29	26.7
1994	2.31	0.36	18.3	2008	124.09	22.96	22.7
1995	4.12	1.81	78.3	2009	174.76	50.67	40.8
1996	7.55	3.43	83.3	2010	211.38	36.62	21
1997	8.71	1.16	15.4	2011	264.49	53.11	25.1
1998	10.71	1.99	22.9	2012	310.78	46.29	17.5
1999	14.12	3.41	31.8	2013	355.35	44.57	14.3
2000	24.8	10.69	75.7	2014	400.01	44.66	12.6
2001	28.31	3.51	14.1	2015	435.04	35.03	8.8
2002	29.32	1.01	3.6	2016	494.19	59.15	13.6
2003	34.19	4.88	16.6	2017	582.05	87.87	17.8
2004	42.36	8.17	23.9	2018	671.52	89.4	15.4

资料来源：《河南省国民经济和社会发展统计公报》。

（二）工业发展存在的劣势

（1）经济实力与发达省份之间还存在差距。从表 2-8 中可以看出，2016 年，河南省规模以上工业增加值 16830.74 亿元，排在第一的上海市为 33079.72 亿元，河南省的工业增加值仅占上海市的 1/2。河南省规模以上工业以高达 5174.14 亿元的利润总额排名全国第二，排名第一的山东省为 8643.1 亿元，约占山东省的 60%。

表 2-8　2016 年相关指标排名　　　　　　　　单位：亿元

排序	工业增加值		利润总额	
1	上海市	33079.72	山东省	8643.1
2	山东省	26648.6	河南省	5174.14
3	浙江省	17974	浙江省	4323
4	河南省	16830.74	上海市	2898.52
5	河北省	13194.4	福建省	2643.25
6	湖北省	12255.46	河北省	2610.0
7	四川省	11569.8	湖北省	2441.35
8	福建省	11517.21	四川省	2176.1
9	山西省	11507.6	深圳市	2043.2
10	天津市	7238.70	天津市	1984.87
11	深圳市	7199.47	山西省	208.7

资料来源：各省市统计公报。

（2）工业布局不合理。在推进地区工业化过程中河南省对工业的理解还不是很全面，存在一些不合理的问题。例如工业发展中的重复性建设、产能过剩、资源利用率低等问题。大而粗的传统生产方式也不可避免地造成资源利用率低下，相对于较精细化的生产模式而言，容易造成资源浪费和不完全利用。

（3）企业成本持续攀升。据统计，2017 年 1~9 月，河南省 40 个工业大类中有 27 个行业生产成本高于全国。现今生产成本占比仍在持续攀升，而企业盈利能力却十分低下，一批亏损企业和困难行业增现，工业实体负担较重。尽管河南省出台了一系列降税减负降成本的政策，但工业生产成本仍然非常沉重，上游生产成本加大，下游利润缩减，中小型企业融资困难、市场交易成本大，下游产品价格降低，整个生产、销售过程中的结构性矛盾仍然突出，这对河南省实体经济发展产生极大抑制，实体经济发展受到挤压。

（4）工业运行压力加大。目前河南省工业运行面临的问题仍较多，首先环保要素制约加大，新的环境保护法出台，对工业生产环境要求提高，很多工厂因环境要求不达标，只能减产关停。其次受市场预期影响，市场需求疲软，全球经济处于温和复苏期，国外市场需求萎缩，国内消费转型，服务型消费增加，制造型消费缩减，传统工业产品需求减少，国内外市场需求放缓。最后受投资预期偏弱等因素的影响，未来河南省工业投资前景有待观察，自 2011 年以来，投资增速不断减缓，工业投资比不断回落。

（三）工业发展存在的机遇

（1）国际经济环境所带来的机遇。在整个世界经济一体化客观上深入发展和中国加入世界贸易组织的主动选择下，世界环境呈现包容发展，各国的贸易壁垒有所削减，我国顺应时势，不断扩大对外开放的范围，对外开放由东部地区向中西部地区深入的速度加快，有利的国际环境为河南省的对外经贸提供更多的机遇。目前，河南省的"走出去"和"引进来"同向深入发展，世界 500 强企业中就有 35 家落户河南，同时河南省在对外发展方面也在44 个国家中建立了 100 多家境外企业，河南省具备较为完善的工业基础以及丰富且廉价的劳动力资源，较其他中部省份更具有优势，在全球产业布局中会更受青睐。

（2）产业转移所带来的机遇。2010 年 9 月，《国务院关于中西部地区承接产业转移的指导意见》（以下简称《指导意见》）的印发和出台，对中西部地区承接产业转移、加快转变经济发展方式、调整产业结构、促进中部地区崛起提出了指导性的意见，促进了中部地区劳动力就业、转移就业，对河南省的产业城市转移和聚集提供了有利的政策基础。

（3）良好的政策服务环境带来的一系列机遇。《指导意见》的出台，在财税、金融、产业与科研项目投资、土地、商贸、科教文化等各个方面和领域为进一步改善中部地区的产业承接环境、投资环境，促进东南沿海和国际产业转移提供了若干支持政策。政策对中部地区产业投资环境的改变为河南省也提供了产业交流发展的新机遇。强大的政策支持效应日益凸显并逐渐发挥重要作用，如表 2-9 所示。

表 2-9　《指导意见》政策支持

财税政策方面	强调对中西部地区符合条件的国家级经济技术开发区和高新技术开发区公共基础设施项目贷款实施财政贴息
产业和投资政策方面	提出要修订产业结构调整指导目录和政府核准投资项目目录
土地政策方面	强调要优先安排产业园区建设用地指标，探索工业用地弹性出让和年租制度
商贸政策方面	提出支持在条件成熟的地区设立与经济水平相适应的海关特殊监管区域或保税监管场所，培育和建设一批加工贸易梯度转移重点承接地
科教政策方面	明确要加大对产业园区技术创新体系建设、知识产权运用以及自主知识产权产业化的支持力度

（4）郑州航空港的建设。郑州航空港的建设为河南省带来了巨大的效益，吸引了全球的生产要素，以及随之而来的大规模生产企业入驻。例如，智能终端产业园已吸引联邦快递、德迅、好想你、惠普等各大知名企业在此发展。便利的交通、优越的地理位置使郑州有能力成为中原城市群的核心，连接周边城市，发挥辐射带动作用，促进河南省工业化的经济发展，为河南省经济跨越式发展带来重大机遇。

（5）丝绸之路经济带的建设。国际欧亚科学院院士毛汉英认为，丝绸之路经济带的建设为推进河南加快实施东进西出的双向开放战略提供了极为重要的历史机遇，未来河南省有望实现跨域式发展。新亚欧大陆桥是丝绸之路国际经济带最主要的运输通道，而目前河南省正处于新亚欧大陆桥的交通咽喉和中心位置，加上河南建立起来的快捷的铁路、高铁和航空三位一体交通运输方式，这意味着河南省经济发展将迎接越来越多的机遇。开通运行在新亚欧大陆桥上的郑欧国际班列主要客户群和货源地也已辐射覆盖了一大批包括珠三角、长三角、环渤海等经济圈的基础货源地，集货半径超 1500 千米，辐射范围达到 2000千米。河南郑州，因其地理位置独特优势，位于新亚欧大陆桥的交通主线上，使河南省的工业产成品可以远销海外，郑州进而也成为了丝绸之路经济带上的物贸集资地。因此，丝绸之路经济带为河南工业的发展带来了外向型经济的新契机。

（四）工业发展面临的威胁

（1）技术创新落后。未来社会经济的发展必然以科学技术为主要驱动力，

　　科技教育是一个国家地区未来发展的重要基础。河南省自身先天科技能力条件相对缺乏，技术创新的基础条件不先进。河南省虽是人口大省，但社会文化程度偏低，高技术型人才、知识型人才缺乏。如图 2-4、图 2-5 所示，北京市研究生人数约是其应届毕业生人数的 1/2，而河南省应届毕业生人数众多，但其研究生人数仅是其毕业生人数的四十多分之一。由此可见，河南省受教育水平与发达省份的差距还较大，较为缺乏高技术型人才，进而缺乏创新能力，对河南省工业的发展影响较大。科技创新的水平不高，科技创新的市场环境相对缺乏动力，这些不足也使河南省在承接产业转移及自身发展转型上受到了一定局限。

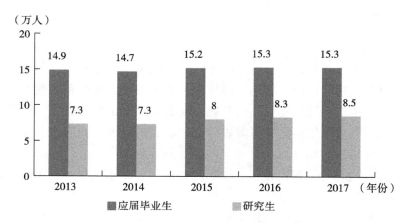

图 2-4　2013~2017 年北京市受教育情况

资料来源：北京市统计局。

图 2-5　2013~2017 年河南省受教育情况

资料来源：河南省统计局。

（2）开放经济环境下的威胁。随着市场由卖方转向买方，河南省工业产品面临更为激烈的国内外竞争，这就要求河南省要有危机意识，要么从产品成本入手，充分利用资源提高生产效率，从而降低成本，以此作为防御型策略；要么主动出击，从产品差异化入手，通过提高产品质量、开发新产品、提高产品体验、创新产品销售渠道等方式来增加市场份额。

（3）承接产业转移的难度加大。在产业链全球化的市场环境下，河南省的产业承接也面临国内外的不少竞争。一方面，目前中国社会经济的发展水平和速度使中国的劳动力成本不断上涨，一些劳动密集型企业在用工成本上升的现状下会更倾向于寻找更为廉价的用工生产地，南亚、东南亚一些国家的优势也明显突出。另一方面，苏北、粤北等东部地区及中西部其他省份相比东部其他发达地区和省份稍显落后，但在产业承接方面有着和河南省相似的产业定位，同样制定了一系列吸引企业转移的优惠政策，与河南省形成有力竞争。

四、河南省工业未来发展的预测

本部分分析河南工业发展值的数据，对比研究河南省工业自身的发展规律，结合未来 10 年河南工业发展的影响因素及变动趋势，对河南工业发展的主要指标进行评估预测。

（一）河南工业主要产品产量预测

从表 2-10 中可以看出，2012~2016 年河南省车辆制造的产量有所增加，例如其中的轿车制造从 1.1 万辆增加到了 8.62 万辆，而部分化学、食品的产量不变或略有减少，在钢铁生产方面也有所增加，比如生铁的制造由 2122.62 万吨增至 2862.93 万吨。但近几年来，PM2.5、PM10 等环境指标的超额使我国对具有污染的产业加大管理，为了响应国家的号召，河南省也开始加强对环境污染问题的重视。因此，河南省未来将会在服务业方面有所加强，对于制造业方面，近几年的产量产值将会保持平稳。

表 2-10 河南省 2012~2016 年工业产品产量

指标	2012 年	2013 年	2014 年	2015 年	2016 年
原油产量（万吨）	476.6	476.51	470.76	412.05	315.74

续表

指标	2012 年	2013 年	2014 年	2015 年	2016 年
天然气产量（亿立方米）	5	4.93	4.87	4.19	3.3
原盐产量（万吨）	355.8	412.2	370.6	44.2	287.64
成品糖产量（万吨）	0.79	0.09	0.1	0.01	0.01
啤酒产量（万千升、万吨）	369.25	427.9	406.36	390.4	396.92
卷烟产量（亿支、万箱）	1691	1713	1733.2	1674.3	1528.06
纱产量（万吨）	484.42	568.67			
布产量（亿）	35.59	38.91	32.33	33.53	28.72
机制纸及纸板产量（万吨）	901.39	826.1	739.4	698.4	739.39
焦炭产量（万吨）	2360.73	2706.71	2898.34	2942.41	2919.89
硫酸（折100%）产量（万吨）	340.59	380.04	477.47	520.4	611.09
烧碱（折100%）产量（万吨）	169.44	181.42	174.97	154.2	149.82
纯碱（碳酸钠）产量（万吨）	294.9	337.93	333.2	350.1	349.43
平板玻璃产量（万重量箱）	1218.52	1128	1458.34	1178.9	1117.3
生铁产量（万吨）	2122.62	2551.9	2780.42	2903.6	2862.93
粗钢产量（万吨）	2215.85	2736	2882.2	2897.4	2794.7
钢材产量（万吨）	3484.88	4255.2	4704.1	4766.8	4444.4
金属切削机床产量（万台）	0.64	0.9	1.1	1.1	1.35
大中型拖拉机产量（万台）	10.87	13.6	10.95	12.35	11.6
汽车产量（万辆）	37.56	40.63	40.9	32.86	58.47
轿车产量（万辆）	1.1	4.7	5	4.37	8.62

资料来源：国家统计局。

（二）河南工业就业职工人数预测

随着河南省国民经济结构和工业内部结构的优化调整，工业部门内部就业职工人数及其构成也呈现不同的变化。如表2-11所示，河南省城镇单位总体就业人数每年逐渐增加，而对于各个行业来说，农林牧渔业和采矿业的人员都有所减少，但在制造业、电力等生产方面的人员逐渐增加。随着"工业4.0"的提出，河南省也开始逐渐重视工业制造的发展，因此在未来的几年里，河南省还会继续加大在制造业、电力、燃气以及水生产方面的人员招收数量。

表 2-11 2011~2016 年河南省部分工业城镇单位就业人数

指标	2011 年	2012 年	2013 年	2014 年	2015 年	2016 年
城镇单位就业人员（万人）	839.09	881.18	1076	1108.9	1125.9	1145
农林牧渔业城镇单位就业人员（万人）	7.25	5.83	5.19	5.09	2.53	2.08
采矿业城镇单位就业人员（万人）	63.67	63	62.57	56.34	51.64	45.18
制造业城镇单位就业人员（万人）	193.82	218.25	312.67	337.1	352.88	363.26
电力、燃气及水的生产与供应业城镇单位就业人员（万人）	21.46	22.5	24.56	25.53	25.32	26.18
建筑业城镇单位就业人员（万人）	116.06	125.58	189.48	189.61	178.83	173.37

资料来源：国家统计局。

第二节 河南省制造业高质量发展态势分析

河南省作为中原经济区的大省，在我国中东部地区的经济发展中有着重要的经济地位，河南省制造业的增长将极大地推动我国中部省份的经济增长。无论是"工业 4.0"还是"创新 2.0"，河南省都紧紧围绕新时代制定新经济政策，立志于打造制造业强省。在此期间一系列政策指导如《河南省"互联网+"行动实施方案》《河南省推进制造业供给侧结构性改革专项行动方案（2016—2018 年）》以及相关政策等相继出台，对河南省未来的经济如何又好、又稳、又快速地发展指明方向。

鉴于河南省在我国中西部地区经济发展过程中发挥的重要影响作用，站在制造业角度运用 SWOT 分析模型，对河南省经济发展的相关成果进行总结，并就河南省制造业的发展前景进行预测，为河南省制造业下一步的发展提供理论支持。

一、相关研究综述

传统制造业转型升级已经成为社会发展的热门话题，而就河南省的制造业发展壮大来说，传统制造业的转型升级是必经之路。为实现这一目标，河南省应定位于提供高端化、终端化的产品，打造服务化、智能化的制造模式，将培养绿色友好的成产工艺作为目标（宋歌，2017；巩宏丽，2018）。"十三五"以来，河南省同时也面临诸多发展困境，河南省制造业高质量发展的动力核心因素将由劳动力供给要素驱动转向由创新科技水平驱动（侯建，2017）。

通过梳理文献发现，制造业相关领域研究已经成为学术界关注的热点话题。研究成果较为丰富，大致集中在以下三个方面：第一，对制造业产业结构的研究。就河南省而言，目前产业结构仍处在非均衡状态。第二，对制造业与其他产业之间存在影响的研究。制造业仍是国民经济的主导力量，近年来随着互联网产业的高速发展，物流业也在不断发展，河南省物流业与制造业发展水平整体上不断提升，两者之间的协调融合也有所提高。第三，对传统制造业转型升级的研究。结合国家和有关部门出台的政策和发展战略，创新仍然是未来科技发展的主要动力，如何实现制造业更好更快地转型升级，成为众多学者研究的热点。鉴于此，本节以河南省为例，与中部其他五省进行比较，运用 SWOT 分析模型，研究河南省制造业的发展状况，有助于为政府制定政策、实施监管指明方向，同时也有助于河南省更好更快地发展。

二、河南省制造业发展态势

（一）河南省制造业优势分析

（1）区位优势显著。河南省交通以郑州为中心基点向外延伸，建立起铁路、高铁、航空一体化的交通网络。现已建立起 2 小时航空圈和 6 小时内可覆盖全国的高铁圈；十字形高速铁路客运专线；以京广线、陇海线为主干向四周延伸的铁路交通网。河南省拥有亚洲最大规模的高铁站，铁路运营里程为全国第六位，公路里程为全国第四位，高速公路里程居全国第三。交通带来的经济往来加快，2017 年河南省铁路货物周转量居于全国第四；公路运输货物周转量居于全国第二。河南省旅客铁路中转量居于全国第二；公路中转量居于全国第二。

便利的交通为河南省制造业的联动发展形成强劲的潜在力量，河南省依托现有的铁路交通，建立十字形铁路交通结构，打造贯穿全国的交通网络布局，推进中原城市群产业带均衡发展。

（2）经济总量庞大。2018 年河南省的经济总量和第二产业增加值保持着位居第一的优势，如图 2-6 所示。

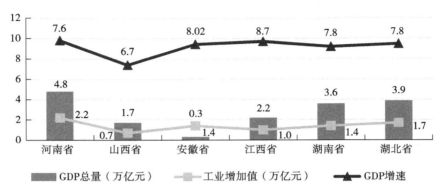

图 2-6　2018 年中部六省经济发展比较

资料来源：各省市统计局政府工作报告。

就工业发展的基础资源条件来说，河南省地形复杂，地层丰富，地形地势十分有利于矿产资源的孕育。截至目前，河南省已探明储量的矿产有 108 种，已经发现的矿产达 143 种。工业所需的矿产资源种类丰富，储量大。在能源资源方面，河南省化石能源储藏量居全国前十，水能资源开发量大，河流开发历史早，开发程度高。

（3）国际环境友好，市场需求强劲。截至 2018 年，河南省依托开通的多条中欧班列，已经在 24 个国家 126 个城市建立货源，境内外合作伙伴分别为 2100 多家和 780 多家。国际环境较为宽松适宜，河南生产的产品销售范围广，与世界市场联系愈加紧密，政府也构建了全方位的服务机构，多方保障企业"走出去"，将河南省生产的产品推广到全球市场。

（4）制造业从业比重高。据统计，2017 年底河南省总人口数 10853 万人，其中常住人口占比 88%以上，达到 9559 万人，且 67.8%以上人口受过初中及以上教育。河南省就业总人数中有 61%从事制造业生产，制造业从业人数比重高。廉价劳动力为河南省承接劳动密集型企业提供了良好的基础。

（二）河南省制造业劣势分析

（1）制造业结构层次认知水平低。河南省的制造业经济总量虽有较大发展，但制造业的发展水平不高，制造业生产仍是以劳动密集型为主，发展方式也与粗放式发展联系密切。河南省劳动密集型产业比重高达 45%，远高于其他中部五省。

河南省的制造业企业生产思路大多还是以量取胜，对于产品的质量追求不高，缺乏科学的管理模式和正确有效的管理经验，生产定位水平较低，通过对比2017年产品质量情况可以看到，河南省产品优等率低于全国平均水平将近两个百分点，仅有55.4%。制造业产品质量水平低下与行业普遍存在的缺乏科学有效的管理模式、企业不重视提升产品高质量水平的问题是密不可分的。

（2）科研实力薄弱，创新驱动不足。河南制造业创新能力不高，导致河南省的科技创新发展呈现显著的结构二元性，2007年工业企业研究与试验发展（R&D）活动及专利情况如图2-7所示。

图2-7　2017年中部六省工业企业R&D活动及专利情况

资料来源：各省统计年鉴。

首先，河南省制造业企业在发展过程中受到研发经费不足的影响，导致科学成果转化的过程不能得到充分的发挥，企业推行创新发展受限。虽然经济发展总量提升，但相较而言，科研投入经费没有得到相应提升或提升速度较慢。长此以往，必然对制造业的高质量发展起到负面影响。其次，大多数企业缺乏高新科技人才，熟练工人和技工对科技突破的贡献率相对有限，要想大力振兴科技，科研人才必不可少。河南省虽然是人口大省，拥有的高等学校数量高于其他五个省份，但重点高校的数量占比最小，河南省制造业转型升级需要的高素质人才突出表现为高技术创新型人才较为紧缺。

（3）自然资源消耗严重，治污排污成本较高。河南省传统制造业中高耗能、低产出的企业在中部各省中占比仍旧是最大的，虽然已经建立传统落后产业的逐步转出机制，但在未来一段时间内总体的耗能依然将位于榜首。如图2-8和图2-9所示。

高耗能同时带来的还有对环境的污染，造成河南省连年治污成本巨大，单

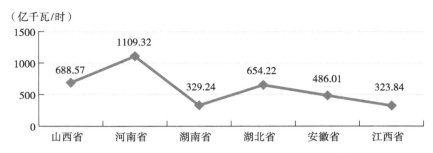

图 2-8　2017 年中部六省资本密集型产业能源消耗情况

资料来源：各省统计年鉴（2018）。

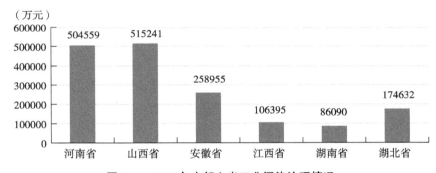

图 2-9　2017 年中部六省工业污染治理情况

资料来源：《中国统计年鉴 2018》。

位治污成本在中部六省中位居前列，高达 22.9‰。高昂的治污成本压榨了企业生存空间，使企业的盈利环境更加艰难，而且生产成本过高不利于河南省制造业的转型升级。环境污染问题必然成为河南省可持续发展道路上的难题。

（4）产业集聚性低抑制制造业高速发展。全省整体上企业分布不集中，企业规模偏小，未能形成完整的生产产业链，企业之间注重自身发展，而企业与企业之间配套连锁的生产结构需求断裂，尚未能形成良好的规模经济，十分不利于发挥企业的集聚性，企业、产业、地区之间必要的联通因素断层。

（三）　河南省制造业机会分析

（1）国际产业调整转移，政策纲要引领方向。为对接国家政策，提高高质量发展城市群活力，河南省政府也提出《先进制造业大省建设行动计划》《河南省 2019 年信息化推进工作实施方案》等，近年来，河南省也先后出台了《河南省"互联网+"行动实施方案》等，在推动发展方面，政策持续发力，不断完善。不仅为河南省制造业的发展提供了现实的方案，更为实现河南省制造业强省的梦想付出了实际努力，发挥了引领作用。

（2）新兴产业推动发展，"互联网+"引领先进制造。为积极响应国家发展政策的号召，2016年，河南省印发了《河南省推进制造业供给侧结构性改革专项行动方案（2016—2018年）》，该方案提出了河南省制造业走向先进制造业的企业驱动因素供给策略，河南省制造业应以科技创新为驱动力，生产应以市场为导向，在立足于传统制造业产业的同时，不断推进供给侧结构性改革。以互联网为依托，加速制造业与互联网深度融合，打造信息网络，发挥互联网的创新引领优势，让互联网渗透到生产的各个方面，为企业生产构建网络化、信息化、数字化桥梁。互联网与制造业的完美结合将加快制造业信息化发展。

（3）"一带一路"协同开拓市场。"一带一路"在促进中国经济实现全面开放、引导区域经济一体化发展、保障国家战略安全、解决中国的过剩产能、实现国民经济转型发展的问题上将持续发挥巨大作用。2006年，在此基础上，河南省建立了自由贸易试验区，通过自贸区的平台，将大力引进先进制造技术、前沿管理经验。先进制造技术的引进对填补河南省科技发展的短板，打造河南省制造业新优势，推动河南省走向高技术市场将发挥巨大作用。除此之外，"一带一路"倡议在为河南省制造业带来广阔的市场需求空间的同时，也使河南省成为新一轮对外开放的前沿阵地。

（四）河南省制造业挑战分析

（1）高技术人才竞争激烈。河南想要发展科技，必须依靠人才，而河南省还面临人才流失的问题。近年来随着对科技人才重视程度的加深，各省推出的吸引人才落户的优惠政策更是层出不穷。由图2-10可以看出，河南省在人才竞争方面并不具备很强的优势，相比人才趋向待遇条件优越的省份，河南相对缺乏吸引力，因此河南省制造业的创新发展、转型升级在对人才的吸引力上将面临一定的压力。

（2）国内高端产业难以摆脱制造业价值链低端现状。从区域角度分析，那些能够提供更好的产业区位优势、技术优势以及产品优势的发达地区，呈现长三角、珠三角等发达地区集聚中心，这对竞争力较弱的河南省制造业在开拓国内市场方面带来了巨大压力。

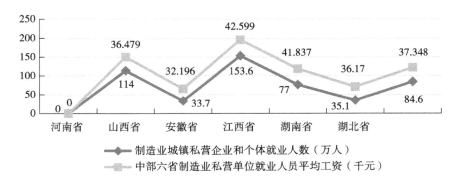

图 2-10　中部六省制造业就业情况

资料来源：各省统计年鉴。

　　河南省制造业高质量发展现存在几对结构性矛盾：劳动力总量大与高科技人才短缺的矛盾；制造业总量大和制造业对科研投入低的矛盾；生产产量大与高技术产品少的矛盾。总体来说，河南省科研产出水平低，在中部六省中排在第五名，处于制造链的低端地段，在产业价值布局中争夺高端价值地位的竞争水平较低。

　　（3）生态压力剧增，能源成本过高。近年来，中国社会的生产普遍面临转型，对生产质量的要求不断提高，在环境污染的治理问题上取得了一定的成效。但是，依然居高不下的温室气体排放量，仍在增多的企业和居民生产生活过程中的污染排放物，仍然是横亘在发展道路上不可避免的难题，为此，2017 年 8 月，环保部制订了《京津冀及周边地区 2017 年大气污染防治工作方案》，28 个城市被确定为京津冀大气污染传输通道城市。然而，综观河南省上市公司多为高耗能、高排放的企业，在当下政策的指导下河南省企业面临节能减排生产的要求，引进新的节能生产设备，关闭高污染生产项目，必然导致企业生产的成本加大，企业利润空间受到压缩。

　　（4）高端要素集聚后劲不足，中小企业转型升级困难。促进制造业走向高质量道路的三种主要途径（转变制造业生产方式、组织形式和结构变革以及创新工业模式）无法得到满足，制造业现状想要达到根本性的改观，这三种途径所需人才必须达到，目前这一方面的发展尚有欠缺。就河南省制造业发展的现状来看，主要推动高质量发展的生力军仍然集中在中小企业。河南省中小企业受到政策因素的制约以及自身发展资源的基础条件薄弱的原因，根本无暇谈及企业的智能化、高端化、信息化。

三、河南省制造业发展 SWOT 矩阵分析

根据现有文献研究以及河南省发展现状，提出四种河南省制造业发展战略（罗歆，2019）。在此背景下，河南省要实现全面发展的高质量、高水平制造业，快速调整制造业产业结构的发展步伐，尽快实现以高技术密集型行业为发展重心，制定适合的发展方式，尽快推动制造业高质量发展（见表2-12）。

表 2-12　河南省制造业 SWOT 矩阵分析

内部因素 外部因素	优势	劣势
	1. 地处中部交通核心位置，优势区位显著； 2. 经济总量庞大，基础资源丰富； 3. 国际环境友好，市场需求强劲； 4. 制造业从业比重高，劳动力资源丰富	1. 制造业结构层次认知水平低，管理效益低； 2. 科研实力薄弱，创新驱动不足； 3. 资源消耗严重，治污成本较高； 4. 产业集聚性低，抑制制造业高速发展
机遇 1. 国际产业转移，政策纲要引领方向； 2. 新兴产业推动发展，"互联网+"引领先进制造； 3. "一带一路"提供机会，协同发展开拓市场	增长型战略 1. 克服盲目重视生产弊端，着眼于提高全省的经济发展质量，增加人民群众的收益； 2. 加快结构调整，提升终端高端供给水平，推动制造业供给侧结构性改革； 3. 增强对内部的控制，企业内部需要通过治理控制和管理控制以及生产控制进行相互配合，促进企业的协调发展	扭转型战略 1. 全面提升河南网络基础设施支撑服务能力，加强制造企业间信息资源的交流和共享； 2. 降低各产业对能源资源的依赖程度，走可持续发展道路； 3. 加快树立起与"一带一路"沿线国家之间的沟通渠道； 4. 解决动力问题，只有创新能够驱动制造业发展引擎
挑战 1. 吸引高技术人才的竞争激烈，人才流失严重； 2. 国内高端产业竞争激烈，难以摆脱制造业价值链低端现状； 3. 生态压力剧增，能源成本过高； 4. 高端要素集聚后劲不足，中小企业转型升级困难	实用型战略 1. 制定科学的集聚策略，着力打造具有区域特色的产业集聚区； 2. 培育壮大骨干企业，引导企业淘汰落后技术设备，加快更新换代步伐，引进先进设备和技术，发展循环经济，走可持续发展道路； 3. 实施产业整合，如何通过整合促进产业增值，并通过完善利益分配机制实现各参与主体共赢	稳健型战略 1. 开展网络化协同制造示范行动，明确一批相关项目进行重点扶持； 2. 大力发展职业教育，加强终身教育、社区教育与现代远程教育体系建设； 3. 通过对基础设施的建设与完善，为机械制造业战略转型提供动力

河南省制造业产业分析

河南省是中部人口大省，也是制造大省。制造业作为工业的重要组成部分，对国民经济起支撑作用。发展优势产业对一个地区发挥优势、合理配置资源、发展经济至关重要。本书采用实证研究的方法，构建河南省制造业评价指标体系和模型，基于因子分析法和区位熵分析法对河南省制造业30个产业进行定量综合评价，得出河南省制造业的优势产业。

第一节　河南省制造业产业统计描述

自党的十一届三中全会召开以来，河南的经济发展尤为迅速，从传统的农业大省，逐步发展成为全国重要的工业大省，形成了庞大的工业体系。2017年，河南省生产总值位居全国第5位，较上年增长了7.8%，其中，规模以上工业增加值增长8.0%，制造业增长8.5%，利润比上年增长8.5%。可见制造业在河南省工业中的主导地位，对河南省的经济发展有明显的推动作用。

近几年来，河南将制造业改革的主线定为供给侧结构性改革，不断优化调整产业结构，提高整个产业的质量，供给结构得到优化。全部工业增加值一直在增长，但是其增速呈缓慢下降趋势。河南省的工业增长仍然存在各种各样的问题，如资源环境、技术等条件的限制，要想进一步走向高质量发展，将制造业的质量提高，将河南由制造业大省变为制造业强省，解决只大不强的问题，依然任务艰巨。制造业的结构还需要进一步调整，有必要找出河南省的优势产业，合理对资源进行配置，提高资源优势产业中的产出效率。一般情况下在优势产业中投入较多的资本和劳动力才能够满足社会的需求，优势产业具有较大的生产规模，能够取得较好的效益，在某一地区内以一定的优势优于其他产业。

第二节　河南省优势产业选择

一、优势产业选择 8 维度评价指标体系设计

指标的选取要具有科学性，与要进行的评价相关，能够结合产业发展的情况，体现出产业的优势，客观地对各个产业进行评价；考虑指标是否可行，是否能够取得计算指标需要使用的数据以及相关数据来源的真实可靠性；制造业产业部门繁多，单个指标无法对其进行全面评价，需要选取多个指标，但指标也不是越多越好，能反映出优势即可。

学者从不同的角度分析评价了优势产业（孙硕和唐铜生，2012；赵亮，2013；向平安和姚瑶，2016；张祎蓉和向平安，2018）。赵君和蔡翔（2007）构建了优势产业的指标体系，运用指标体系分析评价优势产业。贾琳（2009）研究了影响优势产业的因素，并构建指标体系对优势产业进行评价。郭永花（2012）从规模、劳动生产率、就业、区位熵和产值五个方面评价了优势产业。

在文献研究的基础上，本书认为优势产业应具有市场优势、规模优势和效益优势。选取区位熵和市场占有率来反映产业的市场优势；选取产业平均规模和全员劳动生产率来反映规模优势；选取产品销售率、总资产贡献率、成本费用利润率和主营业务收入利润率来反映效益优势，即用这 8 个指标对河南省制造业产业进行评价。

二、实证分析

（一）数据来源

本部分数据来源于《河南统计年鉴 2018》《河南统计年鉴 2017》《中国统计年鉴 2018》，部分指标数据可以直接在年鉴中获得，其余指标通过计算得出。本书所采用的制造业产业的分类方法，与《河南统计年鉴 2018》中对制造业的分类一致。

（二）因子分析

各个指标之间相关性的问题可以用因子分析法解决，即所有的指标可以用少数几个不相关的因子来代替，科学地选择出河南省制造业优势产业。

将上述选取的 8 个指标分别记为 X_1、X_2、X_3、X_4、X_5、X_6、X_7、X_8。

设模型为：

$$F_i = a_iX_1 + b_iX_2 + c_iX_3 + d_iX_4 + e_iX_5 + f_iX_6 + g_iX_7 + h_iX_8 \qquad (3.1)$$

$$F = \sum w_iF_i \qquad (3.2)$$

每个指标的系数为 a_i，b_i，c_i，$\cdots$，h_i，第 i 个主成分的线性组合为 F_i，第 i 个主成分的方差贡献比例为 w_i，河南省制造业各产业综合评价得分就是第 i 个主成分的得分按照各自的权重加总得到。

数据通过 KMO 检验和 Bartlett 球形检验之后才能做因子分析（李洪成和姜宏华，2012）。

采用 SPSS21.0 统计软件进行两个检验，检验结果如表 3-1 所示。可以看出 8 个变量间的线性相关性较强，在该研究中能够采用因子分析法。

表 3-1　KMO 检验和 Bartlett 球形检验

检验	检验值	
KMO	0.604	
Bartlett	近似卡方	286.985
	Df	28
	Sig.	0.000

通过检验之后，接下来对变量个数为 8，容量为 30 的样本进行因子分析。各成分的特征值、方差贡献率如表 3-2 所示，按照特征值大于 1 的原则，提取三个主成分，记为 F1、F2 和 F3，三者解释的总方差累积为 89.229%，接近90%，说明三个主成分可以解释大部分信息，据此做出来的分析是可信的。

表 3-2　各成分的特征值和对应的方差贡献率

成分	初始特征值			提取平方和载入			旋转平方和载入		
	合计	方差的%	累积%	合计	方差的%	累积%	合计	方差的%	累积%
1	3.865	48.314	48.314	3.865	48.314	48.314	3.495	43.681	43.681

续表

成分	初始特征值			提取平方和载入			旋转平方和载入		
	合计	方差的%	累积%	合计	方差的%	累积%	合计	方差的%	累积%
2	2.222	27.778	76.092	2.222	27.778	76.092	2.068	25.845	69.527
3	1.051	13.137	89.229	1.051	13.137	89.229	1.576	19.703	89.229
4	0.611	7.631	96.861						
5	0.144	1.804	98.665						
6	0.074	0.926	99.591						
7	0.023	0.291	99.882						
8	0.009	0.118	100.000						

表 3-3 为运用最大四次方值法进行旋转后得到的因子载荷矩阵。

表 3-3 旋转后的因子载荷矩阵[a]

指标	成分		
	1	2	3
区位熵	0.170	0.932	0.079
市场占有率	-0.133	0.960	0.117
产业平均规模	0.913	-0.084	-0.303
总资产贡献率	0.890	0.117	0.275
产品销售率	-0.476	0.296	-0.530
主营业务收入利润率	0.169	0.362	0.883
全员劳动生产率	0.986	-0.024	0.046
成本费用利润率	0.771	0.195	0.572

提取方法：主成分分析。

a. 旋转在 4 次迭代后收敛

从表 3-3 中可以看出，全员劳动生产率在成分 1 上的载荷为 0.986，产业平均规模和总资产贡献率在成分 1 上的载荷为 0.913 和 0.890。这 3 个指标分别可以表现出规模和效益方面的优势，所以成分 1 反映的是规模效益优势。成分 2 的载荷集中在市场占有率和区位熵上，市场占有率和区位熵反映的是产业的市场优势，所以成分 2 反映的是市场优势。成分 3 在主营业务收入利润率、总资产贡献率和成本费用利润率上载荷较多，所以成分 3 反映的是效益优势。

表 3-4 为旋转后的主成分得分系数矩阵。

表 3-4 各成分得分系数矩阵

指标	成分		
	1	2	3
区位熵	0.070	0.484	-0.146
市场占有率	-0.037	0.482	-0.064
产业平均规模	0.358	0.041	-0.399
总资产贡献率	0.247	0.037	0.029
产品销售率	-0.049	0.243	-0.389
主营业务收入利润率	-0.100	0.029	0.605
全员劳动生产率	0.317	0.009	-0.145
成本费用利润率	0.153	0.018	0.274

提取方法：主成分分析。

即 $a_1 = 0.070$，$b_1 = -0.037$，$c_1 = 0.358$，…，$h_1 = 0.153$；

$a_2 = 0.484$，$b_2 = 0.482$，$c_2 = 0.041$，…，$h_2 = 0.018$；

$a_3 = -0.146$，$b_3 = -0.064$，$c_3 = -0.399$，…，$h_3 = 0.274$。

由式（3.1）得：

$F_1 = 0.070X_1 - 0.037X_2 + 0.358X_3 + 0.247X_4 - 0.049X_5 - 0.100X_6 + 0.317X_7 + 0.153X_8$

$F_2 = 0.484X_1 + 0.482X_2 + 0.041X_3 + 0.037X_4 + 0.243X_5 + 0.029X_6 + 0.009X_7 + 0.018X_8$

$F_3 = -0.146X_1 - 0.064X_2 - 0.399X_3 + 0.029X_4 - 0.389X_5 + 0.605X_6 - 0.145X_7 + 0.274X_8$

以各主成分解释的方差占总方差比例计算权重：

$w_1 = 43.681/89.229 = 0.49$；

$w_2 = 25.845/89.229 = 0.29$；

$w_3 = 19.703/89.229 = 0.22$。

由式（3.2）得：

$F = w_1F_1 + w_2F_2 + w_3F_3 = 0.49F_1 + 0.29F_2 + 0.22F_3$

对各变量进行标准化处理，然后分别计算 F_1、F_2 和 F_3，再按各主成分的权重加权求和即得到河南省制造业 30 个产业的综合得分 F，根据 F 的大小对 30 个产业进行排名，结果如表 3-5 所示。

表3-5 各产业综合得分及排名

产业名称	综合得分 F	排名	产业名称	综合得分 F	排名
烟草制品业	2.5951	1	纺织业	-0.0052	16
食品制造业	0.8164	2	木材加工和木、竹、藤、棕、草制品业	-0.0337	17
农副食品加工业	0.497	3	纺织服装、服饰业	-0.1652	18
有色金属冶炼和压延加工业	0.497	4	通用设备制造业	-0.2477	19
非金属矿物制品业	0.4295	5	橡胶和塑料制品业	-0.1964	20
专用设备制造业	0.303	6	金属制品业	-0.2261	21
酒、饮料和精制茶制造业	0.256	7	其他制造业	-0.2949	22
皮革、毛皮、羽毛及其制品和制鞋业	0.2322	8	铁路、船舶、航空航天和其他运输设备制造业	-0.3146	23
计算机、通信和其他电子设备制造业	0.1358	9	废弃资源综合利用业	-0.3176	24
家具制造业	0.1086	10	汽车制造业	-0.3557	25
医药制造业	0.0735	11	黑色金属冶炼和压延加工业	-0.6653	26
化学原料和化学制品制造业	0.0297	12	化学纤维制造业	-0.67	27
印刷和记录媒介复制业	0.0071	13	文教、工美、体育和娱乐用品制造业	-0.7231	28
造纸和纸制品业	0.0003	14	仪器仪表制造业	-0.8181	29
石油加工、炼焦和核燃料加工业	0.0001	15	电气机械和器材制造业	-1.0664	30

三、河南制造业优势产业选择与分析

因子分析中烟草制品业位居第一，综合得分为 2.5951，明显超过其他产业的得分，该产业是垄断产业，利润率高，而且其区位熵为 1.0907，大于1，专业化程度高，优势明显，可以将其作为优势产业。

劳动密集型产业在因子分析排名中相对靠前，如烟草制品业、食品制造业、农副食品加工业等产业，且这些产业的区位熵都大于1，是河南省的优势产业，专业化程度较高。河南作为中部大省，很好地利用了劳动力和自然资源这两个优势，虽然这些产业的科技投入不多，产品附加值低，但在一定程度上它们构成了河南省制造业的稳固基础。

因子分析排名前 15 的产业有技术密集型产业，对资本和技术的要求高，产品附加值高、效益好。计算机、通信和其他电子设备制造业的区位熵较低，为 0.5638，表明其优势不明显。医药制造业的区位熵接近于 1，加之其属于高端制造业，发展潜力和带动效应大，是应该重点发展的优势领域。

还有一类产业是资源型行业，具有消耗能源多、对环境污染大的不利特点，如化学纤维制造业，石油加工、炼焦和核燃料加工业，黑色金属冶炼和压延加工业。随着整个社会的资源和环境保护意识的增强，这类产业的优势在逐步丧失，不适宜作为优势产业发展。

因子分析排名靠中间的产业之间得分相差不大，多是装备制造业和轻工业，这些产业的区位熵都比较小，在两个分析中排名都不靠前，整体来说它们在区域优势方面不明显。

综上所述，选取 8 个产业作为河南省制造业优势产业，分别为烟草制品业、食品制造业、农副食品加工业、有色金属冶炼和压延加工业、非金属矿物制品业、专用设备制造业、酒和饮料及精制茶制造业、医药制造业。

第三节　河南省制造业主导产业选择

一、河南省制造业主导产业选择基准

著名的主导产业选择基准主要包括筱原两基准、产业关联度基准、罗斯托基准。本书在相关文献的基础上，充分考虑我国制造业发展的国际国内背景与资源条件，认为制造业主导产业选择应遵循可持续发展基准、产业关联基准、比较优势基准、就业功能基准、技术进步基准。

二、河南省制造业主导产业选择

河南省制造业各细分行业综合评价排名如表 3-6 所示。

表 3-6　河南省制造业各细分行业综合评价

产业名称	综合得分	排名
食品制造及烟草加工业	51.54	2
纺织业	30.66	11
纺织服装鞋帽皮革羽绒及其制品业	26.25	16
木材加工家具制造业	30.02	12
造纸印刷及文教体育用品制造业	29.77	13
石油加工、炼焦及核燃料加工业	38.56	8
化学工业	40.61	7
非金属矿物制品业	28.06	15
金属冶炼及材料制造业	50.26	3
金属制品业	37.27	9
通用、专用设备制造业	54.5	1
交通运输设备制造业	45.41	5
电气机械器材制造业	44.95	6
通信设备、计算机及其他电子设备制造业	47.96	4
仪器仪表及文化、办公用机械制造业	31.92	10
工艺品及其他制造业	28.42	14
废弃资源和废旧材料回收加工业	17.64	17

从主导产业划分来看，河南省制造业主导产业为通用、专用设备制造业，食品制造及烟草加工业，金属冶炼及材料制造业，通信设备、计算机及其他电子设备制造业，交通运输设备制造业。使主导产业协调发展并在该区域经济发展中发挥更好的主导作用，但河南省主导产业还存在自主创新能力不强、产业规模整体偏小、尚未形成具有高度集中度的特色产业群等问题。所以，河南省需要加快主导产业的发展，培育新兴产业，加快形成发展新动能和竞争新优势。

河南省制造业高质量创新的省际比较

第一节　制造业区域创新力研究

一、制造业区域创新力评价指标体系

中国各地制造业创新力发展的水平不一，统一的制造业创新力发展规划不利于各地充分利用各地的优势进行发展。肖文和林高榜（2014）考察政府支持和企业研发管理对技术创新效率的影响，从而更加准确地解释技术创新效率的影响因素及其作用机制；余泳泽和刘大勇（2013）指出，创新过程是一个从知识创新、科研创新到产品创新，并包含多重创新要素投入（也包括中间投入、追加投入）的价值链；赵奇锋和王永中（2019）考察企业内部管理层与普通员工间的薪酬差距对技术创新的影响；周亚虹等（2012）讨论R&D 内生性问题，并结合我国工业企业的特点，对 R&D 行为决策进行建模分析；寇宗来和刘学悦（2020）研究了企业专利数量、专利质量以及 TFP 水平的影响；基于以上文献，本部分建立了一套科学、合理的投入产出指标体系，如图 4-1 所示。

二、制造业区域创新力统计描述

（一）新产品开发经费支出指标

新产品开发经费支出指报告年度内在企业科技活动经费内部支出中用于新产品研究开发的经费支出。包括新产品的研究、设计、模型研制、测试、试验

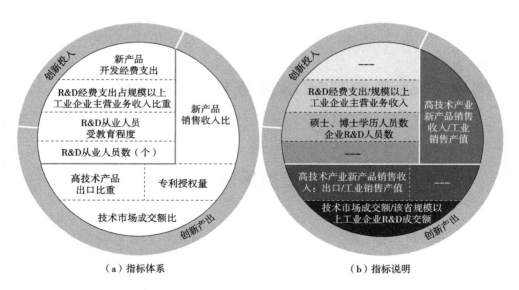

（a）指标体系　　　　　　　　　　　（b）指标说明

图4-1　中国制造业区域创新力评价指标

等费用支出，新产品开发是企业研究与开发的重点内容，也是企业生存和发展的战略核心之一。企业新产品开发的实质是推出不同内涵与外延的新产品。对大多数公司来说，是改进现有产品而非创造全新产品，是衡量各个省市创新投入的重要指标。通过这一指标可以了解每年各区域在新产品的开发投入，图4-2给出了30个省市的新产品开发经费支出的数据，新产品开发经费投入前三的省份为广东省、江苏省、山东省，说明这三个省份一直都比较重视新产品开发，从侧面反映出这三个省份发展创新的环境比较好，易吸引创新企业的落地。从时间维度进行衡量，从2013年到2018年，广东省不仅每年新产品开发经费支出是最多的，而且呈现逐年增长的态势；排名第二和第三的江苏省和山东省均在2016年出现了下降趋势，可能因为外界环境的变化或者冲击，但很快在2017年恢复了增长的趋势。创新力较弱的甘肃省、青海省、新疆维吾尔自治区存在巨大的差别，每个省份的新产品开发经费支出都是呈逐渐增长的趋势，区域创新发展环境也在逐渐变好。因此，发展创新十分需要外部环境的支持，政府关于企业研发活动的资助对企业的应用研究与新产品开发支出之间的关系有重大积极的影响。面对区域分布如此不均的现象，各地政府应积极主动地支持新产品的开发。

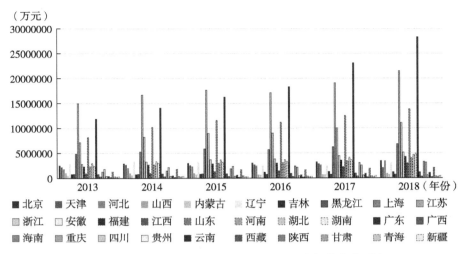

（万元）

■ 北京　天津　河北　山西　内蒙古　辽宁　吉林　黑龙江　上海　江苏
浙江　安徽　福建　江西　山东　河南　湖北　湖南　广东　广西
海南　重庆　四川　贵州　云南　西藏　陕西　甘肃　青海　新疆

图4-2　2013~2018年典型区域新产品开发经费支出对比

资料来源：国家统计局。

（二）R&D经费支出占规模以上工业企业主营业务收入比重指标

1. R&D经费支出分析

研究与试验发展（R&D）经费内部支出指报告年度在企业科技活动经费内部支出中用于基础研究、应用研究和试验发展三类项目的费用支出以及用于这三类项目的管理和服务费用支出。这个指标能够很好地体现区域对于创新的支出，而R&D经费支出占规模以上工业企业主营业务收入比重能够更加清晰地表现出各个省市对于创新的重视程度。根据2013~2018年R&D经费支出数据，广东省、江苏省和山东省是前三名；另外浙江省的表现很抢眼，相比之下，海南省、西藏自治区、青海省的R&D经费支出过低，没有较好的创新发展空间，如图4-3所示。

当地政府可以通过财政、税收、宣传等方面支持企业创新活动，特别是非公企业创新活动的开展，通过转变政府角色，积极与企业沟通，服务企业，激发企业创新意识和积极性。

增强财政资金对规模以上工业企业科技创新活动的支持力度，结合当前形势，不断在资金政策上推陈出新，发挥好政府财政资金的示范引导作用。除了政府政策上的支持，也可以加大银行对企业研发项目的贷款给予一定的政策优惠引导措施力度。为了加大企业R&D经费的投入力度，使一些小的企业也可以

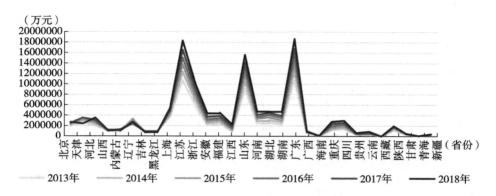

图 4-3　2013~2018 年典型区域 R&D 经费支出对比

资料来源：国家统计局。

大力发展科研项目，加大研发经费的投入。地方银行对企业科研项目的贷款给予一定的优惠。

2. R&D 经费支出占规模以上工业企业主营业务收入比重分析

各个省份的 R&D 经费支出占规模以上工业企业主营业务收入的比重大多数都呈现逐年上升的趋势，如图 4-4 所示，山西省、吉林省、河南省、江西省、广西壮族自治区、甘肃省、青海省、新疆维吾尔自治区在 2013~2018 年的变化都不是太大，说明地区发展过于缓慢，没有创新力，或者是没有具有创新力的企业进入，当地的企业也存在创新意识淡薄、研发形式单一、科研层次偏低等问题，成为企业提高自主研发能力、提升企业核心竞争力的主要障碍。但天津市、

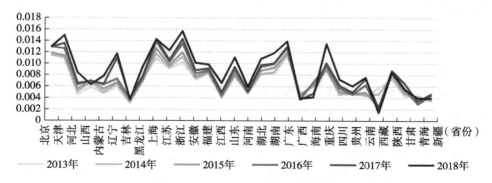

图 4-4　2013~2018 年典型区域 R&D 经费支出占规模以上工业企业主营业务收入比重

资料来源：Wind 数据库。

河北省、内蒙古自治区、江苏省、浙江省、安徽省、江西省、湖南省等省份在2018年增长较为明显。研发投入要着力促使企业研发能力平衡发展，持续优化企业研发创新生态环境。创造适合企业研发，刺激企业创新的优良生态环境。大力宣传研发创新观念，使科研理念深入人心，培养戒骄戒躁的科研心态，弘扬脚踏实地的工匠精神，促进企业形成以研发创新为己任的理念；着力改善研发创新环境，继续出台相关政策措施，推动落实研发创新激励机制，不断增强企业研发创新能力，保障企业顺利开展科研活动；充分发挥政策导向作用，利用已有的产业优势，聚集研发创新资源和高层次人才，发展高新技术产业和战略性新兴产业，形成市场良性竞争，促使发展滞后企业转型升级，刺激企业开展自主研发创新活动。

3. 2018年R&D经费支出占规模以上工业企业主营业务收入比重分析

对比R&D经费支出占规模以上工业企业主营业务收入比重数据发现，北京市、上海市、江苏省、天津市和广东省都有很好的表现，说明虽然北京、上海和天津的R&D经费支出这一指标的体量不大，但是R&D经费支出占规模以上工业企业主营业务收入比重指标数据却很大，体现出这几个地区对于创新的重视。与之相比，山东省虽然在R&D经费支出这一指标排名前三，但是R&D经费支出占规模以上工业企业主营业务收入比重却较低，说明山东省创新投入体量大，但是比重却不大，说明相对于比重大的省份，创新投入仍存在不足。同样，吉林省、江西省、河南省虽然R&D经费支出并不低，但是R&D经费支出占规模以上工业企业主营业务收入比重数据过小，说明这些省份应该加强R&D经费的支出，如图4-5所示。

根据以上分析，一是重点支持高新技术企业和少数技术相对领先的大型企业的研发经费投入。在政府财力有限的情况下，有选择地大力支持处于同行业技术前沿的少数大企业和重点高新企业，对提高企业研发经费投入和技术水平、提高技术密集型产业的比重、优化产业结构具有重要作用。

二是利用科研经费补贴引导企业加大R&D经费投入规模。政府可以利用资金上的优势，引导企业增加研发投入。例如在一些科技项目上给予一定的优惠政策，在申请专利、科技研发等方面给予一定的资金补贴。同时，对于科研经费的申请也要有严格的审批制度，以避免骗取科研经费的行为发生。对于科技研究成果显著的企业，政府也可以给予一定的奖励，鼓励其他企业在科技方面的投入与发展，提高企业研发的积极性。

三是银行对企业研发项目的贷款给予一定的政策优惠。例如提供较低的银

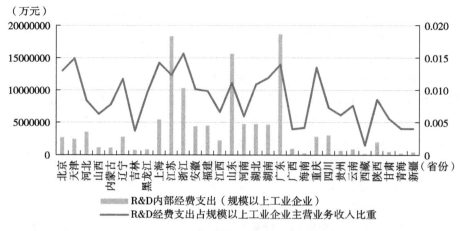

图 4-5　2018 年典型区域新产品开发经费支出对比

资料来源：Wind 数据库。

行贷款利率；在安全范围内放宽贷款政策；以科研成果作为无形资产评估其价值作为贷款抵押等一系列的优惠政策来鼓励企业进行科研项目的开发与研究，加大 R&D 经费投入。

（三）R&D 从业人员受教育程度指标

从业人员作为生产函数中劳动力投入的表征指标，从业人员的受教育程度可以反映出区域对于创新力的投入力度。根据图 4-6，各个省份从业人员的受教育程度累计数总体呈上升状态，其中北京市、天津市、上海市上升速度较快，西藏自治区较低。各地应该建立健全人才培养、引进机制。教育在企业自主研发创新中发挥着至关重要的作用。各地经济要实现转型升级，提高自主研发能力，既要充分发挥高校教育的培养作用，加强校企合作，培养一批适应各地经济社会发展需求的新型人才，又要加大人才引进力度，完善人才落地奖励政策，对大力引进高精尖人才的企业进行适当的政策奖励，鼓励企业重视培养人才工作，做到让人才"走进来，留下来"。

从图 4-6 中可以看出，2013 年从业人员受教育程度排名前五位的省份是北京市、上海市、天津市、辽宁省、浙江省，后五名是河南省、贵州省、广西壮族自治区、河北省、西藏自治区；在 2014 年有了较大的变化，贵州省的从业人员受教育程度指标得到了较快的增长。2015 年河南省的从业人员受教育程度指标得到了较快的增长，海南省跌入后五名，落后省份应该强化企业研发投入主

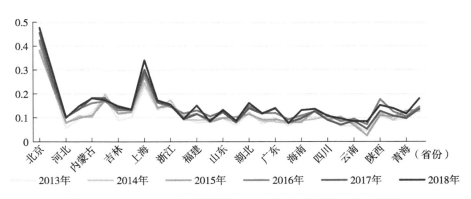

图 4-6　2013~2018 年典型区域 R&D 从业人员受教育程度情况

资料来源：《中国劳动统计年鉴》。

体地位。2016 年，陕西省有了较大的进步，河南省和贵州省指标下跌。2017 年，内蒙古自治区有了较大的进步。2018 年，新疆维吾尔自治区有了较大的进步。

对于人才紧缺的地区应该大力实施人才强区战略，以人为本营造培育人才的良好环境和社会氛围，研究提高科技计划项目中可用于研发人员经费的比例，加大财政科技专项经费对作为创新主体的人才的扶持力度，激发研发人员的创新积极性，使企业能培养人才、引进人才、留住人才。着力引进海内外高层次创新领军人才、拔尖人才和创新型紧缺型人才，做好配套扶持工作，充分调动创新人才的积极性和创造性。优先支持企业开展产学研特别是科技特派员项目，吸引高校和科研院所的优秀科技人才服务企业创新和产业发展，提高产业核心竞争力和区域自主创新能力。落后省份应该强化企业研发投入主体地位，培育壮大创新型企业群体，引进培育科技领军企业，壮大高新技术企业群，促进中小企业"小升规"。支持大中型企业研发机构全覆盖，鼓励以上企业建立研发平台，对在国际国内行业领军的企业设立符合区域产业发展方向的研发机构给予一定的经费和项目支持。鼓励企业联合高校、科研院所、行业协会等合作共建产业技术研究院、研发中心、产业协同创新中心等多种形式的新型研发机构，并在用地、人才、资金、项目申报等方面给予优先支持。推行企业建立研发准备金制度。各地应该坚持优势互补，平衡区域科技投入，建立多元化区域布局，尽力缩小地区差距。以产业集聚区为载体，科学布局，统筹规划，为加快构建区域自主创新体系提供有效支撑。另外还可以统筹各地建立数据库，通过项目信息数据库的建设，严堵多头申请、交叉和重复立项，这有利于改革和完善宏观管理，建立一个有效协调、高效运转的科技资源配置模式。

（四）R&D 从业人员数指标

2013~2018 年各个省份的 R&D 人员累计变化情况如图 4-7 所示，可以看到每年各省份的 R&D 人员变化情况不大，但是省与省之间的差距较为显著。其中领先的还是广东省、江苏省、浙江省和山东省，它们对于创新的投入占据比较大的优势，具有较好的创新环境、较好的影响力，其余各地存在发展不均匀的问题。

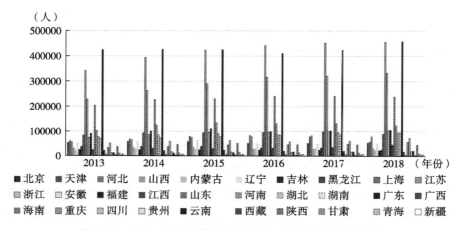

图 4-7　2013~2018 年典型区域 R&D 从业人员数累计变化

资料来源：Wind 数据库。

科技研发人才稀缺是主要的问题。2013 年，各省的企业从业人员年末人数均未超过 50 万人，反映出各地制造业企业高学历的创新人才及开展自主创新活动的领军人物仍比较稀缺，甚至是从业人员的稀缺。而且，在过去的 5 年当中，除了广东省、江苏省、浙江省和山东省有所改善，其他地区这种情况仍然存在。

科技研发投入力度仍需加大。从业人数不多也反映了各地创新资金投入不多和没有足够的激励政策。同时，也存在企业科技自主创新意识有待提高、科技投入不足而导致的研发能力不强等问题。

（五）新产品销售收入比指标

新产品销售收入是指企业在主营业务收入和其他业务收入中销售新产品实现的收入。新产品是经政府有关部门认定并在有效期内的产品，也包括企业自行研制开发，未经政府有关部门认定，从投产之日起一年之内的新产品。新产品是指采用新技术原理、新设计构思研制生产或在结构、材质、工艺等某一方面有所突破或较原产品有明显改进，从而显著提高了产品性能或扩大了使用功能，对提高经济效益具有一定作用的产品，并且在一定区域或行业范围内具有先进性、新颖性和适用性的产品。新产品销售收入比=高技术产业新产品销售收入/工业销售产值，在查找这类数据的过程中，辽宁、山东、新疆和青海四个省份的数据缺失，所以不进行统计分析。

从时间和省份综合维度来看，北京市、广东省、天津市和江苏省以及后来居上的重庆市都是新产品销售占比较高的省市。重庆市的增长最为明显，这是重庆市对于新产品销售的支持与创新开放环境改善的结果，其有利于地区的创新力发展。而相比之下，其他省份的新产品销售收入比较为集中。比较落后的是内蒙古自治区和西藏自治区，如图4-8所示。政府应该制定出更具针对性和可操作性的措施，加大对西部地区和少数民族地区重点企业技术创新的支持力度，努力扭转东西部差距不断拉大的趋势。通过自主创新能力来增强欠发达地区企业的后劲，促进区域协调发展。

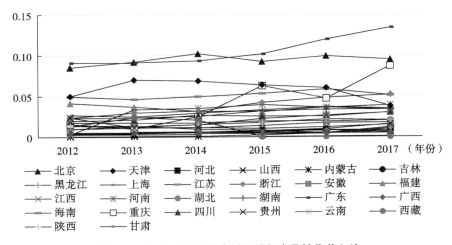

图4-8 2012~2017年典型区域新产品销售收入比

资料来源：国家统计局。

（六）高技术产品出口比重指标

高技术产品出口比重=出口/工业销售产值。在查找这类数据的过程中，新疆、西藏和青海三个省份的部分数据缺失，所以不进行统计分析。

从时间和省份综合维度来看，广东省、江苏省和上海市都是高新技术产品出口较高的省市。这与其地理优势有关，广东省位于南岭以南，南海之滨，与香港地区、澳门地区、广西、湖南、江西及福建接壤，与海南隔海相望，而江苏位于东部沿海，北接山东，东濒黄海，东南与浙江和上海毗邻，西接安徽。江苏跨江滨海，湖泊众多。上海市更是中国的经济、金融、贸易、航运、科技创新中心。这些省份的外贸出口本身比较发达，数据也较好地印证了这一点。而相比之下，其他省份的情况不乐观，如图4-9所示。创新力的发展与进出口贸易密不可分，所以要全方位地评价省份创新，需要高技术产品出口比重这一指标。高新技术产业的发展不仅会加快一个国家的发展进程，更会拉动相关产业的快速振兴以及整个社会的发展与稳定。针对中国高新技术产业出口存在的各类问题和不足之处，应该从不同角度进行分析并最终制定出行之有效的发展路线和方案，在政策上给予更大的支持力度，实现中国高新技术产业的平衡、平稳、有序、健康发展。

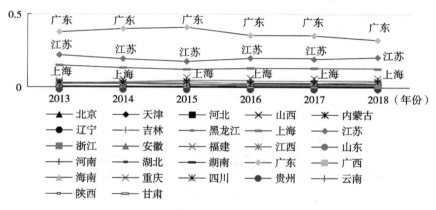

图4-9 2013~2018年典型区域高技术产品出口比重统计分析
资料来源：世界银行WDI（世界发展指标）数据库。

（七）专利授权量指标

专利授权量指标反映单位获得专利权的数量。该指标分别用本年授权量和累计授权量两个指标反映：一是专利当年授权量，专利当年授权量指标说明企业当年获得专利权的数量。专利当年授权量=发明专利当年授权量+实用新型专利当年授权量+外观设计专利当年授权量。二是专利累计授权量，专利累计授权量指标说明企业截至本年累计获得的各项专利权数量。专利累计授权量＝专利当年授权量＋以前年度专利授权总量。

　　创新是带动整个地区快速发展的重要动力，因此分析专利授权数量是评价一个地区创新力的重要指标。随着企业投入的增加和国家政策的支持，信息技术专利申请及发明专利申请逐年增长。根据图4-10中的数据可知，2013～2018年累计申请专利数前三名的是江苏省、广东省和浙江省。浙江省专利工作虽然取得了一些成绩，但在调研中发现仍然与区域经济发展的要求存在不相适应的地方。个别省份专利意识仍较淡薄，个别省份专利只有400多个。可见，区域的专利情况不甚乐观，专利申报的基础层面不宽，对专利的认知程度远低于商标和版权。有专利活动的企业大部分集中在大中型企业和特色行业，相当一部分企业的专利意识还是非常淡薄的，存在重成果、轻专利的现象。一些有科技活动的企业，平时专利与项目申报、技术研发结合不够，有了技术创新不注意及时申请专利，造成专利流失或被他人侵权。

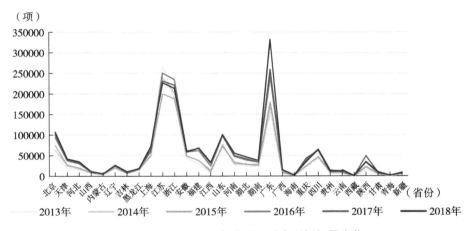

图4-10　2013～2018年典型区域专利授权量变化

资料来源：Wind数据库。

（八）技术市场成交额比指标

　　技术市场成交额比＝该省技术市场成交额/该省规模以上工业企业R&D经费，由于西藏自治区数据存在异常，所以将其剔除，不进行统计分析。

　　对于技术市场来说，中国有非常好的发展趋势，一是新兴技术推动行业数字化转型。目前,中国传统行业正在通过新兴技术向数字化进行转型。其中,人工智能的作用尤为突出。政策的发布加速推进人工智能在不同行业的应用。未来,新兴技术将继续成为交易市场的重点方向之一。二是技术投资从硬件向软件及服务转移。目前,技术交易中硬件支出仍然占主导地位,但增长率将趋缓。人工智能、物联网、区块链等新兴技术的发展将进一步增加平台数字化和应用程序现代化的复杂性,企业在这方面的软件及服务支出将增多。三是领先技术厂商将成为企业数字化转型的关键赋能者。中国经济发展快速,商业环境日益增强,激烈的市场竞争迫使中国企业加速数字化转型进程,而行业内领先的技术厂商将成为企业数字化转型的关键赋能者,未来也将有更多的合作,加速产品创新、带动增长。

北京市的技术市场成交额比是最高的,说明北京市的技术市场成交比较活跃,技术市场呈现制度创新、政策突破、体系完善,科研人员活力持续释放,技术转移效率显著提升,技术要素市场化配置速度加快,技术市场发展环境进一步优化,呈现中高速增长的发展态势,市场规模和交易质量大幅提升的效果。另外,陕西省和青海省的技术市场成交额比较高,其余区域明显不具有优势,如图4-11所示。目前,在技术转让中占比最高的技术秘密还不在享受税收优惠之列,另外,技术交易的税收优惠政策与高新技术企业认定和企业研发费用加计扣除等相关政策之间,如能进一步增加关联性以及实操性,技术市场将更能全面地反映科技创新和技术转移的成效。

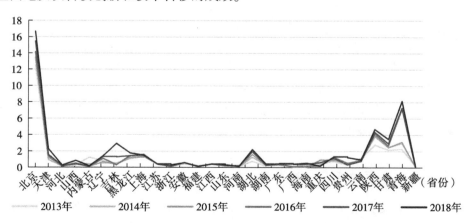

图4-11 2013~2018年典型区域技术市场成交额比

资料来源:Wind数据库。

三、典型区域制造业创新力实证研究

（一）数据的采集与来源

按照国家统计局发布的制造业细分行业分类，采集 27 个省市 2013~2018 年的数据，并根据创新投入和创新产出两个维度，将 8 个指标划分为创新投入指标和创新产出指标。本书关于制造业创新的数据大部分来自区域 2014~2019 年的统计年鉴，还有部分数据来自 2014~2019 年的《中国工业统计年鉴》和 2014~2019 年的《中国统计年鉴》。特此说明，由于西藏自治区、青海省的高技术产品出口比重、新疆维吾尔自治区的新产品销售收入比以及宁夏的创新力指标等数据缺失，在分析各省份排名时，剔除了这四个省份。

（二）基于因子分析的中国制造业区域创新力分析

1. 2013 年区域创新力排名分析

2013 年的区域各个指标经过指标标准化后，KMO 检验的值为 0.758，和 8 个指标的相关系数矩阵与单位矩阵的显著性差异水平为 0.000，适合做因子分析。

将 8 个指标设为 X_1、X_2、X_3、X_4、X_5、X_6、X_7、X_8，通过 SPSS 软件，得出两个主成分，这里设为 F_1、F_2。设 F 为最终的指标值。

$$F_1 = 0.239X_1 + 0.091X_2 - 0.068X_3 + 0.248X_4 + 0.097X_5 + 0.216X_6 + 0.223X_7 - 0.125X_8$$

$$F_2 = -0.065X_1 + 0.216X_2 + 0.389X_3 - 0.088X_4 + 0.223X_5 - 0.042X_6 - 0.051X_7 + 0.400X_8$$

$$F = 0.5379F_1 + 0.3205F_2$$

从图 4-12 可以看出，2013 年在区域排名中前十名的是广东省、江苏省、

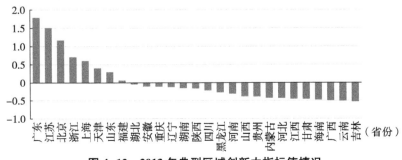

图 4-12　2013 年典型区域创新力指标值情况

北京市、浙江省、上海市、天津市、山东省、福建省、湖北省、安徽省。后十名是山西省、贵州省、内蒙古自治区、河北省、江西省、甘肃省、海南省、广西壮族自治区、云南省、吉林省。创新力指标有利于指导企业进行投资，对选取发展区域有一定的帮助。

2. 2014 年区域创新力排名分析

2014 年的区域各个指标经过指标标准化后，KMO 检验的值为 0.718，和 8 个指标的相关系数矩阵与单位矩阵的显著性差异水平为 0.000，适合做因子分析。

将 8 个指标设为 X_1、X_2、X_3、X_4、X_5、X_6、X_7、X_8，通过 SPSS 软件，得出两个主成分，这里设为 F_1、F_2。设 F 为最终的指标值。

$$F_1 = 0.238X_1 + 0.108X_2 - 0.069X_3 + 0.248X_4 + 0.096X_5 + 0.213X_6 + 0.221X_7 - 0.110X_8$$

$$F_2 = -0.067X_1 + 0.199X_2 + 0.399X_3 - 0.091X_4 + 0.232X_5 - 0.052X_6 - 0.032X_7 + 0.400X_8$$

$$F = 0.5374F_1 + 0.3120F_2$$

如图 4-13 所示，2014 年在区域排名中前十名的是广东省、江苏省、北京市、浙江省、上海市、天津市、山东省、福建省、湖北省、安徽省。后十名是山西省、河北省、海南省、江西省、甘肃省、贵州省、内蒙古自治区、广西壮族自治区、云南省、吉林省。

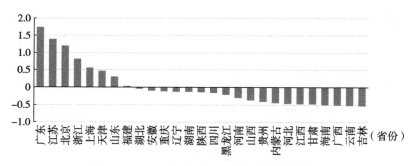

图 4-13　2014 年典型区域创新力指标值情况

3. 2015 年区域创新力排名分析

2015 年的区域各个指标经过指标标准化后，KMO 检验的值为 0.673，和 8 个指标的相关系数矩阵与单位矩阵的显著性差异水平为 0.000，适合做因子分析。

将 8 个指标设为 X_1、X_2、X_3、X_4、X_5、X_6、X_7、X_8，通过 SPSS 软件，得出两个主成分，这里设为 F_1、F_2。设 F 为最终的指标值。

$$F_1 = 0.244X_1 + 0.100X_2 - 0.072X_3 + 0.252X_4 + 0.086X_5 + 0.215X_6 + 0.222X_7 - 0.121X_8$$

$$F_2 = -0.067X_1 + 0.202X_2 + 0.387X_3 - 0.092X_4 + 0.242X_5 - 0.057X_6 - 0.015X_7 + 0.389X_8$$

$$F = 0.5290F_1 + 0.3246F_2$$

如图4-14所示，2015年在区域排名中前十名的是广东省、江苏省、北京市、浙江省、上海市、天津市、山东省、安徽省、湖北省、福建省。后十名是山西省、甘肃省、内蒙古自治区、河北省、江西省、云南省、海南省、吉林省、贵州省、广西壮族自治区。

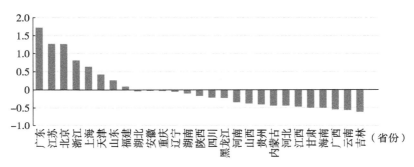

图4-14 2015年典型区域创新力指标值情况

4. 2016年区域创新力排名分析

2016年的区域各个指标经过指标标准化后，KMO检验的值为0.664，和8个指标的相关系数矩阵与单位矩阵的显著性差异水平为0.000，适合做因子分析。

将8个指标设为X_1、X_2、X_3、X_4、X_5、X_6、X_7、X_8，通过SPSS软件，得出两个主成分，这里设为F_1、F_2。设F为最终的指标值。

$$F_1 = 0.234X_1 + 0.100X_2 - 0.063X_3 + 0.273X_4 + 0.118X_5 + 0.209X_6 + 0.217X_7 - 0.102X_8$$

$$F_2 = -0.075X_1 + 0.215X_2 + 0.406X_3 - 0.100X_4 + 0.195X_5 - 0.050X_6 - 0.024X_7 + 0.403X_8$$

$$F = 0.55482F_1 + 0.3087F_2$$

如图4-15所示，2016年在区域排名中前十名的是广东省、江苏省、北京

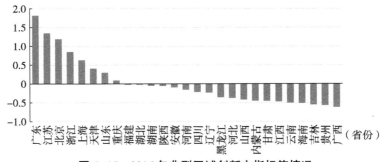

图4-15 2016年典型区域创新力指标值情况

市、浙江省、上海市、天津市、山东省、重庆市、福建省、湖北省。后十名是河北省、山西省、内蒙古自治区、甘肃省、江西省、云南省、海南省、吉林省、贵州省、广西壮族自治区。

5. 2017 年区域创新力排名分析

2017 年的区域各个指标经过指标标准化后，KMO 检验的值为 0.662，和 8 个指标的相关系数矩阵与单位矩阵的显著性差异水平为 0.000，适合做因子分析。

将 8 个指标设为 X_1、X_2、X_3、X_4、X_5、X_6、X_7、X_8，通过 SPSS 软件，得出两个主成分，这里设为 F_1、F_2。设 F 为最终的指标值。

$F_1 = 0.234X_1 + 0.089X_2 - 0.060X_3 + 0.235X_4 + 0.125X_5 + 0.210X_6 + 0.214X_7 - 0.109X_8$

$F_2 = -0.084X_1 + 0.215X_2 + 0.412X_3 - 0.105X_4 + 0.192X_5 - 0.057X_6 - 0.015X_7 + 0.413X_8$

$F = 0.56314F_1 + 0.3022F_2$

如图 4-16 所示，2017 年在区域排名中前十名的是广东省、江苏省、北京市、浙江省、上海市、天津市、山东省、重庆市、福建省、湖北省。后十名是河北省、内蒙古自治区、江西省、山西省、甘肃省、云南省、吉林省、贵州省、海南省、广西壮族自治区。

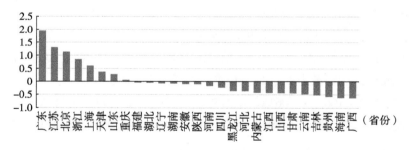

图 4-16　2017 年典型区域创新力指标值情况

6. 2018 年区域创新力排名分析

2018 年的区域各个指标经过指标标准化后，KMO 检验的值为 0.651，和 8 个指标的相关系数矩阵与单位矩阵的显著性差异水平为 0.000，适合做因子分析。

将 8 个指标设为 X_1、X_2、X_3、X_4、X_5、X_6、X_7、X_8，通过 SPSS 软件，得出两个主成分，这里设为 F_1、F_2。设 F 为最终的指标值。

$F_1 = 0.234X_1 + 0.089X_2 - 0.060X_3 + 0.235X_4 + 0.125X_5 + 0.210X_6 + 0.214X_7 - 0.109X_8$

$F_2 = -0.084X_1 + 0.215X_2 + 0.412X_3 - 0.105X_4 + 0.192X_5 - 0.057X_6 - 0.015X_7 + 0.413X_8$

$F = 0.63499F_1 + 0.28093F_2$

如图 4-17 所示，2018 年在区域排名中前十名的是广东省、江苏省、北京市、浙江省、上海市、天津市、山东省、重庆市、福建省、湖北省。后十名是黑龙江省、江西省、内蒙古自治区、甘肃省、山西省、云南省、贵州省、吉林省、海南省、广西壮族自治区。

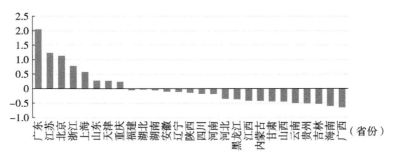

图 4-17　2018 年典型区域创新力指标值情况

7. 2013～2018 年区域创新力排名综合分析

将 2013～2018 年的区域创新力指数排名在时间维度上对比，以 2013 年为基准线，2018 年创新力排名有较大增长的省份有天津市、福建省、湖北省、安徽省、辽宁省、黑龙江省、山西省、贵州省、海南省、广西壮族自治区。明显下降的省市有重庆市、湖南省、四川省、河南省、河北省、江西省、甘肃省、云南省、吉林省。创新力进步较大的省份有贵州省、安徽省。而针对排名落后的省份要加强对于创新的投入与产出水平，如重庆市、河北省等。

为了分析全国 31 省市信息制造业技术创新能力综合情况在等级划分上的动态变化轨迹，本书选取了研究年限的始末年份及中间年份，即 1999 年、2003 年、2007 年的情况进行分析。广东省以其雄厚的技术创新实力一直处在"强"等级，且综合值在 87 左右，说明广东省信息制造业技术创新的综合能力在近年来一直保持比较稳定的高水平上。从中也可以看到"强"等级也是稳定性很高的等级。而在"较强"等级上，1999 年有江苏、上海、北京、山东、四川5 个省份列入，而在 2003 年及 2007 年只有江苏、上海两个省份。说明"较强"等级的稳定性有所下降。将三年的"中"等级看作三个集合，对其求交集，那么可以看到，天津与福建两个地区就组成了这个交集，说明这两个地区信息制造业技术创新的综合能力没有明显的变化趋势。北京与山东的地位有不同程度的下降，从 1999 年的"较强"等级滑落到"中"等级。下面根据 1999～2007 年各等级的平均综合值变化情况作图，以便观察各等级长期的变化趋势，如图 4-18 所示。

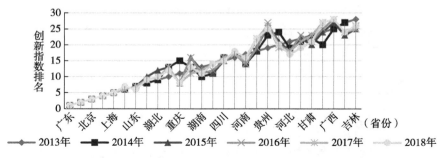

图 4-18　2013~2018 年典型区域创新力指标值情况

（三）2018 年的典型区域制造业创新力排名

1. 2018 年投入与产出系数综合分析

本部分分析 2018 年的典型区域的创新力排名情况、典型区域的创新投入、产出对比，通过创新力大小排出第一梯队、第二梯队和第三梯队的区域每个指标的大小。

根据因子分析，根据影响创新力的 8 个指标，对创新力进行排名，如表 4-1 所示。把典型区域（27 个省份）分为三个创新梯队，针对不同的创新梯队，对创新力进行研究。

表 4-1　2018 年典型区域创新力排名情况

	省份	创新力评分	创新力排名
创新第一梯队	广东	2.048572	1
	江苏	1.232332	2
	北京	1.12977	3
	浙江	0.782851	4
	上海	0.574359	5
	山东	0.271348	6
	天津	0.271075	7
	重庆	0.233805	8
创新第二梯队	福建	−0.02383	9
	湖北	−0.02929	10

	省份	创新力评分	创新力排名
创新第二梯队	湖南	−0.05829	11
	安徽	−0.10647	12
	辽宁	−0.11266	13
	陕西	−0.14179	14
	四川	−0.18042	15
	河南	−0.18486	16
	河北	−0.35164	17
	黑龙江	−0.36684	18
创新第三梯队	江西	−0.41923	19
	内蒙古	−0.42219	20
	甘肃	−0.44049	21
	山西	−0.44746	22
	云南	−0.49988	23
	贵州	−0.51137	24
	吉林	−0.52587	25
	海南	−0.60509	26
	广西	−0.65276	27

　　广东省的创新力指标排名第一，广东省是制造业高度发展区域，其创新能力处于创新第一梯队等级的第一名。改革开放初期，广东凭借优惠政策、优越的地理位置，承接国际产业大转移，制造业迅猛发展起来。该地区制造业的区域集聚度很高，各类制造产业密集地在这里发展起来。另外，该地区的营销网络覆盖面广，拥有良好的现代化交通、通信、信息等基础设施，并建立了产学研技术创新支撑体系或技术开发中心。这也更进一步加强了广东制造业的技术创新活动。广东省制造业的技术创新能力远高于其他地区，高居首位。

　　江苏省、北京市处在创新第一梯队，位居第二和第三。20世纪90年代，各类产业高科技企业纷纷向昆山、苏州、无锡等地集聚，在上海周边形成了完整的以IT为代表的制造业带，上海至苏州一线已经成为全球知名的电子产品制造业基地。跨国公司纷纷在这些地区设立生产基地、研发中心，高科技人才也在此汇集，大大加强了其技术创新能力。

浙江省、上海省、山东省、天津市、重庆市同样属于创新第一梯队。在这一等级中，就综合实力来看落后于广东、江苏、北京等地区。这与国际著名高技术公司在北京设立分支研究机构、科技成果大部分转让频繁，但相较于这些区域的产业化和市场实现能力较弱相关。

位于创新第二梯队的福建省、湖北省、湖南省、安徽省、辽宁省、陕西省、四川省、河南省、河北省、黑龙江省，大多处在内陆地区。

福建省、湖北省、安徽省、辽宁省的排名比较靠前，因为作为沿海并且是开放的省份，福建省有着独特的地理优势，也有宽松的开放政策的支持，另外湖北省也是位于长江经济带的省份，具有发展优势，但是这些省份相比于创新第一梯队的创新力还是有不足之处，也是应该重点加强的地区之一。河南省、河北省、黑龙江省的综合区域创新能力相对比较靠后，这几个省份的区位因素、经济发展水平相当，大多数位于中国中部和西部，本身制造业的基础比较薄弱，技术创新也较为落后。福建省、湖北省、湖南省在知识流动、技术创新环境上的排名比较靠前，说明在技术转移、引进外资、政策等方面的发展相对较好。

位于创新第三梯队的有江西省、内蒙古自治区、甘肃省、山西省、云南省、贵州省、吉林省、海南省、广西壮族自治区，经济基础都很薄弱，因此各项指标值均非常低。发现这 3 个等级之间的差距随着等级强度的增加而增大，中国这 27 个省份在按创新能力的综合值划分的 3 个等级上的分布呈金字塔形，值高段的只有广东、江苏、北京等几个少数省份，评分是呈正数的，处在金字塔的顶端，而呈负分的省份数量最多，处在塔的底端。这说明中国制造业创新能力的区域差异性非常强，不仅表现在东部、中部、西部地区之间，在相对发达的东部地区内部区域、市之间的差异更明显，只有广东省、江苏省和北京市的分数大于1，广东省的值分别是江苏省、上海市的2倍多。广东省制造业自改革开放以来以"三来一补"为主的发展模式获得优先发展，形成了雄厚的产业基础。这一发展优势形成了与后来发展起来的江苏、北京等地较大的差距。综上所述，处在创新第一梯队首位的广东省各项指标值都比较高，且指标值情况比较均衡，说明处在稳定的高水平上。而其他省的排名较不集中，应该加强相关产业创新的发展。

2. 2018 年基于指标描述的三个创新梯队的各个指标综合结果分析

将指标标准化，对创新第一梯队的数据进行分析，第一梯队区域的指标分布是十分不均匀的。广东省的专利授权量、高新技术产品出口比重、新产品开发经费、新产品销售收入比、R&D 人员数都遥遥领先于其他省份，这与广东省独特的地理条件和政策优势是分不开的，与广东省近年来通过各种途径激发企业创新活力密不可分。广东省构建以企业为主体、市场为导向、产学研相结合的区域创新体系，加速高新技术企业培育，落实研发经费加计扣除、研发经费后补助等普惠性支持政策，充分激发全省创新活力。在促进企业发挥创新主体作用方面，广东省积极开展高新技术企业"树标提质"行动，全面落实研发费用加计扣除所得税减免政策，通过鼓励领军企业在全球布局建设研发机构、引导骨干企业独立建设研发机构、支持企业以产学研方式建设研发机构、推动中小企业以协同创新形式建立研发机构四种模式，形成模式多样、功能完善、布局优化的企业研发体系，有力带动企业加大研发费用投入和研发人员引进培养的力度。但与此同时从业人员受教育程度、R&D 经费支出占规模以上工业企业主营业务收入比重、技术市场成交额比较低，说明广东省需要提升自身从业人员的综合素质、加大 R&D 经费支出占规模以上工业企业主营业务收入比重，另外还要重视技术市场成交额。

江苏省在专利授权量、高新技术产品出口比重、新产品开发经费、R&D 人员数指标都有较高的比例，创造了苏南地区的发展奇迹，一方面得益于改革开放后崛起的乡镇企业，另一方面也和毗邻上海的区位优势密不可分。苏州一市开往上海的铁路列车，仅高铁就达到了一天 256 班次，在国内城市中最多，平均间隔 5 分钟一班，密度甚至超过城市公交汽车。但江苏也有明显短板，如新产品销售收入、R&D 从业人员受教育程度等，R&D 从业人员受教育程度明显低于上海、北京、天津。在这个领域，北京地位稳固，而江苏表现相对乏力。

北京市有三个明显优势的指标，分别是新产品销售收入比、R&D 从业人员受教育程度、技术市场成交额比。这充分反映了北京地区独特的地理位置、教育优势以及技术市场的发达程度。总体上看，北京市作为产业创新发展的"领跑者"，创新基础雄厚，创新投入总量大、强度高，创新产出丰富，创新生态优越，科技创新对经济发展起到了显著的支撑作用，但在专利授权量、高新技术产品出口比重、新产品开发经费、R&D 人员数、R&D 经费支出占规模以上工业企业主营业务收入比重等方面还存在明显的短板。

浙江省在 R&D 经费支出占规模以上工业企业主营业务收入比重、专利授权量、R&D 人员数、新产品开发经费这四个指标方面具有明显优势。从 2015 年开始，浙江陆续发布了"瞪羚计划""雏鹰计划""雄鹰计划"，针对企业发展的不同阶段，从金融、服务等各个角度进行培育和扶持，政策的效果使浙江省能够发挥显著优势。但是新产品开发经费、新产品销售收入比、R&D 从业人员受教育程度、技术市场成交额比、高新技术产品出口比重表现有些乏力，这与浙江省的高新技术企业数量还不够多、区域发展不够平衡、企业核心竞争力不够强、创新型龙头骨干企业偏少有关。有些行业的企业数量与研发投入呈现典型的"剪刀差"特征。只有克服这些缺陷，浙江省才能真正发展起来。

上海市、山东省、天津市、重庆市几个指标都没有太大差异，一方面这样均衡发展有利于地区的创新力稳健地发展起来，另一方面与创新力较强的省份相比，缺乏自身的优势，没有较强的发展方向。尽管这几个省市的创新效率较高、创新潜力较大，但创新实力不够、科教资源不足的问题依然突出。具体表现在高技术性企业和高成长性企业偏少，重点高校和大院大所偏少，高层次科技创新人才偏少，可以说是喜忧参半。区域应该加快实施创新驱动发展战略，必须真正立足省情、市情，进一步优化创新生态、聚集创新资源，进一步提升创新绩效、释放创新潜能，切实做到扬长补短，理性务实创新，如图4-19所示。

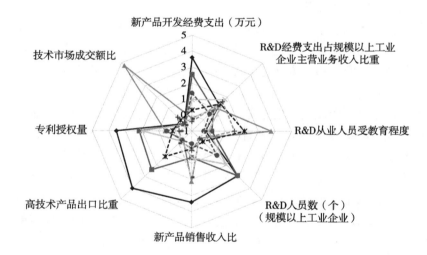

图4-19　2018年创新第一梯队创新力指标值情况

相比于创新第一梯队，创新第二梯队的各个省份的各个指标较为平均，分布也较为集中，但各项指标的大小较创新第一梯队有所下降，如图4-20所示。

福建省没有较为突出的创新指标，但是排在创新第二梯队的第一名，可能是因为福建省的各项指标较为平均，综合值较高。这取决于福建省开放、全面的创新驱动发展政策。福建省加大了对于创新绩效的正向激励，激励企业加大

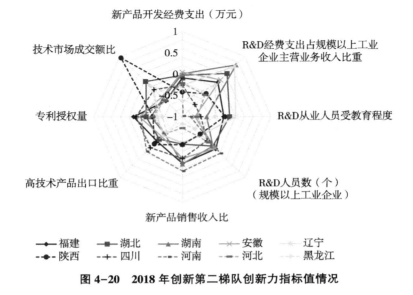

图4-20　2018年创新第二梯队创新力指标值情况

研发投入。建立与企业产值、研发投入等生产经营情况相挂钩的创新激励机制，加大对地方政府的考核奖励，加强重点创新主体培育。建立重点"双高"企业和重大创新项目党政领导挂钩和联系人制度，加强重点创新主体培育。简化程序切实提升企业创新获得感，加快发展创新工场、创客空间、孵化器、加速器等新型孵化模式，为初创企业提供全流程创新创业服务，创新省实验室体制机制，实行理事会领导下的主任负责制，实行目标导向、绩效管理、协同攻关、开放共享的新型运行机制，支持行业领军企业牵头承担省科技重大专项，按企业所获得省实际资助额一定的比例给予奖励，奖励资金由设区市和县级政府自行确定。湖北省、安徽省、四川省、河北省同样是指标分数分布比较平均，但是指标系数没有福建省的强，应该加强政策引导，鼓励创新。

　　湖南省排在创新第二梯队的第三名，有较为突出的指标，R&D经费支出占规模以上工业企业主营业务收入比重较为突出，说明R&D经费较为充足，企业也有足够宽松的政策和外界环境才使这项指标较为突出，远远领先于其他的省份，表明了湖南省发展创新产业的决心，也表现出湖南省抓住产业梯度转移和国家支持中西部地区发展的重大机遇，提高经济整体素质和竞争力的决心。但是，R&D从业人员受教育程度指标较低，这限制了湖南省的创新进程，人才是创新发展的重要支柱，没有人才，特别是没有高端人才支撑创新产业是很难发展下去的。所以，湖南省应该充分利用当地高校、产业园区、研究机构的人才优势，制订激励型的人才计划，为创新发展提供坚强的后盾。

辽宁省除了 R&D 经费支出占规模以上工业企业主营业务收入比重指标值较高外，专利授权量、R&D 人员数、新产品开发经费、新产品销售收入比、R&D 从业人员受教育程度、技术市场成交额比、高新技术产品出口比重指标值均较低。辽宁省应重视人才发展，人才是创新发展的关键，更是振兴的动力之源；实施区域创新高地引领行动，加快重大功能平台建设；要实现创新发展，科技成果的转化至关重要，从而实现科技市场的繁荣。陕西省只有技术市场成交额比遥遥领先于其他省份，应该加强其他指标的建设。河南省的 R&D 人员数、新产品销售收入比、高新技术产品出口比重、专利授权量、新产品开发经费支出、技术市场成交额比指标还较为正常，但是 R&D 经费支出占规模以上工业企业主营业务收入比重、R&D 从业人员受教育程度指标值较低，平均低于其他省份，加上其他指标也不是很强，所以排在其他省份之后。河南省应该加强推进国家重大科技成果转化落地，一方面从普惠性政策、重大科技项目和政府投资基金上给予全方位支持，另一方面通过建设完善跨国技术转移大会云服务平台，通过网络化的对接，实现常态化的重大成果的转移转化。另外应该加强拔尖创新创业团队的引进和培养，促进高端人才聚集，各市成立人才发展促进会，提供人才交流平台，扩大人才聚集效应；建立市、县两级人才之家，努力打造人才服务联动阵地等措施，以此来助力创新人才的引进。

在创新第一梯队等级与创新第二梯队等级的省、市只有个别指标值较高，指标值情况较不均衡，说明这些省、市制造业要在各自薄弱的环节取得突破，以全面提升其技术创新能力。处在创新第三梯队等级的省、市各项指标值都很低，呈现一种低水平的均衡，说明这些省、市制造业的技术创新能力在各个环节都较薄弱，其技术创新能力的提升较为艰难，需要努力找出打破这种低水平均衡僵局的有力突破口，如图 4-21 所示。

3. 2018 年基于因子分析的投入与产出系数综合结果分析

在分析完各级创新梯队的各个指标的情况之后，下面从投入和产出系数进行综合分析。

27 个省份（西藏、新疆、青海、宁夏因数据缺失除外）中，14 个省份制造业创新产出排名优于投入排名，表明企业的自主创新得到改善，自主创新投入—产出是有效率的。其中，广东、重庆是"高投入—高产出"的代表，而北京是"低投入—高产出"的突出代表，如图 4-22 所示。进一步辨析，前者创

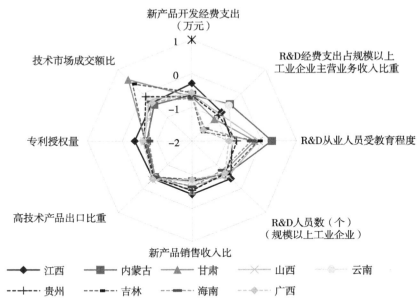

图 4-21　2018 年创新第三梯队创新力指标值情况

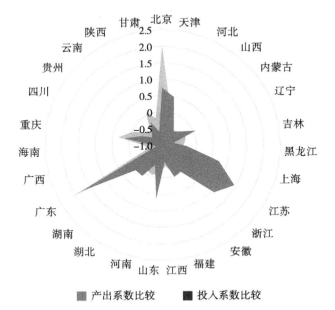

图 4-22　2018 年典型区域创新力投入—产出系数比较

新具有相对效率，而后者的基础创新则具有比较效率。同时，14个省份企业的创新是缺乏效率的。其中，山东省、江苏省、上海市是"高投入—低产出"的突出省份；而山西省、内蒙古自治区、天津市则是"低投入—低产出"的突出省份。

从企业区域创新的发展路径来看，在技术创新投入要素提升，以及创新效率提升的基础上，实现"低投入—高产出"是区域企业自主创新应该共同实现的发展路径，具体的政策建议如下：一是充分发挥企业主体作用，通过经济杠杆、约束机制等引导和鼓励企业提升科技投入效率。企业应当积极地与高等院校、科研机构联合，共同开发新技术、新产品，尤其要引导和鼓励大型企业集团在关键技术上的研究开发。二是注重不同国际技术扩散路径对中国各种技术层次自主创新影响的差异，趋利避害，有效利用全球科技资源提升自主创新能力。三是进一步完善中国现有的金融政策，建立多元化融资支持体系。企业的研发活动经费投入量大，仅靠企业自身资金实力十分有限，必须建立起多元融资体系，拓宽融资渠道，在获得资金保障的同时，注重降低融资成本。注重金融政策的有效性，应最大限度地发挥政府资金和政策性金融机构资金投入的杠杆效应。激发金融机构和企业的积极性，力争单位资金投入的创新成果产出较高，提高自主创新的投入产出绩效。四是大力开发人才资源，建立有利于增强自主创新能力的人才机制。人才是增强自主创新能力的核心力量，没有人才就没有自主创新。可以借鉴日本企业开发人才资源的经验，组建人才派遣公司，由公司把社会上的各类人才组织起来，企业开发新技术、新产品需要什么样的人才，就与人才派遣公司签合同，等做完项目以后，人才再回到派遣公司。这样做，企业既可以减少各种保险费用负担，又可以不受人才制约而不断地上新项目。

第二节　制造业区域创新效率研究

DEA模型自提出之后，国内外学者就对其进行了大量的研究和改进，衍生出了角度不同、功能繁多的DEA模型，根据角度的不同大致可以分为四种类型：径向与角度的DEA模型、非径向与角度的DEA模型、径向与非角度的DEA模型和非径向与非角度的DEA模型。

其中的径向是指在对 DMU 进行效率评价时，必须遵循的投入或者产出按照同向同比例变化的假设，当各种要素投入进行了一定比例的改变时，产出必须按照相同比例增加或减少；这种假设使投入和产出具有一定的限制，与现实经济过程不符，在该假设下测算出来的效率值对现实的指导意义不强。传统的 CCR 和 BCC 模型都是径向模型的代表，而在非径向模型中，投入和产出不需要按照相同的比例增加和减少，更加贴近社会生产的实际状况。

一、创新效率测度方法

角度指在 DMU 效率计算的过程中，产出必须同向变动的限制性假设。在所有产出都符合生产者期望，属于"好"的产出时，角度性的假设并不具备局限性。但当研究者期望考虑环境污染等"坏"的产出时，产出之间的同向性假设就不符合逻辑，因为决策者希望在"好"的产出增加的同时，"坏"的产出变向减少。传统 DEA 模型有 CCR 模型（Charnes，Cooper 和 Rhodes，1978）和 BCC 模型（Banker，Charnes 和 Cooper，1984）两种。前者是基于不变规模报酬（CRS）条件的效率模型，主要用来测量技术效率；后者是基于可变规模报酬（VRS）条件的效率模型，主要用来测算纯技术效率，即技术效率与规模效率的比值，两者假设条件不同之处在于 BCC 模型有一个用来考虑规模收益差别的凸性约束条件。传统 DEA 模型以及基于其而发展的多个 DEA 模型是从径向（投入和产出以等比例缩小或放大）和角度（投入或产出角度）两个方面来对效率进行度量，这样传统的径向模型并不能把投入产出的松弛性纳入考虑范围，无法考虑"松弛变量"对效率值的影响，也没有考虑同时使期望产出增加、非期望产出减少的技术变化，以此度量的效率值是不准确或有偏差的。

DEA 模型又分为最基本的、最常用的 CCR 与 BCC 两种模型，CCR 模型适用于规模报酬不变的情形，而 BCC 模型则是假定规模报酬可变。CCR 对偶规划表述为：

$$\text{Min}\left[\theta_0 - \varepsilon\left(\sum_{i=1}^{m} s_i^- + \sum_{r=1}^{s} s_r^+\right)\right] = V_0$$

$$\text{s. t.} \qquad \sum_{j=1}^{n} \lambda_j X_{ij} + s_i^- = \theta_0 X_{i0}$$

$$\sum_{j=1}^{n} \lambda_j Y_{rj} - s_r^+ = Y_{r0}$$

$$\theta_0, \ \lambda_j, \ s_i^-, \ s_r^+ \geqslant 0$$

$$i = 1, \ 2, \ \cdots, \ m; \ r = 1, \ 2, \ \cdots, \ s; \ j = 1, \ 2, \ \cdots, \ n \qquad (4.1)$$

模型中，θ_0 是 CRS（规模报酬不变）下的效率值，λ_j 是投入产出指标的权重系数，ε 为非阿基米德无穷小量，s_i^- 是各投入变量的松弛变量，s_r^+ 是各产出变量的松弛变量。假设以上对偶模型规划的最优解是 θ_0^*、λ^*、s^{-*}、s^{+*}。当 $\theta_0^* = 1$，且 s^{-*}、$s^{+*} = 0$ 时，DEA 有效；当 $\theta_0^* = 1$，但 $s^{-*} \neq 0$ 或 $s^{+*} \neq 0$ 时，DEA 弱有效；当 $\theta_0^* \neq 1$ 时，DEA 无效。

在 CCR 的基础上加上一个约束条件 $\sum\limits_{j=1}^{n} \lambda_j = 1$，则变为 BCC 模型：

$$\text{Min} \left[\eta_0 - \varepsilon \left(\sum_{i=1}^{m} s_i^- + \sum_{r=1}^{s} s_r^+ \right) \right] = V_0$$

$$\text{s. t.} \qquad \sum_{j=1}^{n} \lambda_j X_{ij} + s_i^- = \eta_0 X_{i0}$$

$$\sum_{j=1}^{n} \lambda_j Y_{rj} - s_r^+ = Y_{r0}$$

$$\sum_{j=1}^{n} \lambda_j = 1$$

$$\eta_0, \ \lambda_j, \ s_i^-, \ s_r^+ \geqslant 0$$

$$i = 1, \ 2, \ \cdots, \ m; \ r = 1, \ 2, \ \cdots, \ s; \ j = 1, \ 2, \ \cdots, \ n \qquad (4.2)$$

模型中，η_0 是 VRS（规模报酬可变）下的效率值，假设最优解为 η_0^*，当 $\eta_0^* = 1$ 时，表明 DEA 有效；否则 DEA 无效。

Tone 于 2001 年提出了一种基于松弛变量测度的非径向非角度的 DEA 分析方法，即 SBM 模型。SBM 模型是一种非径向非角度的效率评价模型，综合了投入和产出两种导向的效率评价机制，能够同时考虑投入和不同类型产出的改进空间，适用于解决含有非期望产出的 DMU 的效率评价，其数学规划模型为：

$$\text{Min}\rho = \cfrac{1 - \cfrac{1}{N} \sum\limits_{n=1}^{N} \cfrac{s_n^x}{x_{k'n}^{t'}}}{1 + \cfrac{1}{M+1} \left(\sum\limits_{m=1}^{M} \cfrac{S_m^y}{y_{k'm}^{t'}} + \sum\limits_{i=1}^{I} \cfrac{S_i^b}{b_{k'i}^{t'}} \right)}$$

$$\sum_{t=1}^{T} \sum_{k=1}^{K} z_k^t x_{kn}^t + s_n^x = z_{k'n}^{t'}, \ n = 1, \ \cdots, \ N$$

$$\sum_{t=1}^{T} \sum_{k=1}^{K} z_k^t y_{km}^t - s_m^y = y_{k'm}^{t'}, \ m = 1, \ \cdots, \ M$$

$$\sum_{t=1}^{T} \sum_{k=1}^{K} z_k^t x_{kt}^t + s_i^b = z_{k't}^{t'}, \ i = 1, \cdots, I$$

$$z_k^t \geqslant 0$$

$$s_n^x \geqslant 0$$

$$s_m^y \geqslant 0$$

$$s_i^b \geqslant 0$$

$$k = 1, \cdots, K \tag{4.3}$$

其中，$\rho(0 \leqslant \rho \leqslant 1)$ 为 DMU 的效率值，$\rho = 1$ 表示该 DMU 有效，$\rho < 1$ 说明存在效率损失，其值越趋近于 0，说明效率损失越大，改进的空间和潜力越强。z_k^t 是权重系数，N 为要素投入数量，M 和 I 代表了期望产出与非期望产出的个数；s_n^x、s_m^y 和 s_i^b 分别表示了投入要素、期望产出与非期望产出的松弛变量，目标函数关于三个松弛变量单调递减。$x_{kn}^{t'}$、$y_{km}^{t'}$ 和 $b_{ki}^{t'}$ 分别代表第 k 个 DMU 在时间点 t' 的投入与两种不同类型的产出。SBM 模型不需要进行径向和角度的选择，还充分考虑了投入、产出的松弛性问题，度量的环境效率值也更加精确，从而更符合生产实际，使用也较为普遍。

动态效率又称全要素生产率（Total Factor Productivity，TFP）或技术进步率。动态效率评价运用面板数据把时间因素考虑在内，旨在分析某一时期内 DMU 的效率变化情况，进而研究其效率变化的原因和增长潜力。全要素生产率测算的方法比较多，目前比较成熟的方法包括随机前沿生产函数的全要素生产率指数以及 DEA-Malmquist 指数法。DEA-Malmquist 指数法由瑞典经济学家 Sten Malmquist 于 1953 年提出，最初用于商品市场消费价格指数的测算和分析。

马氏指数的计算通过距离函数的变动比值来测量。在两个数据点之间，每个数据点相对于普通技术的距离的比值即全要素生产效率的变化。如果将 t 时期的技术当作参考值，在 s 时期（基期）和 t 时期之间的马氏全要素生产效率指数（产出导向）可以表示为：

$$m_0^t(q_s, x_s, q_t, x_t) = \frac{d_0^t(q_t, x_t)}{d_0^t(q_s, x_s)} \tag{4.4}$$

同理，若将 s 时期的技术当作参考值，马氏指数为：

$$m_0^s(q_s, x_s, q_t, x_t) = \frac{d_0^s(q_t, x_t)}{d_0^s(q_s, x_s)} \tag{4.5}$$

式（4.4）和式（4.5）中，$d_0^s(q_t，x_t)$ 表示 t 时期观测值到 s 时期技术值（前沿面）的距离；$d_0^t(q_t，x_t)$ 表示 t 时期观测值到 t 时期前沿面的距离；$d_0^t(q_s，x_s)$ 表示 t 时期观测值到 s 时期前沿面的距离；$d_0^s(q_s，x_s)$ 表示 s 时期观测值到 s 时期前沿面的距离。$m_0^t(q_s，x_s，q_t，x_t)$ 的值大于 1 表示从 t 时期到 s 时期的全要素生产率正增长，$m_0^t(q_s，x_s，q_t，x_t)$ 的值小于 1 表示从 t 时期到 s 时期的全要素生产率下降。

为了避免限制条件对结果产生的误差，马氏全要素生产效率通常被定义为这两种指数的几何均值，也就是：

$$m_0(q_s，x_s，q_t，x_t) = \left[\frac{d_0^t(q_t，x_t)}{d_0^t(q_s，x_s)} \times \frac{d_0^s(q_t，x_t)}{d_0^s(q_s，x_s)} \right]^{1/2} \tag{4.6}$$

在生产效率指数中，将此距离函数重新组合，它等价于技术效率变化指数与技术变化指数的乘积：

$$m_0(q_s，x_s，q_t，x_t) = \frac{d_0^t(q_t，x_t)}{d_0^s(q_s，x_s)} \left[\frac{d_0^s(q_t，x_t)}{d_0^t(q_t，x_t)} \times \frac{d_0^s(q_s，x_s)}{d_0^t(q_s，x_s)} \right]^{1/2} \tag{4.7}$$

式（4.7）中，方括号外面的比值代表从 s 时期到 t 时期的技术效率变化，即效率变化指数等价于技术效率在 t 时期和 s 时期的比值。方括号里面测算的是从 s 时期到 t 时期的技术变化。从而有：

$$效率变化 = \frac{d_0^t(q_t，x_t)}{d_0^s(q_s，x_s)} \tag{4.8}$$

$$技术变化 = \left[\frac{d_0^s(q_t，x_t)}{d_0^t(q_t，x_t)} \times \frac{d_0^s(q_s，x_s)}{d_0^t(q_s，x_s)} \right]^{1/2} \tag{4.9}$$

经分析，本书采用 SBM 模型测算，典型区域创新效率如表 4-2 所示。

表 4-2　2013~2018 年典型区域创新效率值情况

年份 省份	2013	2014	2015	2016	2017	2018
北京	1	0.923714798	1	1	1	1
天津	0.213112	0.239637149	0.282154	0.299969	0.283761	0.315329
河北	0.065563	0.047154548	0.039711	0.048195	0.058875	0.064529
山西	0.046735	0.062098712	0.067952	0.092358	0.081442	0.135559

续表

年份 省份	2013	2014	2015	2016	2017	2018
内蒙古	0.013212	0.013652522	0.017025	0.014182	0.014107	0.025377
辽宁	0.091779	0.068561966	0.09959	0.162852	0.176483	0.18087
吉林	0.031523	0.036393807	0.021652	0.024923	0.028251	0.024042
黑龙江	0.040134	0.036964083	0.014869	0.023822	0.023382	0.025417
上海	1	0.536663987	0.432731	0.494783	0.508427	0.502762
江苏	1	0.514614533	0.288735	0.380548	0.295922	0.257181
浙江	1	0.21526977	0.115901	1	0.316819	0.234579
安徽	0.065784	0.096105572	0.085902	0.179662	0.183543	0.176658
福建	0.119959	0.078674055	0.046623	0.074567	0.062927	0.070452
江西	0.075742	0.109159569	0.088817	0.157634	0.184093	0.154075
山东	0.075396	0.076905547	0.083984	0.099944	0.110271	0.11352
河南	0.064675	0.068934897	0.059374	0.079846	0.093454	0.101968
湖北	0.146028	0.163505571	0.167715	0.223593	0.243864	0.258153
湖南	0.053331	0.05852556	0.067673	0.083035	0.072373	0.083139
广东	1	1	1	1	1	1
广西	0.012864	0.030111628	0.044777	0.037332	0.088741	0.104861
海南	0.018463	0.049049939	0.016904	0.022522	0.020715	0.012189
重庆	0.170954	0.247004964	0.325766	1	0.276804	1
四川	0.423054	0.390804667	0.464084	1	1	0.523551
贵州	0.030223	0.019300386	0.029066	1	0.102235	0.222038
云南	0.038203	0.091378599	0.081526	0.10618	0.124926	0.135207
陕西	1	1	1	1	1	0.999997
甘肃	0.010562	0.009953206	0.013479	0.034339	0.08145	0.026982

二、2013~2018年典型区域创新效率测度与分析

北京、上海、江苏、浙江、广东和陕西在2013年的创新效率并列全国第一，其贡献率达到了最高，其次四川达到了0.42，不及创新效率最高省份的一

半，海南、内蒙古、广西、甘肃不足 0.03，由此可见，区域创新效率差异显著，需因地制宜制定相关政策以提高全国创新效率的平均水平。2014 年，广东、陕西的创新效率最高，其次是北京，达到了 0.92，位居第三的省份是上海，达到了 0.54，而贵州、内蒙古和甘肃各为 0.02、0.01、0.01，均不足 0.03，相较于 2013 年而言，多数省份的创新效率有所提高，但是变化不显著。2015 年，北京、广东、陕西的创新效率均达到了 1，其次是四川，仅为 0.46，而贵州、吉林、内蒙古、海南、黑龙江、甘肃均不足 0.03，可见全国创新效率不平衡，差距显著，相较于 2014 年，绝大多数省份都有了显著的增长。2016 年，北京、浙江、广东、重庆、四川、贵州、陕西的创新效率达到最高，其次是上海，仅达 0.49，而江苏的创新效率仅为 0.38，吉林、黑龙江、海南、内蒙古的创新效率分别为 0.02、0.02、0.02、0.01，均不足 0.03。2017 年，北京、广东、四川、陕西创新效率均达到最高，其次是上海，达到了 0.51，而吉林、黑龙江、海南和内蒙古的创新效率均没有达到 0.03。2018 年，北京、广东、重庆的创新效率位居第一，陕西也达到了 0.999997，四川和上海分别为 0.52、0.50，而甘肃、黑龙江、内蒙古、吉林和海南均没有达到 0.03。整体来看，2018 年区域的创新效率达到了最高，说明近些年，随着我国经济的不断发展，创新效率也在一定程度上有所增长。

纵观典型区域 2013~2018 年创新效率的变化，其中广东虽然没有增长的趋势，但是创新效率几乎饱和，一直位居第一；北京在 2014 年前稍有所下降，但是自 2014 年之后一直增长直至稳定，达到最高；四川在 2016 年创新效率达到了巅峰并保持了一年之后有所下降，下降了原先水平的一半，仅有 0.52。重庆 2013~2015 年的创新效率均未达到 0.4，在 2016 年达到最高，2017 年却明显下降，直至 2018 年恢复最高水平。陕西这几年来，一直保持稳定，在全国创新效率水平位居前列，上海和江苏这几年来创新效率有下降的趋势，浙江和贵州均在 2016 年达到了最高水平，其他省市的创新水平则不高，位于全国低端。

综合来看，全国创新效率不平衡，各个省市之间的创新效率水平差距显著，多数省份的创新效率均位于全国水平低端。因此应当依据不同地区经济发展阶段、创新水平高低、创新资源分布等现状，制定差异化的财税政策，并要综合考虑全国区域经济社会发展的差异化特征，因地制宜地完善各地经济发展制度，全面推进体制机制创新，提高资源配置效率效能，改善科研人员的科技创新环境，提高其工作效率，提高创新行为的投入产出比。

第三节 制造业高质量创新研究

一、高质量创新内涵、测度与分析

创新是制造业高质量发展的核心所在，高质量创新引领经济高质量发展，推动装备制造业迈向高端。本书认为高质量创新应该是创新力与创新效率的集成，体现在创新量的投入、转化效果及转化效率。本部分运用熵权法将创新力与创新效率合成一个高质量创新指数指标，如表4-3所示。熵权法作为一种客观赋权法，在信息论中熵是指不确定性，熵权法即根据熵值大小反映指标离散程度，以此确定对合成综合指标的权重大小，在选用灰色关联度进行关键指标筛选后，指标间信息差异度明显提升，另外相较于德尔菲法、层次分析法等主观赋权法，熵权法解释性较强，故使用熵权法对指标合成为八个系统一级综合指标X_i，$i=1$，$\cdots$，8。

步骤1：假设有待合成的 n×m 原始对象X_{ij}；

步骤2：使用归一化处理数据后，向右平移一个单位，得到规范化矩阵X_{ij}'；

步骤3：确定各项影响因素指标权重p_{ij}：

$$p_{ij} = \frac{y_{ij}}{\sum_{i=1}^{n} y_{ij}} \qquad (4.10)$$

步骤4：计算熵值e_j：

$$e_j = -k \sum_{i=1}^{n} p_{ij} \ln(p_{ij}) \qquad (4.11)$$

其中，$k = \dfrac{1}{\ln n}$，$k>0$，$e_j>0$。

步骤5：计算第 j 项指标差异系数g_j：

$$g_j = 1 - e_j \qquad (4.12)$$

步骤6：计算第 j 项指标权重w_j：

$$w_j = \frac{g_j}{\sum\limits_{j=1}^{m} g_j} \tag{4.13}$$

表 4-3 2013~2018 年典型区域高质量创新指数值情况

年份 省份	2013	2014	2015	2016	2017	2018
北京	0.890427	0.84429	0.90303	0.893271	0.886605	0.886161
广东	0.967088	0.961332	0.959937	0.971073	0.988263	1
重庆	0.188246	0.231543	0.314119	0.757159	0.273934	0.775151
陕西	0.726828	0.73222	0.742417	0.739511	0.733519	0.728613
四川	0.340763	0.31987	0.367126	0.719342	0.717169	0.41069
上海	0.820792	0.510614	0.452512	0.492422	0.498835	0.490543
天津	0.27893	0.304156	0.326963	0.336677	0.321699	0.329779
湖北	0.182582	0.191311	0.19701	0.232892	0.243276	0.254985
江苏	0.932952	0.599547	0.436432	0.505943	0.444865	0.410661
浙江	0.833514	0.331701	0.265573	0.851565	0.402377	0.340116
贵州	0.060769	0.04291	0.038027	0.675432	0.085029	0.17152
辽宁	0.134421	0.118057	0.126758	0.166899	0.196164	0.193863
安徽	0.119733	0.136445	0.133394	0.195551	0.19751	0.191862
江西	0.082678	0.103188	0.089008	0.133753	0.15619	0.138268
山西	0.071707	0.084561	0.083223	0.097881	0.088015	0.122601
云南	0.050732	0.08468	0.08089	0.09607	0.111566	0.115875
山东	0.175106	0.176913	0.176958	0.191161	0.195908	0.197177
广西	0.035225	0.045525	0.041965	0.036617	0.070696	0.076989
河南	0.093531	0.117341	0.107	0.122067	0.128802	0.13306
湖南	0.105382	0.11537	0.126844	0.137002	0.126775	0.136367
福建	0.175208	0.144768	0.116316	0.135207	0.128458	0.132298
河北	0.078457	0.069503	0.06824	0.074062	0.082302	0.08779
甘肃	0.038981	0.036969	0.043609	0.054979	0.087696	0.052104
黑龙江	0.081813	0.076425	0.055897	0.06012	0.059535	0.060201
内蒙古	0.044325	0.036623	0.045866	0.042339	0.045184	0.053317
吉林	0.043837	0.04749	0.03553	0.036544	0.043993	0.039593
海南	0.041701	0.066578	0.03779	0.040192	0.026079	0.021988

就 2013~2018 年中国制造业高质量创新值来看，广东的表现最优，其次是北京，然后是陕西，这三个省市的高质量创新在全国水平来看均位于前端。江苏、浙江、上海发展波动较大，2013 年这三个省的高质量创新分别为 0.93、0.83、0.82，可见均位于全国高端水平，但是之后几年波动浮动较大，江苏和上海都有下降的趋势，浙江在 2016 年达到最高水平 0.85，之后呈下降的趋势。2013~2015 年四川的高质量创新发展缓慢，并且位于全国低端水平，之后飞速增长，在 2016 年、2017 年分别达到 0.72、0.72，2018 年急剧下降，可见四川的高质量创新发展不稳定。重庆近几年发展速度增长，由 2013 年的 0.19 增长到 2016 年的 0.76，虽然 2017 年下降到 0.27，但 2018 年又飞速回升，可见重庆高质量创新发展波动浮动较大，但整体来看，有着良好的发展趋势。综合来看，全国的高质量创新发展都有上升的趋势，但是上升速度缓慢，且个别省份波动幅度较大，所以政府应该根据区域的实际创新情况因地制宜，制定相关政策以促进区域高质量创新发展，进而推动各地经济高质量发展。

综合对比 2018 年全国 27 个省份的创新力与创新效率，广东的创新力最高，达 2.05，广西达到最低，为 -0.65，而北京、广东、重庆、陕西创新效率达到了最高，均为 1，海南的创新效率最低，为 0.01，如图 4-23 所示。可见，北京的创新力与创新效率是在均衡发展的，广东的创新力要远高于其创新效率，上海和天津的创新水平虽然不高，但是创新效率和创新力也是均衡发展的，江苏和浙江的创新力也是远高于其创新效率的，山东的创新力和创新效率都不高，而其创新力是稍微高于创新效率的，陕西、四川、贵州、辽宁、安徽、江西、山西、

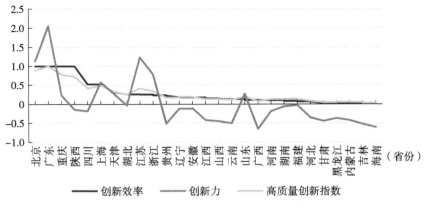

图 4-23　2018 年典型区域创新效率、创新力和高质量创新指数对比

云南、广西、河南、湖南、福建、河北、甘肃、黑龙江、内蒙古、吉林、海南的创新力和创新效率不平衡，其中陕西的创新力远低于创新效率。湖南和福建的创新力以及创新效率均不高，位于全国低端，高质量创新指数发展趋势和创新效率基本吻合。2018 年，北京、广东和重庆的高质量创新指数位于全国高端水平，分别为 0.89、1、0.78，综合来看，大多省市的创新效率和高质量创新指数都是均衡发展的，而全国区域创新力的发展波动浮动较大，甚至多数省市的创新力指数出现负数的情况，可见其创新力水平低于全国平均水平，创新投入产出比低。

由此可见，创新力就是企业在市场中将企业要素资源进行有效的内在变革，从而提高其内在素质、驱动企业获得更多的与其他竞争企业的差异性的能力，这种差异性最终表现为企业在市场上所能获得的竞争优势。企业创新能力的提升是企业竞争力提高的标志。创新能力的高低直接关系到一个企业竞争力的强弱，创新能力强的企业，其竞争力也强；反之亦然。全国各地创新力与创新效率发展不均衡，有的地区偏向一方单项发展，还有的省市创新能力十分薄弱，需要国家统筹兼顾，因地制宜地制定相关经济政策以促进创新能力的发展，提高创新效率。综合考虑地区经济社会发展的差异化特征，完善地方财政分权制度改革。应当依据不同地区经济发展阶段、创新水平高低、创新资源分布等现状，制定差异化的财税政策、改变地方政府"重生产，轻创新"的惯例、激发地方政府的创新活力、改革当前科研管理的模式、促使科研者管理科研团队。科研管理更有利于市场化导向的技术创新活动，使政府的技术创新支持政策可以达到提升实体经济技术水平的目的，进而提高创新的基础能力。充分发挥创新的空间外溢效应，通过打破地区垄断、加强地区创新信息交流、促进创新行为在各区域之间互通有无机制的形成，进而提高全国的创新力以及创新效率。

二、高质量创新核密度研究

核密度估计是一种用于估计概率密度函数的非参数方法，为独立同分布 F 的 n 个样本点，设其概率密度函数为 f，核密度估计为：

$$\hat{f}_h(x) = \frac{1}{n} \sum_{i=1}^{n} K_h(x - x_i) = \frac{1}{nh} \sum_{i=1}^{n} K\left(\frac{x - x_i}{h}\right)$$

K（·）为核函数（非负、积分为 1，符合概率密度性质，并且均值为 0），h>0 为一个平滑参数，称作带宽（Bandwidth），也叫窗口。$K_h(x) = 1/h K(x/h)$ 为缩放核函数（Scaled Kernel）。

27 个省级行政区的高质量创新指数、创新力和创新效率分布动态特征核密度估计结果如图 4-24、图 4-25 和图 4-26 所示。核密度曲线能直观地反映出离散测量值在连续区域内的分布情况，刻画数据在任意位置上的密度大小，核密度估计在估计边界区域的时候会出现边界效应，2013～2018 年创新力的核密度曲线基本保持一致，无明显改变，而创新效率和高质量创新指数的核密度分布曲线差距较为明显。其中，创新效率的核密度曲线在最初提高的时候，2014 年相较于 2013 年有所提高，2015 年开始下降，2016 年降到最低，之后 2017 年开始回升，2018 年又开始下降，可见全国制造业每年创新效率的分布变化差异都有所

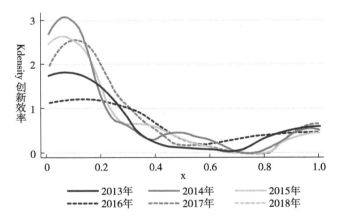

图 4-24 2013～2018 年创新效率的核密度曲线对比

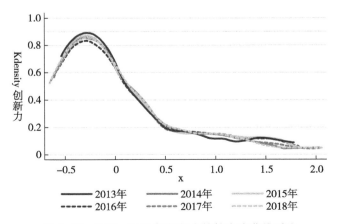

图 4-25 2013～2018 年创新力的核密度曲线对比

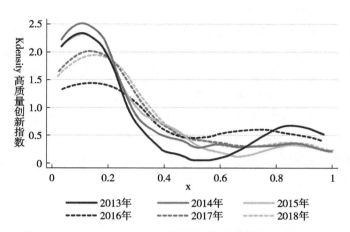

图 4-26　2013~2018 年高质量创新指数的核密度曲线对比

不同，高质量创新指数 2014 年相较于 2013 年有所上升并达到最高，2015 年稍有所下降且变化不明显，2016 年下降到最低，2017 年有所上升，2018 年又开始下降，可见全国制造业每年高质量创新指数的变化差异显著。

创新效率核密度曲线的主峰呈先扁平后陡峭、再扁平再陡峭的趋势，表明区域的制造业创新效率水平分布特征参差不齐，创新力核密度曲线的主峰变化不明显，表明区域的制造业创新力水平分布特征基本相同，并保持一致。高质量创新指数核密度曲线的主峰呈先扁平后陡峭、再扁平再陡峭的趋势，表明区域的制造业高质量创新水平显著差异。分析每年主峰数的变化，主峰数增多即发散，减少即收敛，创新力的分布曲线整体呈收敛的态势，说明区域制造业创新力的差异程度呈缩小的趋势，创新效率整体呈现先拓展后收敛的态势，说明各区域的创新效率分布的差异先扩大后缩小，高质量创新指数呈现先收敛后拓展的态势，说明各城市的高质量创新指数差异程度先缩小后扩大，可见各城市的创新力、创新效率和高质量创新指数发展不平衡，呈创新发展速度增快与降低并存的格局。

三、高质量创新的帕累托图研究

在帕累托分布中，如果 X 是一个随机变量，则 X 的概率分布为：

$$P(X > x) = \left(\frac{x}{x_{min}}\right)^{-k}$$

其中，x 是任何一个大于 x_{min} 的数，x_{min} 是 X 最小的可能值（正数），k 是为正的参数。帕累托分布曲线族是由两个数量参数化的：x_{min} 和 k。分布密度则为：

$$p(x) = \begin{cases} 0, & \text{if} \quad x < x_{min} \\ \dfrac{k\, x_{min}^{k}}{x^{k+1}}, & \text{if} \quad x > x_{min} \end{cases}$$

一个遵守帕累托分布的随机变量的期望值为 $\dfrac{x_{min}k}{k-1}$（如果 $k \leqslant 1$，期望值为无穷大）且随机变量的标准差为 $\dfrac{x_{min}}{k-1}\sqrt{\dfrac{k}{k-2}}$（如果 $k \leqslant 2$，标准差不存在）。

本部分分别针对 2018 年 27 个省级行政区的创新力、创新效率和高质量创新指数数据绘制帕累托图，如图 4-27、图 4-28 和图 4-29 所示。

在帕累托图中，不同类别的数据根据其频率降序排列，并在同一张图中画出累计百分比图。帕累托图可以体现帕累托原则：数据的绝大部分存在于很少类别中，极少剩下的数据分散在大部分类别中。这两组经常被称为"至关重要的极少数"和"微不足道的大多数"。北京、广东、重庆、陕西的创新效率在全国水平来看贡献率最大，而甘肃、黑龙江、内蒙古、吉林、海南的创新效率贡献率微乎其微；广东、江苏、北京的创新力在全国来看其贡献率是较大的，而广西、贵州、吉林、海南等城市的创新效率贡献率显著较低；广东、北京和

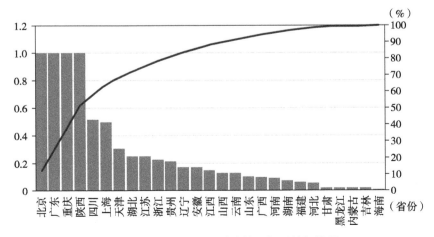

图 4-27　2018 年创新效率帕累托累计折线图

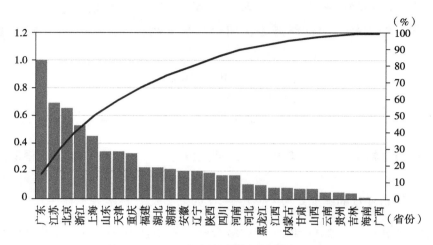

图 4-28　2018 年创新力帕累托累计折线图

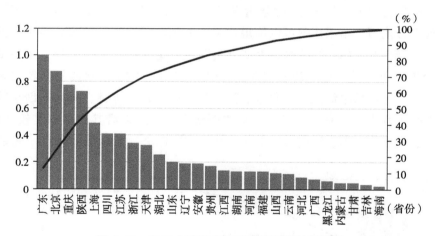

图 4-29　2018 年高质量创新帕累托累计折线图

重庆的高质量创新指数对全国而言贡献率较大；而广西、海南、吉林等省份的高质量创新指数对全国而言贡献率较小。由此可以看出，要使中国制造业创新取得高质量发展，达到帕累托最优，实现资源分配的理想状态，就需要有针对性地对个别省份制定相关政策，结合当地制造业的实际发展状况，因地制宜地提高全国制造业高质量创新发展的水平。

第四节 河南省制造业高质量创新的省际比较

一、创新力视角

对比全国 31 省市创新力指标值可以看出，2013～2017 年，河南省的创新力指标值较低，出现负数情况，在全国排名中处于第 15 名左右，且河南省创新力排名呈现波动上升趋势，说明河南省创新力指标较为均衡，处于波动上升的中低等水平，在全国省份中具有很大的上升空间。广东、江苏、北京、浙江和上海排名相对靠前，分别处于第一、第二、第三、第四和第五名。甘肃、海南、广西、云南和吉林的创新力指标值相对靠后。由此也体现出明显的地域特征，东南沿海城市创新力指标值较高，发展水平较好，经济发展处于领先地位，在区域创新投入各项指标统计中，东南沿海地区也处于超前地位。

分析 2018 年投入与产出系数发现，河南省属于第二梯队，观察各区域省份分布特征可知，广东、江苏、北京、浙江、上海、山东、天津、重庆属于第一梯队，其中多以东南沿海地区为主。中部地区大多属于第二梯队，第三梯队主要以西北和西南为主，呈现明显的地域特征。

分析创新力处于第一梯队的省份发现，以广东省为例，广东省创新能力处于创新第一梯队等级的第一名。在政策支持下，凭借优越的地理位置，承接国际产业大转移，迅速发展经济，制造业的区域集聚度高。该地区的营销网络覆盖面广，拥有良好的现代化交通、通信、信息等基础设施，大力发展产学研技术创新支撑体系，积极研发技术。不断推进广东制造业的技术创新活动，使广东省制造业的技术创新能力远高于其他地区，高居首位。

位于创新第二梯队的福建、湖北、湖南、安徽、辽宁、陕西、四川、河南、河北、黑龙江，大多处在内陆地区。这些省份相比于创新第一梯队中的省份创新力相对较弱，是应该重点加强的地区之一。其中河南、河北、黑龙江的综合区域创新能力相对比较靠后，这几个省都属于中西部地区，经济发展水平相对一般，地理优势不足，制造业的基础比较薄弱，技术难以创新。

位于创新第三梯队的有江西、内蒙古、甘肃、山西、云南、贵州、吉林、海南、广西，经济基础都较薄弱，因此各项指标值均较低。

综上所述，处在创新第二梯队的河南省各项指标的值都比较一般，且指标值情况比较均衡，说明处在稳定的中等水平上，但仍处于上升趋势。而且在其他省的排名中没有优势，所以河南省应该加强相关产业创新的发展，加大创新投入以获得更多的创新产出，向创新第一梯队靠拢。

河南省的创新力远比不上沿海发达省份，要想提高创新力就必须对河南省企业要素资源进行有效的内在变革，从而提高其内在素质、增强企业的竞争能力。河南省创新能力的高低直接关系到一个企业竞争力的强弱，创新能力强的企业可以获得更大的竞争优势，从而提高企业创新力，促进河南省创新力发展。

河南省的专利授权量、R&D 人员数、新产品开发经费、新产品销售收入比、R&D 从业人员受教育程度、技术市场成交额比、高新技术产品出口比重指标值均较低。由此可见，河南省应该加强推进国家重大科技成果转化落地，从政府政策、重大科技项目和投资基金上给予全方位支持，加大创新投入；同时通过建设完善跨国技术转移大会云服务平台，实现网络化的对接，转移转化常态化的重大成果。在创新人才引进方面应该加强选拔优秀创新创业团队，加强高校建设，积极培养高水平人才，吸引外来人才，提供人才交流平台，扩大人才聚集效应。

二、创新效率视角

河南省的创新效率较低，贡献率也较低，距离北京、上海、江苏、浙江、广东等省份还有一定差距。从时间上来看，2013 年河南省创新效率为 0.064675，2014 年为 0.068934897，2015 年为 0.059374，2016 年为 0.079846，2017 年为 0.093454，2018 年为 0.101968，呈现逐年波动上升趋势，2018 年河南省区域的创新效率达到了最高，说明近年来随着河南省经济的不断发展，创新效率也在一定程度上有所增长，但仍赶不上东南沿海发达地区，尤其是广东省常年创新效率达到 1，接近饱和。由此可见，区域创新效率差异显著，全国创新效率不平衡，差距显著，需因地制宜地制定相关政策以提高全国创新效率的平均水平。

综合来看，全国创新效率不平衡，各个省份之间的创新效率水平差距显著，其中河南省创新效率均位于全国水平中低端，和广东、北京、陕西和四川等地区相比还存在很大差距。说明河南省的创新效率较为低下，因此河南省应当依据自身经济发展水平、创新水平、创新资源分布和创新投入等现状，制定差异化的财税政策，还要综合考虑自身区域经济社会发展的差异化特征，因地制宜完善各地市经济发展制度，提高资源配置效率效能，大力推进创新体制机制，加大科研人员的科技资金投入，提升其工作效率，提高创新行为的投入产出比。

三、高质量创新视角

从高质量创新视角来看，河南省的高质量创新指数在全国范围内属于低等水平。既不属于"至关重要的极少数"，也不属于"微不足道的大多数"，是应该加强高质量创新的省份。2013 年河南省高质量创新指数为 0.093531，2014 年为 0.117341，2015 年为 0.107，2016 年为 0.122067，2017 年为 0.128802，2018 年为 0.13306，可以看出河南省的高质量创新发展缓慢，纵观时间来看河南省高质量创新指数呈现上升趋势，有发展趋势，但上升幅度缓慢。其中广东、北京和重庆的高质量创新指数对全国而言贡献率较大；广西、海南、吉林、贵州等省份的高质量创新指数出现负数，对全国而言贡献率较小。

同时发现河南省创新力总是出现负数，且低于创新效率和高质量创新指数，其中河南省高质量创新指数略高于创新效率，高质量创新指数涨幅也比创新效率略大。说明河南省创新效率和高质量创新指数较为均衡，但是创新力不足。

综上所述，河南省的创新力、创新效率和高质量创新指数都处于全国中低水平，相比于广东、北京、浙江、江苏和上海等省市差距明显。由此可以看出，要使河南省制造业创新取得高质量发展，达到帕累托最优，增大高质量创新指数，实现资源分配的理想状态，就需要制定并完善相关政策，找出差距，结合自身发展优劣势，促进经济发展，加大高质量创新投入，以追赶高质量创新指数高的省份。

第五章
河南省制造业高质量发展的科技创新成果转化路径

第一节 引 言

目前，科技已经成为当今中国发展水平下提高综合国力的主要驱动力。顺应李克强总理提出的"大众创业、万众创新"号召，上至各级政府下到各级相关部门都将科技成果转化推上了工作的重中之重。在科技成果向生产力有效转化成为经济社会发展助推力的同时，提高科技成果转化能力的重要性越来越被证实成为促进经济效益增加和实力增强的最有效途径。就区域层面而言，如何加快构建区域创新体系，提高科技成果转化能力，不断提升自主创新能力和科学技术水平，成为增强区域综合竞争力、实现科学发展和跨越发展的重要议题。

石善冲（2003）认为，科技成果转化作为系统化工程，具有复杂的社会、经济、技术要求，其涉及的内容十分广泛，涉及主体也十分广泛，因此构建一套科学性和合理化相结合的指标体系需要在政府部门、科研部门、生产部门、技术市场等相互配合和协作下进行研究。白利娟和汪小梅（2006）在对高等院校的科技成果转化效果进行综合评价时主要从科技创新能力、科技成果转化能力、科技开发能力和科技成果转化直接效果四个方面入手。谢运（2012）发现，在控制 R&D 投入变量的情形下，我国税收优惠政策越强专利产出越高，两者呈显著的正相关关系；相反地，我国的税收总额越高专利产出越低，呈显著负相关关系，并且探究税收政策与专利产出之间有明显的因果关系。林寿富和黄茂兴（2013）以福建省为例，剖析了制约福建省科技成果转化能力的关键影响因素。肖士恩等（2014）具体对北京市出台的一系列支持科技成果转化的科技计划、支持科研的专项财政支持政策和科技贷款、支持科技成果转化的税收减免、支持知识产权的保护政策、支持产学研结合政策等进行研究，认为这些政策极大地促进了科技成果转化。赵辉等（2016）引入灰色关联度分析方法，利用模糊综合评价方法评价了 2004～2013 年的科技成果转化效果。邓晶（2017）运用层次分析法和专家打分法对构建的评价科技成果转化的指标体系的权重及标准等级进行确定，为科研院所科技成果转化评价工作提出了相关建议。罗彪和卢蓉（2017）为了适应我国高校科技成果转化的阶段性和复杂性特征，在研究 2011～2016 年中国 27 个省份的高校数据时，注重将高校科技成果转化过程进行科学划分，将其划分为科技研发和成果转化两个阶段，配合链式网络 DEA 方法，将中国各区域高校在科研创新、成果转化效率上的动态演化和区域差异划定为重点，进行监测和对比分析。胡中慧等（2018）在对科技成果转化系统和机制进行客观分析时将管理学、现代数学等理论渗透其中，将科技成果指标化分为应用、商业化、产业化、国际化四个方面，细分为 8 项因素，运用主成分分析法确定各指标权重，计算各地区科技成果转化绩效值。邢晓昭和李善青（2018）建立指标体系针对科技成果转化过程，梳理了影响科技成果转化成功的主要因素，并提出科技成果转化成熟度的计算方法。

在学者研究的基础上，本书首先构建了河南省科技成果转化能力的评价指标体系，其次采用灰色距离耦合关联度评价法，对 2012～2015 年河南省的科技成果转化能力进行全面评价，深度剖析河南省科技成果转化能力提高的关键影响因素。本书为评价区域科技成果转化能力、掌握科技成果转化能力提升的关键因素、研究科技成果转化内在机理提供了科学的理论依据，为实现科技成果向现实生产力的有效转化提供了参考借鉴。

比较任意两个指标因素的相对重要程度时，一般采用表 5-1 给出的数量标度进行定量描述。

表 5-1　数量标度

标度	定义（以上层因素为准则）	解释说明
0.5	元素 a_i 和元素 a_j 同等重要	元素 a_i 和元素 a_j 对某性质具有相同的贡献
0.6	元素 a_i 稍微重要于元素 a_j	因素 a_i 比因素 a_j 对某性质的贡献稍重
0.7	元素 a_i 明显重要于元素 a_j	在对某性质的贡献中，因素 a_i 偏重于因素 a_j
0.8	元素 a_i 比元素 a_j 重要得多	在对某性质的贡献中，因素 a_i 占有主导地位
0.9	元素 a_i 极其重要于元素 a_j	因素 a_i 对某性质的贡献占有绝对重要的地位
0.1, 0.2 0.3, 0.4	反比较	若元素 a_i 与元素 a_j 相比较得到判断 r_{ij}，则元素 a_i 与元素 a_j 相比较得到的判断为 $r_{ji}=1-r_{ij}$

第二节　河南省科技成果转化能力评价与分析

一、河南省科技成果转化能力评价体系的指标选取和权重确定

本书从众多影响因素中选取新产品销售收入（记为 C_1）、专利受理与授权（记为 C_2）、技术市场成交额（记为 C_3）、研究开发新产品支出（记为 C_4）、社会劳动生产率（记为 C_5）这五项评价指标，对 2012~2015 年河南省的科技成果转化能力进行评价。通过专家打分法，得到这五项评价指标的指标值如表 5-2 所示。

表 5-2　2012~2015 年河南省科技成果转化能力评价指标值

评价年份	新产品销售收入	专利受理与授权	技术市场成交额	研究开发新产品支出	社会劳动生产率
2012	87	86	86	8.9	85
2013	89	89	88	7.2	89
2014	88	91	78	9.8	83
2015	94	95	92	5.5	88

采用 0.1~0.9 数量标度，对五项指标的重要性进行比较，各指标的模糊判断矩阵如表 5-3 所示。

表 5-3　各评价指标的模糊判断矩阵

	C_1	C_2	C_3	C_4	C_5
C_1	0.5	0.6	0.3	0.2	0.6
C_2	0.4	0.5	0.6	0.5	0.7
C_3	0.7	0.4	0.5	0.2	0.7
C_4	0.8	0.5	0.8	0.5	0.7
C_5	0.4	0.3	0.3	0.3	0.5

对模糊互补矩阵进行算术平均值求解，可以得到模糊一致矩阵 $F=[k_{ij}]_{n \times n}$：

$$F = \begin{bmatrix} 0.5 & 0.4 & 0.44 & 0.28 & 0.58 \\ 0.6 & 0.5 & 0.54 & 0.38 & 0.68 \\ 0.56 & 0.46 & 0.5 & 0.34 & 0.64 \\ 0.72 & 0.62 & 0.66 & 0.5 & 0.8 \\ 0.42 & 0.32 & 0.36 & 0.2 & 0.5 \end{bmatrix}$$

结合各评价指标的模糊一致判断矩阵，利用模糊层次分析法对每个指标权重进行计算和确定，可得到各项指标的权重为 $w = \{0.17, 0.22, 0.20, 0.28, 0.13\}^T$。可以看出研究开发新产品支出、专利受理与授权、技术市场成交额、新产品销售收入、社会劳动生产率五项指标的权重按从大到小依次为 0.28、0.22、0.20、0.17、0.13。

二、利用灰色距离耦合关联度法进行评价对比

对五项指标原始数据进行归一化处理，得到河南省科技成果转化能力评价指标的规范化矩阵如表 5-4 所示。

表 5-4　评价指标的规范化矩阵

评价年份	新产品销售收入	专利受理与授权	技术市场成交额	研究开发新产品支出	社会劳动生产率
2012	0.0000	0.0000	0.5714	0.2093	0.5966
2013	0.2857	0.3333	0.7143	0.6047	0.0000
2014	0.1429	0.5556	0.0000	0.0000	1.0000
2015	1.0000	1.0000	1.0000	1.0000	0.1568

根据表 5-4 中得到的评价指标的规范化矩阵，以及运用模糊层次分析法得到的与其相对应的权重 $w = \{0.17, 0.22, 0.20, 0.28, 0.13\}^T$，构造对角矩阵 W：

$$W = \begin{pmatrix} 0.17 & 0.00 & 0.00 & 0.00 & 0.00 \\ 0.00 & 0.22 & 0.00 & 0.00 & 0.00 \\ 0.00 & 0.00 & 0.20 & 0.00 & 0.00 \\ 0.00 & 0.00 & 0.00 & 0.28 & 0.00 \\ 0.00 & 0.00 & 0.00 & 0.00 & 0.13 \end{pmatrix}$$

计算得到加权矩阵 Y：

$$Y = \begin{pmatrix} 0.0000 & 0.0000 & 0.1143 & 0.0586 & 0.0776 \\ 0.0486 & 0.0733 & 0.1429 & 0.1693 & 0.0000 \\ 0.0243 & 0.1222 & 0.0000 & 0.0000 & 0.1300 \\ 0.1700 & 0.2200 & 0.2000 & 0.2800 & 0.0204 \end{pmatrix}$$

根据加权矩阵 Y 确定最佳理想指标集为

$$Y^+ = (0.1700, 0.2200, 0.2000, 0.2800, 0.1300)$$

根据加权矩阵 Y 确定最劣指标集为

$$Y^- = (0.0000, 0.0000, 0.0000, 0.0000, 0.0000)$$

采用欧氏距离，利用距离综合评价法，可以求出 2012～2015 年河南省科技成果转化能力与最佳理想集的相对接近度为

$$C_{2012} = 0.2021$$
$$C_{2013} = 0.3309$$
$$C_{2014} = 0.3515$$
$$C_{2015} = 0.5559$$

取分辨系数 $p = 0.1$，利用灰色关联度法进行计算，可计算出关联系数矩阵为

$$\begin{pmatrix} 0.1414 & 0.1129 & 0.2463 & 0.1123 & 0.3483 \\ 0.1874 & 0.1603 & 0.3290 & 0.2019 & 0.1772 \\ 0.1612 & 0.2226 & 0.1228 & 0.0909 & 1.0000 \\ 1.0000 & 1.0000 & 1.0000 & 1.0000 & 0.2035 \end{pmatrix}$$

进而求得关联系数为

$$R_{2012} = 0.1922$$
$$R_{2013} = 0.2115$$
$$R_{2014} = 0.3195$$
$$R_{2015} = 0.8407$$

取 $a = 0.5$，$b = 0.5$，可以得出 2012～2015 年河南省科技成果转化能力的评价结果，如表 5-5 所示。

表 5-5　2012～2015 年河南省科技成果转化能力方案的评价结果

评价年份	2012	2013	2014	2015
C_i	0.2021	0.3309	0.3515	0.5559

评价年份	2012	2013	2014	2015
排序	4	3	2	1
R_i	0.1922	0.2115	0.3195	0.8407
排序	4	3	2	1
CR_i	0.1972	0.2712	0.3355	0.6983
排序	4	3	2	1

从表 5-5 可以看出：$CR_{2015} > CR_{2014} > CR_{2013} > CR_{2012}$，即从研究开发新产品支出、专利受理与授权、技术市场成交额、新产品销售收入、社会劳动生产率五个方面对 2012~2015 年河南省科技成果转化能力进行综合考虑评价，得出结论：河南省科技成果转化能力 2015 年优于 2014 年，2014 年优于 2013 年，2013 年优于 2012 年。

三、河南省科技成果转化能力的关键影响因素分析

（一）研究开发新产品支出

从具体指标数值来看，研究开发新产品支出的指标影响权重为 0.28，对河南省科技成果转化能力的影响最大，反映出河南省自主创新和科技成果转化的条件需要不断改善，为自主创新和科技成果转化打下坚实基础。在今后的发展过程中，河南省应该继续加大对科技研发活动的投入力度，加大对研究开发新产品支出的支持力度，不断改善科技创新和科技成果转化的条件。

（二）专利受理与授权

从具体指标数值来看，专利受理与授权的指标影响权重为 0.22，河南省的专利申请受理数和授权数增长非常迅速，年均增长 20.7% 和 29.6%，这极大地提高了河南省的科技成果转化能力。在今后的发展过程中，河南省需要特别注意专利的发明和创造，不断提高自主创新的能力和水平，为把科技成果转化为生产力提供内在的支撑动力。

（三） 技术市场成交额

从具体指标数值来看，技术市场成交额的指标影响权重为0.20。2012～2015年河南省的技术市场成交额增长非常迅速，从14亿元增长到38亿元，增长了1.7倍，年均增长28.4%，极大地促进了科技与经济的结合，提高了河南省的科技成果转化能力。在今后的发展过程中，河南省应该继续活跃技术市场，加大平台建设和服务力度，不断提高科技成果交换的规模和速度，为把科技成果更好、更快、更经济地转化为生产力和经济效益提供强大的市场支撑。

（四） 新产品销售收入

从具体指标数值来看，新产品销售收入的指标影响权重为0.17。河南省应该继续加大对大中型工业企业的投入和创新活动的支持力度，使之发挥更大的作用。

（五） 社会劳动生产率

从具体指标数值来看，社会劳动生产率的指标影响权重为0.13。在今后的发展过程中，河南省应该继续加快科学技术的发展，并将其广泛应用于生产过程，实现科技成果向生产力的有效转化。

河南省制造业高质量发展的协同创新路径研究

在我国经济由高速增长阶段转向高质量发展阶段的大背景下，推进河南省物流业、制造业、金融业协同发展不但可以提升各自产业的高质量发展水平，而且能够产生溢出效应，对进一步推进河南省产业结构的优化升级，实现河南省经济的高质量发展具有重要意义。本书以复合系统协调度模型为基础，将河南省物流业、制造业、金融业视为复合系统，构建符合高质量发展要求的评价指标体系，选取河南省 2008~2017 年的面板数据进行实证分析。研究表明：河南省物流业、制造业和金融业各自发展的有序度整体呈增长趋势，河南省三业发展的协同程度呈 W 形上下波动状态，河南省制造业、物流业、金融业一直处于一种低水平的协同状态。从发展趋势来看，河南省制造业、物流业、金融业协同水平呈现波浪式上升的趋势，每次协同度下降至谷底之后又会达到更高的高度。最后结合河南省三业特征和研究结果，从微观和宏观两个视角为河南省三业高质量协同发展提出针对性的建议。

第一节　河南省物流业、制造业、金融业的发展态势

一、河南省物流业发展态势

（一）河南省物流业总体运行特征

（1）河南省物流业凭借得天独厚的地理优势以及积极的政策导向，近年来发展十分迅速，已经成为河南省最具发展潜力的产业之一，具备了一定的产业

基础。经济总量持续增长，市场主体逐步壮大。

如图 6-1 所示，2008~2017 年河南省物流业增加值由 2008 年的 802.25 亿元上涨到 2017 年的 2162.85 亿元，平均每年增长 10.43%，增速高于全国平均水平（8.55%）。河南省物流业法人单位数由 2008 年的 4885 家增加至 2017 年的 18979 家，培育出郑州交通运输集团、河南双汇物流等全国百强物流企业，吸引了顺丰速运、京东物流、菜鸟物流、DHL 等国内外优质物流企业入驻河南。2017 年，河南全省社会物流总额达到 111395 亿元，同比增长 9.1%，位居全国前列，物流业增加值占 GDP 的比重为 5.2%，物流业对经济增长的拉动作用明显增强。

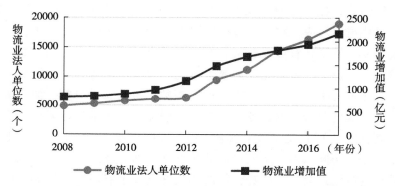

图 6-1　2008~2017 年河南省物流业法人单位数和物流业增加值

资料来源：《河南统计年鉴》和《河南省国民经济和社会发展统计公报》。

（2）物流网络建设成效显著，物流基础设施日益完善。2017 年，河南省物流业固定资产投资额达 2487.54 亿元，比上年增长 27.9%，尤其是郑州航空港经济综合实验区建设以来，河南省航空物流相关固定资产投资增长迅猛，2017 年达到 44.84 亿元，同比增长 61.7%。2008~2017 年，河南省公路里程由 240645 千米增加到 267441 千米，铁路里程由 3989 千米增加到 5470 千米，内河航道里程由 1267 千米增加到 1403 千米。在发展过程中，郑州市已基本建成国际性的集疏运体系，现已成为我国公路、铁路、航空及多式联运综合物流枢纽，河南省形成了以郑州市为核心、其他地市为节点的物流联动网络。河南省物流园区建设成果丰硕，郑州国际航空物流园、河南保税物流中心等物流园区集聚效应日益凸显。

（二）物流成本逐步下降，产业结构不断优化

2017 年，河南社会物流总费用 7063.2 亿元，增幅低于全国平均水平，全省物

流总费用与 GDP 的比率为 15.7%，同比下降 0.7%，社会物流成本逐步降低（见图 6-2）。物流组织方式不断创新，"物流+金融""物流+跨境电商""互联网+现代物流"等新业态、新模式发展迅速，多式联运、甩挂运输、共同配送等先进物流模式不断涌现。作为《河南省物流业转型发展规划（2018—2020 年）》中明确的重点产业，冷链物流、快递物流、电商物流的发展势头十分强劲。

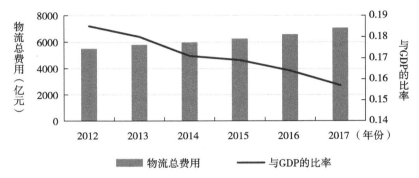

图 6-2　2012~2017 年河南全省物流总费用及其占 GDP 的比重

资料来源：《河南统计年鉴》和《河南省国民经济和社会发展统计公报》。

（三）河南省物流业发展面临的问题与挑战

总体上看，河南省物流业发展态势良好，但仍存在一些突出矛盾和问题制约着河南省物流业的高质量发展。

首先，河南省物流服务供给水平不高，市场主体竞争力不强，规模以上企业占比低。如图 6-3 所示，2017 年，河南省物流业法人单位数达 18979 家，但从中国物流与采购联合会公布的 A 级物流企业名单来看，河南省仅上榜 117 家，其中 5A 级物流企业仅 6 家，与浙江、江苏、湖北、福建、山东、广东等省份差距较大，省内物流企业多为经营运输和仓储的粗放型中小企业，高层次、综合性的物流服务供应不足。

其次，河南省物流业区域发展不平衡，物流资源大部分集中于省会郑州市，其他城市与郑州市差距较大。如图 6-4 所示，对比 2017 年河南省各地市的物流业增加值数据，郑州市作为河南省省会和物流业最发达的城市，增加值达 521.16 亿元，占河南全省物流业增加值的 24%，排在第二位的洛阳市的物流业增加值为 193.20 亿元，仅为郑州市的 37%，与郑州市差距明显，而济源作为河南省物流业增加值最低的一个地级市，2017 年物流增加值仅为 30.67 亿元，不足省会郑州的

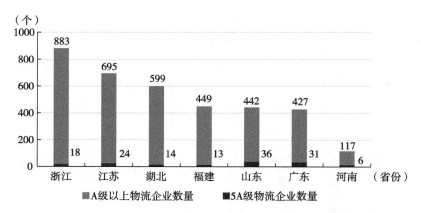

图 6-3　中国部分省份 A 级以上物流企业数量和 5A 级物流企业数量

资料来源:《河南统计年鉴》和《河南省国民经济和社会发展统计公报》。

图 6-4　河南省各地级市 2017 年物流业增加值示意图

1/10。另外,河南省物流业还存在创新能力弱,自动化、智能化水平低,专业化程度不高,行业操作标准不健全,物流效率低等亟待改善的问题。

二、河南省制造业发展态势

(一) 河南省制造业总体运行特征

改革开放 40 多年来,特别是党的十八大以来,得益于雄厚的产业基础以及积极的政策导向，河南省制造业一直处于快速发展的阶段，全省制造业保持着良好发展态势。

（1）产业规模不断扩大，经济总量日益提升。从全国视阈来看，河南省制造业规模已经进入全国第一方阵。2017年河南省规模以上制造业增加值达18452.06亿元，占全国规模以上制造业增加值的7.6%，位居我国第五位，仅次于广东、江苏、山东、浙江四个东部沿海省份。2017年河南省规模以上制造业增加值同比增长8.5%，增速高于全国平均水平1.5个百分点。2017年河南省制造业法人单位数达到124077家，占全国制造业法人单位数的3.56%，在全国排名第九。2017年河南省制造业企业利润总额达5059.34亿元，同比增长9.1%，占全国制造业企业利润总额的7.6%。这些数据表明河南省制造业经过"十三五"以来的快速发展，制造业规模已经在全国名列前茅，对我国制造业的高质量发展起着十分重要的作用。

从河南视阈来看，2008~2017年，河南省规模以上制造业增加值由2008年的9328.15亿元上涨到2017年的18452.06亿元，实现了制造业经济总量翻一番的伟大成就。河南省制造业法人单位数由2008年的105315家增加至2017年的124077家，培养出了许继集团、森源电气、一拖集团、中信重工等行业领军企业，在电力装备、盾构装备、农机装备、矿山装备等领域居全国领先地位。这些数据表明河南省制造业经济总量稳步上升，呈现良好的发展态势。2008~2017年河南省制造业法人单位数和规模以上制造业增加值如图6-5所示。

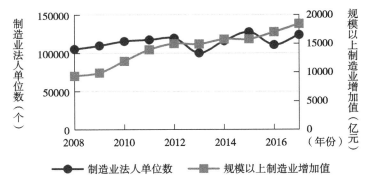

图6-5　2008~2017年河南省制造业法人单位数和规模以上制造业增加值

资料来源：河南省统计局。

（2）产业结构稳步升级，主导产业势头强劲。根据《中国高技术产业统计年鉴》中的分类标准，将制造业中各行业按照劳动密集型、资本密集型和技术密集型进行划分，通过《河南统计年鉴》获取相关数据，得到2012~2017年河南省制造业分行业企业单位数如表6-1所示。

表6-1　2012~2017年河南省制造业分行业企业单位数　　单位：个

分类	行业	2017年	2016年	2015年	2014年	2013年	2012年
劳动密集型产业	农副食品加工业	1914	2115	2085	2035	1989	1916
	食品制造业	856	982	911	827	731	672
	纺织业	802	908	912	937	988	967
	纺织服装服饰业	649	665	636	541	496	456
	皮革、毛皮、羽毛及其制品和制鞋业	485	522	495	477	474	457
	木材加工及木、竹、藤、棕、草制品业	569	630	609	584	547	541
	家具制造业	387	380	339	307	292	279
	印刷和记录媒介的复制业	307	323	311	285	251	193
	文教、工美、体育娱乐用品制造业	494	496	452	399	336	281
	化学纤维制造业	46	35	39	35	36	39
	橡胶和塑料制品业	785	847	823	768	728	684
	非金属矿物制品业	3744	4041	3899	3631	3379	3116
	金属制品业	998	1064	998	888	750	688
资本密集型产业	造纸及纸制品业	345	370	354	368	380	401
	石油加工、炼焦核燃料加工业	87	86	83	86	93	87
	化学原料化学制品制造业	1214	1321	1323	1300	1220	1124
	黑色金属冶炼压延加工业	506	581	579	614	660	642
	有色金属冶炼压延加工业	565	559	553	520	498	480
	通用设备制造业	1263	1274	1222	1156	1048	942
	专用设备制造业	1252	1343	1291	1229	1129	1056
	汽车制造业	644	722	712	670	588	518
	电气机械及器材制造业	915	928	892	843	746	656
	酒、饮料和精制茶制造业	514	561	528	495	456	426
	烟草制品业	17	12	11	18	19	18

续表

分类	行业	2017年	2016年	2015年	2014年	2013年	2012年
技术密集型产业	医药制造业	483	499	478	450	417	394
	铁路、船舶、航空航天和其他运输设备制造业	270	278	260	231	206	197
	计算机、通信和其他电子设备制造业	335	353	323	294	232	196
	仪器仪表制造业	218	229	216	209	192	172
	其他制造业	80	107	86	64	59	47

资料来源：河南省统计局。

由表6-1可知，河南省"五大主导产业"（装备制造、食品制造、新型材料制造、电子制造、汽车制造）在本省制造业中所占比重处于不断上升的状态，发展势头强劲。从国内外制造业演化和发展规律来看，技术密集型产业是我国制造业高质量发展的方向。通过表6-1可计算出2012~2017年河南省制造业中劳动密集型、资本密集型和技术密集型企业各自所占的比重，结果如表6-2所示。

表6-2　2012~2017年河南省制造业三类企业各自所占的比重

分类	2012年	2013年	2014年	2015年	2016年	2017年
技术密集型企业	5.70%	5.84%	6.16%	6.36%	6.59%	6.68%
资本密集型企业	35.99%	36.10%	36.02%	35.24%	34.89%	35.30%
劳动密集型企业	58.31%	58.06%	57.82%	58.40%	58.51%	58.02%

资料来源：Wind数据库。

由表6-2可知，目前阶段，在河南省制造业企业中，劳动密集型企业最多，技术密集型企业最少。但从发展趋势来看，河南省技术密集型企业数量占比呈现稳步上升态势，说明河南省制造业正逐渐转向技术水平较高的行业，制造业产业结构正在稳步升级。

（二）河南省制造业发展面临的问题与挑战

（1）河南省制造业"大而不强、全而不优"。虽然河南省制造业拥有庞大的经济体量和齐全的产业门类，但是产业发展的质量较低，效益较差，如表6-2所示，劳动密集型企业占河南制造业企业总数的一半以上，技术密集型企业比重低于10%，虽然近年来产业结构在逐步改善，但传统制造业所占比重仍然偏高，高新制造业所占比重偏低。从企业方面来看，河南省大型制造企业数量稀少，中小企业发展水平低，知名度较差。在2018年发布的中国制造企业500强名单中，河南省仅有14家企业上榜，总的来看，河南省制造业高端供给不足、中低端供给过剩，供给侧结构性问题仍然突出，河南省由"制造大省"向"制造强省"的转变之路仍然任重道远。

（2）河南省制造业创新能力弱，缺乏核心竞争力。河南省制造企业重生产、轻研发的传统生产观念仍然较为突出，企业研发投入和研发产出仍处于相对较低水平。从R&D经费投入强度（与主营业收入之比）来看，河南省2017年工业企业R&D经费投入强度仅0.59，低于全国平均水平1.09，与发达省份差距明显。从研发产出来看，河南省2017年规模以上工业企业新产品销售收入为70958863万元，仅位列第9位，远低于广东、江苏、浙江、山东等省份，与河南省前五的经济体量不相称。重生产、轻研发导致了河南省制造企业自主创新能力较弱，数字化、信息化、智能化水平不高，再加上河南省制造业产业链不完善、集聚效应较差的现状，严重影响了河南制造企业核心竞争力的提升。

（3）河南省制造业资源消耗大，环境污染严重。将2017年河南省制造业各部门市场主体数量进行排序，排名前五的依次为非金属矿物制品业、农副食品加工业、通用设备制造业、专用设备制造业和化学原料及化学制品制造业。以排名第一的非金属矿物制品业为代表，河南省制造业企业仍以资源消耗大、环境污染严重的粗放型企业为主。2017年，河南制造业综合能源消费量为8826.24万吨标准煤，单位工业增加值能耗为0.75，同样数量的工业产出河南省消耗的能源要比发达省份多20%左右。

三、河南省金融业发展态势

（一）河南省金融业总体运行特征

近十年间，河南省金融业发展十分迅猛，金融集聚效应日益凸显，服务经济发展和社会建设的能力显著增强。

（1）经济总量快速上升，产业规模逐渐扩大。如图6-6所示，2008年河南省金融业增加值仅为413.83亿元，金融业的产业贡献率（金融业增加值与GDP之比）仅为2.24%，2012年河南省金融业产值超过千亿元，2017年达到

2509.19 亿元，是 2008 年的 6 倍，金融业增加值占 GDP 比重上升为 5.63%，金融业正在成为河南经济发展的重要支撑。就市场主体来说，河南省金融业法人单位数由 2008 年的 1076 家增加至 2017 年的 4921 家，数量上涨了近 5 倍，河南金融企业的引进和培育工程成效显著。

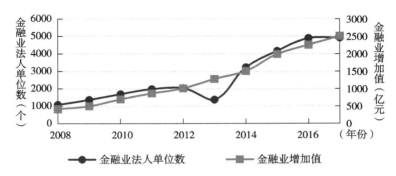

图 6-6　2008~2017 年河南省金融业法人单位数和金融业增加值

资料来源：河南省统计局。

（2）金融集聚效应日益凸显，辐射带动作用显著增强。2017 年，河南省金融业增加值超过 100 亿的地市有六个，按照排名依次为郑州、洛阳、新乡、南阳、平顶山、安阳，六市金融业增加值之和占全省总量的 70% 以上。而排名后六位的三门峡、濮阳、开封、鹤壁、济源、漯河六市的金融业增加值之和仅占全省的 7%。作为省会和全省金融中心，郑州市 2017 年金融业增加值达到 1043.17 亿元，占全省总量的 41.57%，金融业法人单位数 1001 家，占全省总量的 20.34%，如图 6-7 所示。河南省金融业集聚现象十分明显，金融资源主要集

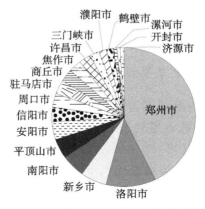

图 6-7　2017 年河南省各市金融业增加值比重示意图

中于省会郑州市，特别是集中于郑东新区的金融业集聚核心功能区。

（3）金融资产日益充足，产业链条趋于完善。如图 6-8 所示，2008~2017年，河南省金融业存款总额由 15255.42 亿元增长到 59068.66 亿元，年均增长 14.5%，资金来源逐年增多。贷款总额由 10368.05 亿元增长至 41743.31 亿元，年均增长 15%，经济活力日益增强。在金融市场构成方面，截至 2018 年末，河南省拥有国有大型商业银行 6 家，股份制商业银行 12 家，外资银行 3 家，城市商业银行 5 家，农村信用社 46 家，农村商业银行 94 家，村镇银行 80 家，信托公司 50 家，金融租赁公司 2 家，消费金融公司 1 家，证券营业部 348 家，期货营业部 69 家，私募基金管理机构 125 家，保险公司 54 家，较为完整的金融产业链条已经成型。

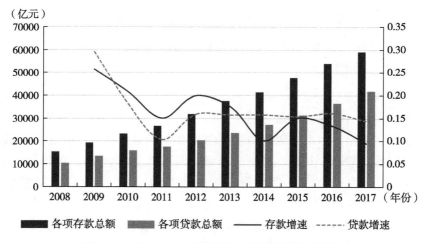

图 6-8　2008~2017 年河南省存贷款总额及其增速

资料来源：河南省统计局。

（二）河南省金融业发展面临的问题与挑战

（1）河南省金融业与经济实力不匹配，资金流通效率较低。从全国范围来看，2017 年河南省金融业增加值仅占全国总量的 3.83%，位居全国第 9 位；金融业对 GDP 的贡献率（5.63%）低于全国平均水平（7.97%），全国排名倒数第五，金融业对经济增长的贡献程度较低；河南省金融业法人单位数占全国总数的 3.64%，全国排名第 11。这些数据表明河南省金融业的发展水平与河南经济总量全国第五的实力不相匹配。由图 6-8 可见，2008~2017

年，河南省存贷款差额逐年上升，2017 年存贷款差额为 17325.35 亿元，占存款总数的 30%，表明金融机构中大量资金没有进入货币市场和资本市场，资金利用率较低。

（2）河南省金融业服务实体经济能力不强，存在金融服务短板。河南省社会融资规模增量能够反映河南省金融业服务实体经济的能力，如图 6-9 所示，2017 年河南省社会融资规模增量为 6802 亿元，仅占全国增量总量的 3.8%，位居全国第 11 位，表明在河南省实体经济的发展过程中金融资本发挥的作用有限，实体经济仍面临融资困难的现状。另外，金融服务短板较为突出，金融创新能力较弱，金融产品供给能力不强，金融机构经营理念较为保守，多倾向于将资本投向大中型企业而非小微企业，严重阻碍了小微企业的发展。

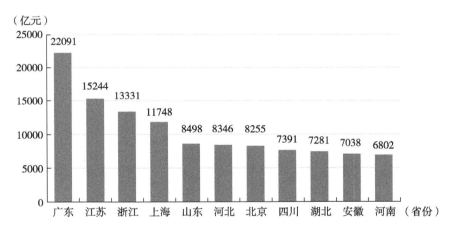

图 6-9　2017 年中国部分省份社会融资规模增量

资料来源：《中国统计年鉴》。

（3）河南省金融市场体系不完善，资本市场发育程度较低。从河南省金融业构成来看，传统银行业、保险业所占比例远高于其他金融部门，国有政策性银行、国有大型商业银行、股份制商业银行的金融资本占比超过全行业金融资本的一半以上，而新兴互联网金融、供应链金融、期货、期权等占比严重不足。与北京、上海、广东等发达省份相比，河南货币市场和资本市场规模狭小，金融中介体系不够完善，优化资源配置的能力仍有待提高。从图 6-10 中可以看出，河南省间接融资规模一直高于直接融资规模，企业融资渠道主要为向金融中介贷款，债券、股票等直接融资途径的作用没有得到充分发挥。

图6-10　2008~2016年河南省直接融资规模和间接融资规模

资料来源：中国人民银行。

第二节　河南省物流业、制造业、金融业高质量协同发展模型

复合系统是由不同属性的子系统复合而成的大系统，复合系统良性运行的条件是其各个组成子系统之间的协同发展，复合系统的协同是指在系统内部的自组织和来自外界的调节管理活动作用下，其各个组成子系统之间和谐共存、相互促进、共同发展，以实现系统的整体效应（张毅和陈圻，2010）。由协同学可知，促进复合系统发生质变的内部变量可以分为快变量和慢变量。慢变量是决定系统质变进程的根本变量，称为系统的序参量。这类变量对系统起主导作用，决定系统演变的方向和有序状态，其既受系统协同度影响，又可以通过影响各个子系统有序度来影响整个系统的协同状态。因此复合系统协同发展的关键在于保持序参量之间的协同关系，计算复合系统协同度的先导环节是要找出影响复合系统协同度的序参量。

本书将河南省物流业、制造业、金融业视为复合系统，影响其协同度的因素主要有五个：制造业有序度、物流业有序度、金融业有序度、环境因素以及时间因素。三业复合系统S的作用机制用数学公式可以表示为

$$S = f(S_1, S_2, S_3, I, T) \tag{6.1}$$

其中，S_1、S_2、S_3 分别表示物流业、金融业、制造业三个子系统发展的有序度；I 表示环境因素，由各个子系统之间的联系、系统内部与外部的联系、系统所处的环境等若干部分组成；T 表示时间因素，时间因素主要反映的是随着时间推移，复合系统协同度的动态变化。

根据复合系统协同度模型，设河南省物流业、制造业、金融业复合系统 $S = \{S_1, S_2, S_3\}$，其中，$S_i(i=1, 2, 3)$ 为其第 i 个子系统，设 S_i 的序量为 $E_i(i=1, 2, 3)$，则 $E_i = (E_{i1}, E_{i2}, E_{i3}, \cdots, E_{ik})(i=1, 2, 3)$，即每一个子系统的序参量是由若干个分量指标 E_{ij} 构成，而分量指标 $E_{ij}(i=1, 2, 3; j=1, 2, 3, \cdots, k)$ 是由实际变量 $X_{ij}(i=1, 2, 3; j=1, 2, 3, \cdots, k)$ 决定，实际变量指子系统在实际发展过程中反映子系统发展状况的一系列数据。本书设 $E_{ij}(j=1, 2, 3, \cdots, m)$ 为正向分量指标，$E_{ij}(j=m+1, m+2, m+3, \cdots, k)$ 为负向分量指标，设 α_j、β_j 分别表示的是系统稳定时第 j 个序参量分量的临界点上限和下限，即 $\beta_j < E_{ij} < \alpha_j$。分量指标 E_{ij} 对子系统有序度的功效系数表示为

$$U_{ij}(E_{ij}) = \begin{cases} \dfrac{E_{ij} - \beta_j}{\alpha_j - \beta_j}, & j=1, 2, 3, \cdots, m \\[3mm] \dfrac{\alpha_j - E_{ij}}{\alpha_j - \beta_j}, & j=m+1, m+2, m+3, \cdots, k \end{cases} \tag{6.2}$$

由式（6.2）可知，$U_{ij}(E_{ij}) \in [0, 1]$，其值越大，$E_{ij}$ 对子系统有序度的"贡献"越大。为方便计算，本书采用线性加权和法进行集成，序参量 E_i 的子系统有序度可以表示为

$$U_i(E_i) = \sum_{j=1}^{k} \gamma_j U_{ij}, \quad \gamma_j \geqslant 0, \quad \sum_{j=1}^{k} \gamma_j = 1 \tag{6.3}$$

由式（6.3）可知，子系统有序度 $U_i(E_i) \in [0, 1]$，并且越接近 1，子系统有序发展状态越好。通过子系统有序度可以得到复合系统协同度。假设在初始时间 t_0，子系统 S_i 对应的有序度为 U_i^0，复合系统经过一段时间的发展到达时刻 t_1，在 t_1 时刻子系统 S_i 对应的有序度为 U_i^1。设复合系统协同度为 cm，则 cm 的计算公式为

$$cm = \mu \sqrt[n]{\left| \prod_{i=1}^{n} (U_i^1 - U_i^0) \right|}, \quad n = 3 \tag{6.4}$$

其中，　　　　$$\mu = \frac{\min\limits_i [U_i^1 - U_i^0 \neq 0]}{\left| \min\limits_i [U_i^1 - U_i^0 \neq 0] \right|}, \quad i=1, 2, 3. \tag{6.5}$$

$U_i^1-U_i^0$为各子系统从时刻t_0到t_1，子系统有序度的变化幅度值，参数 μ 的作用在于：当且仅当$U_i^1-U_i^0>0$（$\forall i \in [1,k]$）成立时复合系统才能有正的协同度，即 μ 保证了只有当复合系统的子系统都朝着有序方向发展时，复合系统的协同度才是正的。

从式（6.4）不难得出，在一个复合系统中$-1 \leqslant cm \leqslant 1$。当$0 \leqslant cm \leqslant 1$时，随着 cm 增大，复合系统中各子系统的协同发展状态越好。当$-1 \leqslant cm \leqslant 0$时，各子系统在复合系统中没有朝着协同方向发展，子系统的发展甚至受到复合系统的阻碍。

通过对已有评价标准的整理可知，协同度等级的划分如表6-3所示。

表6-3　协同度等级的划分

$-1 \leqslant cm \leqslant 0$	$0<cm \leqslant 0.2$	$0.2<cm \leqslant 0.5$	$0.5<cm \leqslant 0.8$	$0.8<cm \leqslant 1$
不协同状态	低水平协同状态	基本协同状态	良好协同状态	高水平协同状态

一、指标选取原则

序参量指标的选择有三方面原则：首先，它必须能够反映子系统的发展程度和有序状况；其次，它能够影响系统的有序发展；最后，它必须能够反映子系统的高质量发展水平。因而在选取指标时应充分考虑数据的可得性、准确性、科学性、合理性、动态性等原则，以便全方位多层次地反映物流业、制造业、金融业子系统在协同发展中的作用以及复合系统中复杂的联系。

二、指标选取理论基础

（1）高质量发展理论。自高质量发展提出以来，有关产业的高质量发展已经成为国内新的研究热点，研究的主要内容集中在产业高质量发展的驱动因素分析、战略路径和对策措施分析以及对产业高质量发展水平的评价分析，这些研究对本书指标体系的建立具有一定指导意义。在我国经济向高质量转型升级的大背景下，物流业、制造业、金融业不单要追求发展速度，更重要的是要实现高质量内涵式的产业发展，因而在构建指标体系时必须将产业发展质量方面的指标作为重中之重。

（2）合作博弈理论。合作博弈亦称为正和博弈，指一些参与者以同盟、合作的方式进行的博弈，博弈双方的利益都有所增加，或者至少是一方的利益增加，而另一方的利益不受损害，因而整个社会的利益会有所增加（简兆权，1999）。合作博弈理论强调了物流业、制造业、金融业要构建多赢局面，共同发展，而物流业、制造业、金融业协同发展，取得多赢最直接的体现是经济规模的提升，因而在构建指标体系时需要考虑规模效益方面的指标。

（3）产业竞争力理论。产业竞争力指某国或某一地区的某个特定产业相对于他国或地区同一产业在生产效率、满足市场需求、持续获利等方面所体现的竞争能力（徐康宁，2001）。在众多评价指标中，产业盈利能力是最能体现产业竞争力的显性指标。所以评价产业有序度时，与产业盈利能力相关的经营性指标是不可或缺的指标组成部分。

综合以上分析，本书在对制造业、物流业、金融业进行分析时主要从质量性、规模性和经营性三方面构建三业协同发展的指标体系。

三、序参量指标体系

（一）物流业序参量指标体系

在高质量发展的时代背景下，我国经济的转型升级为现代物流业提出未来新发展要求。何黎明（2018）认为，物流业高质量发展的主要方向在于降本增效，补齐物流基础设施短板，增强创新驱动能力，实现物流绿色化和调整运输结构等方面。杨守德（2019）认为，技术创新是中国物流业跨越式高质量发展的驱动因素。金爽（2018）认为，物流业高质量发展离不开商业模式的创新、更大范围的协作、物流信息透明和更全面的信息共享。在以上研究的基础上，本书结合序参量指标选取原则，构建物流业序参量指标体系如表 6-4 所示。

表 6-4 物流业序参量指标

目标层	一级指标	二级指标
河南省物流业	规模性指标	全省货运量 A_1
		物流业法人单位数 A_2

续表

目标层	一级指标	二级指标
河南省物流业	经营性指标	物流业增加值 A_3
		全省货物周转量 A_4
		全省快递业务量 A_5
	质量性指标	物流业固定资产投资额 A_6
		社会物流总费用 A_7
		物流业能源消费量 A_8
		全省国际及港澳台快递业务量 A_9

物流业规模性选取的指标包括全省货运量和物流业法人单位数。其中全省货运量是一定时期内，运输部门实际运送的货物吨数，包括全省公路货运量、铁路货运量、航空货运量等部分，该指标能直观反映物流业规模大小。物流业法人单位数能够从经营主体角度衡量河南省物流业的发展规模。

物流业经营性指标主要包含物流业增加值、货物周转量以及全省快递业务量。物流业增加值主要衡量物流企业获得利润的能力；货物周转量能够反映物流运输的效率。快递业务指标主要从消费量角度衡量物流业收入水平。

物流业质量性指标主要从基础设施完善程度、科技水平、创新能力、绿色发展及对外开放程度等方面反映河南省物流业发展的质量水平，选取的指标主要包括物流业固定资产投资额、社会物流总费用、物流业能源消费量以及全省国际及港澳台快递业务量。其中，物流业固定资产投资额主要反映产业发展所需要的基础设施完善程度，河南省的物流供给能力受基础设施水平的约束。社会物流总费用是一个负向指标，社会物流总费用越大，就意味着社会物流成本越高，社会物流成本过高不符合高质量发展的要求。全省国际及港澳台快递业务量可以反映出物流业与国际接轨的程度，是判断河南省物流业对外开放程度的重要指标。

（二）制造业序参量指标体系

吕铁和刘丹（2019）认为，推进我国制造业高质量发展需要加强制造业创新能力建设，提升制造业国际竞争力，改造和提升传统制造业，促进制造业融合式发展，提高可持续发展能力。陈瑾和何宁（2018）认为，建设产业创新体系，注重创新成果产业化，推动三次产业融合发展和推动区域产业协作是中国制造业高质量发展的基本思路。彭树涛和李鹏飞（2018）用国际市场竞争绩效、增加值率、单位增加值能耗及污染物排放量构建了制造业发展质量的评价框架。综合现有研究成果中对制造业高质量发展的现实要求，构建以高质量发展为导向的制造业序参量指标体系如表6-5所示。

表6-5 制造业序参量指标体系

目标层	一级指标	二级指标
河南省 制造业	规模性指标	制造业法人单位数 B_1
		制造业就业人员数 B_2
	经营性指标	规模以上制造业增加值 B_3
		制造业就业人员平均工资 B_4
		规模以上制造业企业利润总额 B_5
	质量性指标	制造业全社会固定资产投资额 B_6
		进出口总额 B_7
		规模以上制造业企业 R&D 经费 B_8
		规模以上制造业企业新产品销售收入 B_9

制造业发展的规模性指标主要包括制造业法人单位数和制造业就业人员数。与物流业一样，制造业法人单位数能够从经营主体角度衡量河南省制造业的发展规模，该值越大河南省制造业产业规模越大。制造业就业人员数衡量了制造业的人力资源规模，侧面展现了制造业的产业规模。

制造业发展的经营性指标主要包括规模以上制造业增加值、制造业就业人员平均工资以及规模以上制造业企业利润总额。规模以上制造业增加值可以反映制造业的价值创造能力。规模以上制造业利润总额直接反映制造业经营状况和盈利能力，考虑到数据的可获得性及河南省制造业在工业部门中的比重较高，本书用规模以上工业利润总额数据代替。

制造业发展的质量性指标主要包括制造业全社会固定资产投资额、进出口总额、规模以上制造业企业 R&D 经费、规模以上制造业企业新产品销售收入。制造业全社会固定资产投资额可以反映河南省制造业基础设施的完善程度。进出口总额指标能够从侧面反映地区制造业的对外开放程度与国际化经营能力。规模以上制造业企业 R&D 经费可以衡量河南省制造业科技创新投入，规模以上制造业企业新产品销售收入可以体现河南省制造业的科技创新产出，两个指标可以直观地反映河南省制造业的科技创新能力。

（三）金融业序参量指标体系

董希淼和吴琦（2018）认为，加快发展普惠金融、提高服务实体经济质效、推动自身的供给侧结构性改革是金融业高质量发展的必然要求。连平和刘健（2018）认为，扩大金融业对外开放是促进金融业高质量发展的重要途径。宣宇（2019）认为，构建高质量金融服务体系是高质量发展的内在要求。综合以上研究成果，并考虑数据可得性，构建金融业序参量指标如表6-6所示。

表6-6　金融业序参量指标体系

目标层	一级指标	二级指标
河南省 金融业	规模性指标	金融业法人单位数 C_1
		金融业就业人员数 C_2
	经营性指标	金融业增加值 C_3
		金融业就业人员平均工资 C_4
		金融业各项存款总额 C_5
		金融业各项贷款总额 C_6
	质量性指标	金融业固定资产投资额 C_7
		上市公司数 C_8
		地区社会融资规模增量 C_9

本书选取的金融业规模性指标与制造业相同，主要为金融业法人单位数和金融业就业人员数，这两个指标可以分别从经营主体数量和人力资源规模角度反映河南省金融业的发展规模。

本书选取的金融业经营性指标为金融业增加值、金融业就业人员平均工资、金融业各项存款总额以及金融业各项贷款总额。金融业增加值能够衡量金融机构获得利润的能力。金融业人员平均工资体现的是金融业在劳动要素上的成本投入，是一个负向指标。金融业各项存款总额能够反映金融业资金来源的多寡，而各项贷款总额能够反映社会融资的需求，资金来源和市场需求是金融业发展的重要基础，存贷款差额又能反映资金利用率的高低，因而存贷款总额是衡量河南省金融业高质量发展状况的重要指标。

本书选取的金融业质量性指标为金融业固定资产投资额、上市公司数和社会融资规模增量。金融业固定资产投资额体现河南省金融业基础设施的完善程度，可以从侧面反映河南省金融业提供普遍性金融服务的能力。河南省上市公司数可以展现本地区的金融活跃程度，金融活跃程度越高，资产配置的效率也就越高。社会融资规模增量是实体经济从金融市场获得的资金总额，一定程度上可以展现金融服务实体经济的能力。

综上所述，河南省物流业、制造业、金融业高质量协同发展评价指标体系如图 6-11 所示。

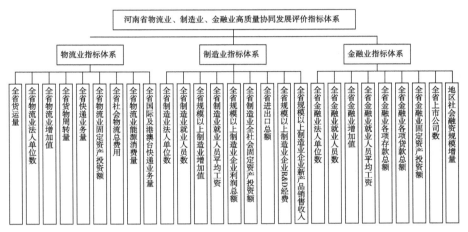

图 6-11　河南省三业高质量发展序参量指标体系

第三节　河南省物流业、制造业、金融业 高质量协同发展实证分析

一、复合系统协同度计算

（一）物流业、制造业、金融业子系统指标原始数据

通过查阅《中国统计年鉴》、《河南统计年鉴》以及河南省邮政管理局、经济

和信息化委员会、金融办等官方网站的公开资料，整理出各子系统序参量指标的原始数据。综合考虑我国和河南制造业、物流业、金融业的发展水平，设第 j 个状态变量的上限 α_j 为

$$\alpha_j = (Q_{ij})_{max} + 10\% \cdot (Q_{ij})_{max} \tag{6.6}$$

同样，设第 j 个状态变量的下限 β_j 为

$$\beta_j = (Q_{ij})_{min} - 10\% \cdot (Q_{ij})_{min} \tag{6.7}$$

与表 6-4、表 6-5、表 6-6 构建的指标体系相对应，河南省物流业、制造业、金融业各指标的原始数据分别如表 6-7、表 6-8 和表 6-9 所示。

表 6-7 2008~2017 年河南省物流业原始数据

年份	A_1	A_2	A_3	A_4	A_5	A_6	A_7	A_8	A_9
2008	138441	4885	802.25	5165.07	3442.01	501.72	2973.26	802.44	19.28
2009	169942	5300	823.57	6153.97	4079.91	583.82	3273.56	875.72	22.84
2010	202962	5787	873.30	7202.49	5765.00	791.40	3980.57	1340.60	32.28
2011	241017	6112	961.50	8530.79	8377.87	812.55	4511.80	1159.64	52.89
2012	272115	6319	1151.91	9490.26	12503.37	927.95	5501.00	1339.83	106.14
2013	184823	9409	1474.19	7259.81	19443.87	1201.46	5794.00	1436.20	275.81
2014	200801	11185	1676.46	7401.12	29484.00	1427.56	5974.60	1487.58	334.14
2015	192859	14401	1809.39	6948.05	51449.70	1937.52	6255.43	1602.82	494.53
2016	206087	16364	1938.06	7383.54	83875.32	1954.49	6586.30	1669.80	773.59
2017	230114	18979	2162.85	8228.70	107377.62	2498.51	7063.20	1736.59	2562.43
下限	124597	4397	722.00	4649.00	3098.00	452.00	2676.00	722.00	17.00
上限	299327	20877	2379.00	10439.0	118115.00	2748.00	7770.00	1910.00	2819.00

资料来源：《中国统计年鉴》、《河南统计年鉴》以及河南省邮政管理局网站公开资料。

表 6-8 2008~2017 年河南省制造业原始数据

年份	B_1	B_2	B_3	B_4	B_5	B_6	B_7	B_8	B_9
2008	105315	153.65	9328.15	20993	2287.78	4247.77	1747933.70	976394	14541593
2009	109908	154.78	9900.27	23330	2444.18	5587.14	1347641.50	1334943	17710388
2010	115652	158.80	11950.88	25864	3302.22	6967.90	1783151.40	1721031	19638458
2011	117629	193.82	13949.32	30012	4131.59	7903.63	3262257.80	2137236	25501566
2012	119770	218.25	15017.56	33803	4016.39	9782.25	5173881.00	2489651	25762027

续表

年份	B_1	B_2	B_3	B_4	B_5	B_6	B_7	B_8	B_9
2013	100313	312.67	14937.72	33951	4543.07	11810.51	5995686.80	2953410	47914474
2014	116185	337.10	15809.09	37944	4946.19	14112.73	6497220.90	3372310	51689500
2015	127692	352.88	15823.33	41338	4900.6	15348.04	7378056.20	3688252	57894206
2016	110992	363.26	17042.72	43783	5240.61	16241.42	7121309.90	4096962	61154137
2017	124077	353.24	18452.06	46854	5352.43	16742.06	7763009.00	4722542	70958863
下限	90282	138	8395	18894	2059	3823	1212877	878755	13087434
上限	140461	400	20297	51539	5888	18416	8539310	5194796	78054749

资料来源:《中国统计年鉴》、《河南统计年鉴》以及河南省经济和信息化委员会网站。

表6-9　2008~2017年河南省金融业原始数据

年份	C_1	C_2	C_3	C_4	C_5	C_6	C_7	C_8	C_9
2008	1076	21.49	413.83	34618	15255.42	10368.05	8.09	38	1602
2009	1368	22.02	499.92	38019	19175.06	13437.43	12.73	41	3310
2010	1695	22.60	697.68	41871	23148.83	15871.32	15.10	51	2816
2011	1983	23.81	868.20	47749	26646.15	17506.24	16.57	62	2378
2012	2034	23.32	1013.60	57364	31970.43	20301.72	14.84	66	3525
2013	1369	24.13	1280.92	62835	37591.70	23511.41	21.26	66	5691
2014	3226	23.98	1509.20	69223	41374.91	27228.27	28.80	67	6828
2015	4159	24.35	1991.11	74441	47629.91	31432.62	19.68	73	5756
2016	4891	30.00	2256.61	91212	53977.62	36501.17	30.77	74	6824
2017	4921	29.65	2509.19	103314	59068.66	41743.31	42.98	78	6802
下限	968	19	372	31156	13730	9331	7	34	1142
上限	5413	33	2760	113645	64976	45918	47	86	7511

资料来源:《中国统计年鉴》、《河南统计年鉴》以及河南省金融办网站。

(二) 子系统功效系数计算

根据式（6.2）分别计算物流业、制造业、金融业子系统中各序参分量对该子系统有序度的贡献程度，物流业序参量分量功效系数、制造业序参量分量功效系数、金融业序参量分量功效系数分别如表6-10、表6-11、表6-12所示。

表 6-10   2008~2017 年河南省物流业序参量分量功效系数

年份	A₁	A₂	A₃	A₄	A₅	A₆	A₇	A₈	A₉
2008	0.079232	0.029641	0.048413	0.089196	0.002993	0.021844	0.941627	0.932457	0.000688
2009	0.259516	0.054823	0.061278	0.259969	0.008539	0.057589	0.882671	0.870778	0.001959
2010	0.448494	0.084373	0.091288	0.441038	0.023189	0.147967	0.743867	0.479482	0.005329
2011	0.666287	0.104093	0.144514	0.670422	0.045907	0.157175	0.639573	0.631798	0.012686
2012	0.844265	0.116654	0.259419	0.836113	0.081775	0.207419	0.445368	0.480130	0.031695
2013	0.344682	0.304149	0.453902	0.450936	0.142118	0.326501	0.387845	0.399014	0.092263
2014	0.436126	0.411914	0.575964	0.475339	0.229410	0.424942	0.352388	0.355766	0.113085
2015	0.390673	0.607054	0.656182	0.397098	0.420387	0.646971	0.297254	0.258767	0.170340
2016	0.466378	0.726166	0.733829	0.472303	0.702306	0.654360	0.232296	0.202389	0.269958
2017	0.603888	0.884839	0.869481	0.618254	0.906642	0.891218	0.138669	0.146171	0.908528

表 6-11   2008~2017 年河南省制造业序参量分量功效系数

年份	B₁	B₂	B₃	B₄	B₅	B₆	B₇	B₈	B₉
2008	0.299590	0.058802	0.078375	0.935694	0.059754	0.029108	0.073031	0.022622	0.022383
2009	0.391122	0.063126	0.126445	0.864108	0.100604	0.120888	0.018394	0.105696	0.071158
2010	0.505591	0.078511	0.298737	0.786486	0.324713	0.215504	0.077838	0.195150	0.100836
2011	0.544989	0.212533	0.466646	0.659425	0.541334	0.279625	0.279724	0.291582	0.191083
2012	0.587656	0.306026	0.556399	0.543300	0.511245	0.408356	0.540646	0.373235	0.195092
2013	0.199908	0.667372	0.549691	0.538766	0.648807	0.547342	0.652816	0.480685	0.536070
2014	0.516213	0.760866	0.622904	0.416453	0.754097	0.705101	0.721271	0.577741	0.594177
2015	0.745530	0.821256	0.624100	0.312488	0.742189	0.789751	0.841498	0.650943	0.689682
2016	0.412724	0.860980	0.726553	0.237593	0.830995	0.850969	0.806454	0.745639	0.739860
2017	0.673488	0.822634	0.844966	0.143523	0.860201	0.885275	0.894041	0.890582	0.890778

表 6-12   2008~2017 年河南省金融业序参量分量功效系数

年份	C₁	C₂	C₃	C₄	C₅	C₆	C₇	C₈	C₉
2008	0.024209	0.157332	0.017332	0.958033	0.029769	0.028339	0.020227	0.073643	0.026396
2009	0.089905	0.196134	0.053388	0.916804	0.106256	0.112233	0.136235	0.131783	0.307827
2010	0.163476	0.238597	0.136214	0.870107	0.183800	0.178757	0.195490	0.325581	0.226429
2011	0.228272	0.327184	0.207631	0.798849	0.252046	0.223444	0.232242	0.538760	0.154259
2012	0.239746	0.291310	0.268528	0.682288	0.355943	0.299851	0.188989	0.616279	0.343253
2013	0.090130	0.350611	0.380486	0.615964	0.465636	0.387580	0.349501	0.616279	0.700148
2014	0.507931	0.339630	0.476095	0.538524	0.539461	0.489172	0.538015	0.635659	0.887494

年份	C_1	C_2	C_3	C_4	C_5	C_6	C_7	C_8	C_9
2015	0.717844	0.366718	0.677928	0.475267	0.661520	0.604087	0.309998	0.751938	0.710858
2016	0.882534	0.780365	0.789125	0.271956	0.785388	0.742624	0.587269	0.771318	0.886835
2017	0.889284	0.754740	0.894910	0.125245	0.884734	0.885905	0.892542	0.848837	0.883210

（三）子系统序参量指标权重赋值

（1）方法概述。现有赋权方法主要有两类：一类是根据操作者主观信息进行的主观赋权法，另一类是根据历史数据进行的客观赋权法。在众多客观赋权法中，由于 CRITIC 赋值法同时考虑了不同指标值对权重的影响和各指标间的冲突性，故本书采用其计算子系统各序参量指标的权重。设 d_i 表示第 i 个指标与其他指标的影响程度，则 d_i 可以量化为

$$d_i = \sum_{j=1}^{n} (1 - r_{ij}) \tag{6.8}$$

其中，r_{ij} 指的是第 i 个指标的状态变量与第 j 个指标的状态变量之间的相关系数。各个指标的客观权重就是以对比强度和影响程度来综合衡量的。设第 i 个评价指标所包含的信息量为 F_i，则有

$$F_i = \sigma_i \sum_{j=1}^{n} (1 - r_{ij}), \quad i = 1, 2, 3, \cdots, k \tag{6.9}$$

F_i 越大，第 i 个评价指标所包含的信息量越大，该指标的相对重要程度也就越高，所以设第 i 个指标的客观权重为 ω_i，则 ω_i 的计算公式为

$$\omega_i = \frac{F_i}{\sum_{i=1}^{n} F_i}, \quad i = 1, 2, 3, \cdots, k \tag{6.10}$$

（2）数据标准化处理。数据标准化处理的方法目前有许多种，其中最具代表性的为 Z-score 标准化方法，故本书直接利用 SPSS 软件得出物流业、制造业、金融业的标准化数据，如表6-13、表6-14、表6-15所示。

表6-13 2008~2017 年河南省物流业指标数据无量纲处理结果

年份	A_1	A_2	A_3	A_4	A_5	A_6	A_7	A_8	A_9
2008	-1.74593	-0.97273	-1.11035	-1.83011	-0.79358	-1.13325	-1.56065	-1.71330	-0.57700
2009	-0.90594	-0.89182	-1.06846	-1.01168	-0.77621	-1.01115	-1.34936	-1.48195	-0.57242

续表

年份	A_1	A_2	A_3	A_4	A_5	A_6	A_7	A_8	A_9
2010	-0.02544	-0.79687	-0.97075	-0.14391	-0.73031	-0.70242	-0.85191	-0.01428	-0.56027
2011	0.98932	-0.73350	-0.79744	0.95541	-0.65915	-0.67097	-0.47814	-0.58559	-0.53373
2012	1.81856	-0.69314	-0.42331	1.74948	-0.54679	-0.49934	0.21785	-0.01671	-0.46516
2013	-0.50913	-0.09068	0.20993	-0.09648	-0.35776	-0.09256	0.42401	0.28754	-0.24669
2014	-0.08307	0.25559	0.60737	0.02047	-0.08432	0.24370	0.55108	0.44976	-0.17158
2015	-0.29484	0.88261	0.86856	-0.35449	0.51393	1.00214	0.74867	0.81358	0.03494
2016	0.05789	1.26535	1.12138	0.00593	1.39705	1.02738	0.98146	1.02504	0.39427
2017	0.69858	1.77520	1.56307	0.70539	2.03714	1.83647	1.31701	1.23590	2.69765

表 6-14 2008~2017 年河南省制造业指标数据无量纲处理结果

年份	B_1	B_2	B_3	B_4	B_5	B_6	B_7	B_8	B_9
2008	-1.13181	-1.15986	-1.64179	-1.45588	-1.64738	-1.43560	-1.20541	-1.43882	-1.18935
2009	-0.58103	-1.14751	-1.44982	-1.18995	-1.50649	-1.14544	-1.36314	-1.14783	-1.03698
2010	0.10777	-1.10361	-0.76176	-0.90160	-0.73354	-0.84631	-1.19153	-0.83450	-0.94427
2011	0.34485	-0.72112	-0.09120	-0.42959	0.01359	-0.64359	-0.60870	-0.49671	-0.66235
2012	0.60159	-0.45430	0.26724	0.00180	-0.09019	-0.23659	0.14456	-0.21070	-0.64983
2013	-1.73164	0.57695	0.24045	0.01864	0.38427	0.20281	0.46839	0.16567	0.41534
2014	0.17169	0.84377	0.53283	0.47301	0.74741	0.70158	0.66602	0.50564	0.59686
2015	1.55157	1.01612	0.53761	0.85922	0.70634	0.96920	1.01310	0.76205	0.89521
2016	-0.45104	1.12949	0.94677	1.13744	1.01263	1.16274	0.91193	1.09375	1.05196
2017	1.11807	1.02005	1.41966	1.48690	1.11337	1.27120	1.16479	1.60145	1.52340

表 6-15 2008~2017 年河南省金融业指标数据无量纲处理结果

年份	C_1	C_2	C_3	C_4	C_5	C_6	C_7	C_8	C_9
2008	-1.06330	-1.03514	-1.19967	-1.19820	-1.36279	-1.30238	-1.25235	-1.70993	-1.45177
2009	-0.86879	-0.85496	-1.08365	-1.04972	-1.10002	-1.00455	-0.80508	-1.49256	-0.61156
2010	-0.65096	-0.65780	-0.81714	-0.88156	-0.83363	-0.76839	-0.57663	-0.76802	-0.85457

续表

年份	C_1	C_2	C_3	C_4	C_5	C_6	C_7	C_8	C_9
2011	−0.45911	−0.24646	−0.58734	−0.62495	−0.59917	−0.60974	−0.43493	0.02898	−1.07004
2012	−0.42513	−0.41304	−0.39139	−0.20521	−0.24224	−0.33849	−0.60169	0.31880	−0.50580
2013	−0.86812	−0.13768	−0.03114	0.03363	0.13460	−0.02705	0.01716	0.31880	0.55971
2014	0.36891	−0.18867	0.27650	0.31250	0.38822	0.33361	0.74397	0.39125	1.11903
2015	0.99042	−0.06289	0.92595	0.54030	0.80755	0.74157	−0.13515	0.82598	0.59169
2016	1.47804	1.85781	1.28375	1.27244	1.23309	1.23338	0.93387	0.89843	1.11707
2017	1.49802	1.73883	1.62414	1.80076	1.57438	1.74204	2.11083	1.18825	1.10624

（3）计算相关系数矩阵 D。设 r_{ij} 为第 i 个指标与第 j 个指标之间的相关系数，物流业、制造业、金融业的相关系数矩阵分别为 R_1、R_2、R_3，则有

$$R_1 = \begin{bmatrix}
1 & 0.180 & 0.235 & 0.987 & 0.222 & 0.268 & 0.487 & 0.469 & 0.245 \\
0.180 & 1 & 0.976 & 0.205 & 0.973 & 0.991 & 0.883 & 0.860 & 0.837 \\
0.235 & 0.976 & 1 & 0.283 & 0.916 & 0.977 & 0.947 & 0.899 & 0.772 \\
0.987 & 0.205 & 0.283 & 1 & 0.228 & 0.294 & 0.545 & 0.513 & 0.256 \\
0.222 & 0.973 & 0.916 & 0.228 & 1 & 0.957 & 0.816 & 0.794 & 0.898 \\
0.268 & 0.991 & 0.977 & 0.294 & 0.957 & 1 & 0.913 & 0.897 & 0.844 \\
0.487 & 0.883 & 0.947 & 0.545 & 0.816 & 0.913 & 1 & 0.953 & 0.675 \\
0.469 & 0.860 & 0.899 & 0.513 & 0.794 & 0.897 & 0.953 & 1 & 0.643 \\
0.245 & 0.837 & 0.772 & 0.256 & 0.898 & 0.844 & 0.675 & 0.643 & 1
\end{bmatrix}$$

$$R_2 = \begin{bmatrix}
1 & 0.299 & 0.491 & 0.514 & 0.440 & 0.445 & 0.408 & 0.465 & 0.359 \\
0.299 & 1 & 0.889 & 0.938 & 0.926 & 0.977 & 0.970 & 0.947 & 0.975 \\
0.491 & 0.889 & 1 & 0.972 & 0.981 & 0.945 & 0.943 & 0.964 & 0.902 \\
0.514 & 0.938 & 0.972 & 1 & 0.958 & 0.986 & 0.964 & 0.994 & 0.958 \\
0.440 & 0.926 & 0.981 & 0.958 & 1 & 0.956 & 0.945 & 0.955 & 0.918 \\
0.445 & 0.977 & 0.945 & 0.986 & 0.956 & 1 & 0.971 & 0.988 & 0.978 \\
0.408 & 0.970 & 0.943 & 0.964 & 0.945 & 0.971 & 1 & 0.957 & 0.946 \\
0.465 & 0.947 & 0.964 & 0.994 & 0.955 & 0.988 & 0.957 & 1 & 0.978 \\
0.359 & 0.975 & 0.902 & 0.958 & 0.918 & 0.978 & 0.946 & 0.978 & 1
\end{bmatrix}$$

$$R_3 = \begin{bmatrix} 1 & 0.878 & 0.951 & 0.926 & 0.926 & 0.944 & 0.837 & 0.807 & 0.933 \\ 0.878 & 1 & 0.902 & 0.928 & 0.893 & 0.913 & 0.888 & 0.775 & 0.856 \\ 0.951 & 0.902 & 1 & 0.987 & 0.994 & 0.996 & 0.894 & 0.900 & 0.985 \\ 0.926 & 0.928 & 0.987 & 1 & 0.990 & 0.995 & 0.933 & 0.897 & 0.957 \\ 0.926 & 0.893 & 0.994 & 0.990 & 1 & 0.995 & 0.904 & 0.929 & 0.985 \\ 0.944 & 0.913 & 0.996 & 0.995 & 0.995 & 1 & 0.925 & 0.900 & 0.978 \\ 0.837 & 0.888 & 0.894 & 0.933 & 0.904 & 0.925 & 1 & 0.790 & 0.849 \\ 0.807 & 0.775 & 0.900 & 0.897 & 0.929 & 0.900 & 0.790 & 1 & 0.922 \\ 0.933 & 0.856 & 0.985 & 0.957 & 0.985 & 0.978 & 0.849 & 0.922 & 1 \end{bmatrix}$$

（4）计算各状态变量的权重。将r_{ij}代入式（6.7）和式（6.8），经过计算可得权重ω_i，结果如表6-16所示。

表6-16　状态变量权重

物流业状态变量	权重	制造业状态变量	权重	金融业状态变量	权重
全省货运量 A_1	0.064875	制造业法人单位数 B_1	0.056635	金融业法人单位数 C_1	0.108917
物流业法人单位数 A_2	0.123857	制造业就业人员数 B_2	0.114579	金融业就业人员数 C_2	0.106361
物流业增加值 A_3	0.125954	规模以上制造业增加值 B_3	0.117327	金融业增加值 C_3	0.115072
全省货物周转量 A_4	0.069448	制造业就业人员平均工资 B_4	0.120588	金融业就业人员平均工资 C_4	0.115132
全省快递业务量 A_5	0.121738	规模以上制造业企业利润总额 B_5	0.117194	金融业各项存款总额 C_5	0.115178
物流业固定资产投资额 A_6	0.128807	制造业全社会固定资产投资额 B_6	0.119959	金融业各项贷款总额 C_6	0.115631
社会物流总费用 A_7	0.130443	进出口总额 B_7	0.117608	金融业固定资产投资额 C_7	0.106164
物流业能源消费量 A_8	0.126437	规模以上制造业企业R&D经费 B_8	0.119992	上市公司数 C_8	0.104652
全省国际及港澳台快递业务量 A_9	0.10844	规模以上制造业企业新产品销售收入 B_9	0.116118	地区社会融资规模增量 C_9	0.112894

（四）子系统有序度计算

根据式（6.3），代入子系统各指标的权重以及功效系数可得物流业、制造业、金融业的有序度如表6-17所示。

表6-17　2008~2017年河南省物流业、制造业、金融业有序度

年份	物流业有序度	增长率	制造业有序度	增长率	金融业有序度	增长率
2008	0.265082	—	0.170131	—	0.153037	—
2009	0.283305	6.87%	0.197821	16.28%	0.216857	41.70%
2010	0.261790	−7.59%	0.275706	39.37%	0.289068	33.30%
2011	0.311400	18.95%	0.376544	36.57%	0.348512	20.56%
2012	0.318872	2.40%	0.439066	16.60%	0.369202	5.94%
2013	0.318923	0.02%	0.555648	26.55%	0.418986	13.48%
2014	0.370743	16.25%	0.635823	14.43%	0.516173	23.20%
2015	0.435235	17.40%	0.686105	7.91%	0.599934	16.23%
2016	0.500375	14.97%	0.705616	2.84%	0.717914	19.67%
2017	0.661480	32.20%	0.771296	9.31%	0.781154	8.81%

（五）复合系统协同度计算

根据式（6.3）和式（6.5），将各子系统有序度代入可得复合系统协同度如表6-18所示。

表6-18　2009~2017年河南省复合系统协同度

年份	复合系统协同度	同比增长率
2009	0.031815	—
2010	−0.049461	−255%
2011	0.066747	235%
2012	0.021301	−68%
2013	0.006664	−69%
2014	0.073912	1009%
2015	0.064762	−12%
2016	0.053127	−18%
2017	0.087467	65%

二、结果分析

由表6-17和表6-18可得到2008~2017年河南省制造业、物流业、金融业发展有序度和三业复合系统协同度变化趋势，如图6-12所示。

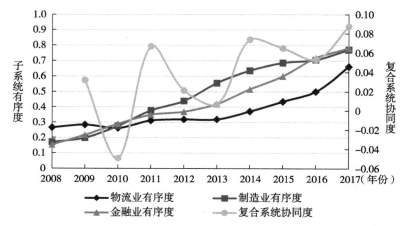

图6-12 河南省制造业、物流业、金融业发展有序度和复合系统协同度变化趋势

（1）从表6-17和图6-12可以看出，2008~2017年河南省物流业、制造业和金融业的发展有序度整体呈增长趋势，但增长速度有所差异。2010年之前，物流业有序度水平高于制造业和金融业有序度水平；2010年之后，物流业有序度水平开始滞后于制造业和金融业有序度水平。到2017年，物流业、制造业、金融业的有序度分别达到了0.66、0.77、0.78，三大产业有序度都处于历史最高水平。

（2）制造业在这10年内的平均有序度水平（0.481376）略高于金融业（0.4410837）和物流业（0.3727205）。制造业发展水平整体呈现上升趋势，但2015年以来增长速率有所放缓；2013~2017年物流业的发展水平一直在提高，2010年出现一定程度的波动；金融业起步水平最低但发展最为迅速，有序度年均增长率（19.9%）高于物流业（10.69%）与制造业（18.3%）。可见，过去10年河南省物流业、制造业和金融业的发展步调并不十分一致。

（3）根据表6-18和图6-12发现，自2008年以来，河南省三业发展的协同程度一直呈W形上下波动状态，表明物流业、制造业、金融业分别迅速发展，但三者协同发展明显不足。对比表6-3的协同度等级划分，可以看出河南省三业协同度整体处于0~0.1，2017年三业发展协同度达到最高值，为0.087467，而在2010年复合系统协同度处于最低值，为-0.049461，这表明河南省制造业、物流业、金融业三业发展整体处于一种低水平的协同状态。从趋势来看，河南省制造业、物流业、金融业三业协同关系围绕"协同—不协同—协同"的过程循环，协同水平呈现波浪式上升的趋势，每次协同度下降至谷底之后又会达到新的更高的高度。

三、中部六省三业高质量协同发展比较

运用计算河南省三业复合系统协同度的方法，将山西、安徽、江西、湖北、湖南五省的原始数据代入模型进行计算，得到中部六省物流业、制造业、金融业有序度（见表6-19）和复合系统协同度（见表6-20）。

表6-19　2008~2017年中部六省物流业、制造业、金融业有序度

省份	有序度	2008年	2009年	2010年	2011年	2012年	2013年	2014年	2015年	2016年	2017年
山西	物流业	0.20	0.24	0.33	0.41	0.47	0.50	0.53	0.56	0.64	0.69
	制造业	0.35	0.27	0.42	0.54	0.58	0.60	0.56	0.44	0.50	0.57
	金融业	0.17	0.24	0.29	0.33	0.39	0.46	0.47	0.60	0.72	0.68
安徽	物流业	0.18	0.18	0.24	0.28	0.37	0.48	0.56	0.54	0.65	0.73
	制造业	0.16	0.19	0.31	0.39	0.46	0.56	0.63	0.65	0.69	0.78
	金融业	0.15	0.22	0.28	0.35	0.39	0.46	0.54	0.60	0.71	0.75
江西	物流业	0.18	0.22	0.27	0.32	0.42	0.48	0.58	0.59	0.68	0.74
	制造业	0.15	0.17	0.26	0.34	0.40	0.50	0.58	0.61	0.69	0.77
	金融业	0.15	0.23	0.30	0.34	0.40	0.45	0.53	0.64	0.70	0.78
河南	物流业	0.27	0.28	0.26	0.31	0.32	0.32	0.37	0.44	0.50	0.66
	制造业	0.17	0.20	0.28	0.38	0.44	0.56	0.64	0.69	0.71	0.77
	金融业	0.15	0.22	0.29	0.35	0.37	0.42	0.52	0.60	0.72	0.78
湖北	物流业	0.15	0.20	0.30	0.29	0.37	0.47	0.57	0.65	0.69	0.79
	制造业	0.17	0.19	0.31	0.43	0.47	0.55	0.65	0.70	0.70	0.76
	金融业	0.16	0.22	0.25	0.30	0.38	0.46	0.51	0.57	0.65	0.74

续表

省份	有序度	2008 年	2009 年	2010 年	2011 年	2012 年	2013 年	2014 年	2015 年	2016 年	2017 年
湖南	物流业	0.18	0.27	0.33	0.40	0.47	0.52	0.59	0.62	0.68	0.76
	制造业	0.17	0.21	0.33	0.45	0.51	0.59	0.62	0.64	0.62	0.73
	金融业	0.17	0.22	0.25	0.28	0.35	0.40	0.48	0.59	0.66	0.75

表 6-20　2009~2017 年中部六省复合系统协同度

年份	山西	安徽	江西	河南	湖北	湖南
2009	−0.062455	−0.013994	0.034687	0.031815	0.043206	0.054954
2010	0.084883	0.069510	0.066237	−0.049461	0.069737	0.062491
2011	0.073918	0.063191	0.058026	0.066747	−0.039530	0.064717
2012	0.048716	0.066641	0.066461	0.021301	0.066866	0.065293
2013	0.039558	0.088555	0.069522	0.006664	0.088257	0.059854
2014	−0.026508	0.077082	0.084469	0.073912	0.076261	0.055886
2015	−0.079174	−0.027368	0.027349	0.064762	0.060527	0.044341
2016	0.083521	0.078285	0.075124	0.053127	0.019063	−0.041617
2017	−0.052096	0.064487	0.070616	0.087467	0.078890	0.093030

　　由表 6-20 可得到中部六省复合系统协同度变化趋势如图 6-13 和图 6-14 所示。

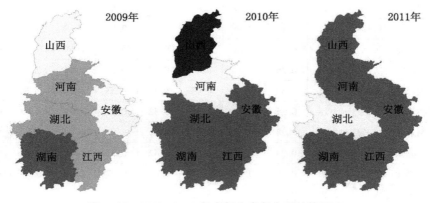

图 6-13　2009~2017 年中部六省复合系统协同度

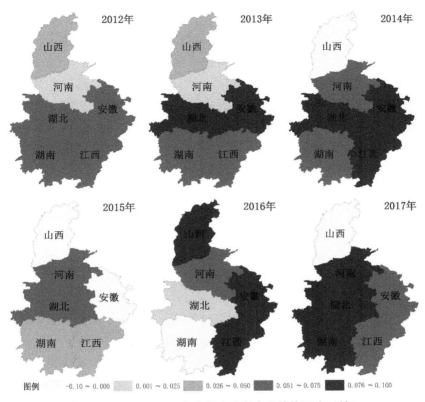

图6-13　2009~2017年中部六省复合系统协同度（续）

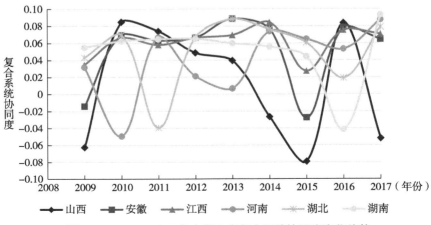

图6-14　2008~2017年中部六省复合系统协同度变化趋势

（1）由表6-19可知，2008~2017年中部六省物流业、制造业和金融业的发展有序度都基本呈现增长趋势，表明中部六省的物流业、制造业、金融业都处于稳步增长状态。就物流业而言，湖北省有序度增速最快，物流业有序度从2008年的0.15上升到2017年的0.79，年均增幅18.07%，同时，湖北省2017年的物流业有序度为中部六省十年间的最高水平。就制造业而言，江西省有序度增速最快，年均增幅达17.77%，安徽省2017年的制造业有序度为中部六省十年间的最高水平。就金融业而言，河南省有序度增速最快，年均增幅达17.92%，同时，河南省2017年的金融业有序度为中部六省十年间的最高水平。

（2）由图6-12可知，自2008年以来，中部六省物流业、制造业、金融业三业复合系统协同度整体在不协同状态和低水平协同状态之间来回波动，且波动幅度较大，表明我国中部六省三业高质量协同发展受到体制机制、思想认识等各方面因素的制约而呈现了一定的无序状态。

（3）每年各省份的复合系统协同度差异较大，根据近10年各省份的最高水平进行比较，由高至低依次为湖南省、安徽省、湖北省、河南省、山西省、江西省，2017年湖南省复合系统协同度为10年来中部六省最高水平。从波动程度来说，山西省波动幅度最大（标准差为0.063），接下来依次为河南省（标准差为0.04）、安徽省（标准差为0.039）、湖北省（标准差为0.038）、湖南省（标准差为0.035），而江西省（标准差为0.018）的波动幅度最小。

（4）与中部其他省份相比较，河南省三业协同度处于中等水平，且整体波动幅度较大。究其原因，主观方面可能由于河南省三大产业中的企业协作意识淡薄，风险顾虑过多，从而没有有效参与到协同发展的过程中，客观方面可能是河南省三大产业在发展过程中形成的产业结构相互耦合困难，产业关联度差，需求和供给不相匹配，再加上市场机制发育缓慢，相关体制机制不健全，导致企业在业务上和功能上缺少了协作的机会。因此想要提高河南省制造业、物流业、金融业三业发展的协同度，必须充分发挥各方面力量的作用，政府要加强顶层设计，完善体制机制，提供相应的政策和资金支持，积极引导三大产业协同发展；三大产业除了要实现自身高质量发展之外还要积极参与到协同发展的过程中，进而通过协同发展促进高质量发展；相关企业要提高协作意识，积极主动寻找合作机会，在协同发展中提升自身经营水平。

第四节　推进河南省物流业、制造业、金融业高质量协同发展的建议

一、宏观层面

（一）加强顶层设计，推进三业高质量融合发展

首先，各级党委政府要加强顶层设计，结合地区实际情况制订专项规划，明确三业协同发展的目标和方向，针对省内不同经济发展水平的地域要精准施策，差异定位，错位发展，充分发挥省会郑州的资源集聚优势先行先试，积极出台政策引导物流业、制造业、金融业三业融合，推动财政、税收、人才、用地用电等政策的落地生效，扶持物流装备制造业、供应链金融业、物流金融等行业的发展，积极培育融合发展的企业主体。

其次，要通过政策引导等方式，解决三业融合发展的环境问题。在财政税收政策方面，要加大对相关市场主体的支持力度，对融合发展取得成效的企业给予一定的财政补贴和税收减免；在土地政策方面，对有土地需求的相关企业优先供地，并对土地使用费用予以一定的减免。在营商政策方面，对有关企业的设立给予优先审批，为相关企业提供宽松、公平、自主的经营环境。除此之外，还需在市场监管、宏观调控、简政放权等方面多渠道发力，优化企业发展环境，推动形成有高附加值的三业融合发展联盟。

除现有融合模式外，还要加快培育三业融合的新业态和新模式。在推进三业深度融合的过程中，充分发挥企业在创新活动中的微观主体作用，积极创造有利条件，使三业融合的新业态和新模式不断涌现。

（二）健全三业高质量协同发展的体制机制

首先，建立信息共享机制。搭建企业信息交流平台，促进企业共享信息资源，实现供求信息对接。供给方能够通过信息平台获取市场需求，更有针对性地提供服务供给，进而促进供给企业不断提高供给质量以满足日益增长的服务

需要。同时，通过物联网、大数据、云计算和人工智能等现代科技手段，实现对物流和资金流的实时跟踪，从而有效降低企业的经营风险，提高企业协同发展的质量和效率。其次，完善市场征信体系。在一个合理的市场征信体系下，失信企业受到惩戒，守信企业获得回报，通过这种方式增加企业的违约成本，有利于规范企业市场行为，能够有效优化营商环境，降低企业参与协同的风险顾虑。最后，提高市场透明度。尝试利用区块链技术建立规范的信息披露和行情通报制度，提高交易数据报备要求，拓宽交易信息发布渠道，有效提高市场透明度，从而促进产业关联度和产业结构耦合度的提升，增加企业在业务上和功能上的协作机会。

（三）以制造业为中心，加快三业集群发展形态建设

在制造业方面，要超前规划和适时调控相关产业集聚区建设，推动物联网、大数据、人工智能和实体经济深度融合，采取措施改善产业集聚的软环境。聚焦集群内产业关联度低等瓶颈问题，努力提高集群内三业相互协同、配套服务水平，打造一批三业融合的平台载体，使集群成为集成制造与服务功能的产业链集合，搭建物流服务、金融、研发设计、知识产权等服务平台，围绕制造业集群构建区域服务体系，形成资源充分共享、产业和谐共生的互动发展格局，不断提升全产业价值链竞争力。在金融业方面，要积极出台相关政策，提高金融业为制造业及物流业服务的能力，引导资金流向制造业和物流业，解决物流企业和制造企业的融资难题，为三业集群发展提供资金支持。在物流业方面，要进一步完善支持现代供应链发展的政策体系，打造现代供应链龙头领军企业，促进现代供应链在三业集群发展中发挥的积极作用。注重完善现代物流产业链，鼓励发展高端物流服务产业，尽快使物流服务功能从较低层次向较高层次发展，进一步提升服务供给水平，丰富服务门类，重点突破智慧化、绿色化和高端化的服务项目，大力发展第四方物流、冷链物流、航空物流、国际物流等服务功能。

二、微观层面

（一）对物流企业的建议

在三业协同发展的过程中，通过物流企业的专业化服务能够提高制造业的

生产效率、优化制造业内部结构、提升制造业核心竞争力。但是目前阶段，河南省物流企业服务供给水平不高，无法满足制造企业的多样化需求，所以河南物流企业首先要以工匠精神提高自身的服务水平，提高物流运作水平，开展物流增值服务和延伸服务链条，实现服务增值，形成企业新的利润增长点。其次要主动融入制造业供应链体系，要充分把握市场需求，尤其是加强对制造企业物流需求的分析，深入了解制造企业物流和供应链运作模式，加强与制造企业的沟通，提高变通能力，针对不同的制造企业提供个性化、定制化、规范化的服务，加强与制造企业的融合互动，提升供应链合作伙伴关系，加快向制造企业供应链集成商转变。另外，物流企业要以技术和科技为后盾，坚持创新驱动发展，利用 AI、VR、AR、大数据、物联网等黑科技提升企业的智慧化、科技化、信息化、标准化水平，提升企业的核心竞争力。最后物流企业要深化与金融机构的合作，开拓物流金融、供应链金融等业务合作模式，构建全方位的合作体系，建立合理的内部组织，优化内部制度，诚信经营，积极沟通，提高二者协同效率。

（二）对制造企业的建议

制造企业要突破瓶颈，围绕研发设计、现代供应链、品牌建设等重点领域，提高专业化水平，推动企业实现高质量发展。首先，制造企业应该提高供应链管理水平，摒弃传统思维，积极与第三方物流企业和金融机构开展合作，实现供应链中物流和资金流的优化配置，加强供应商管理和客户关系管理，提升供应链运作的质量和效率，打造供应链核心竞争力。其次，制造企业应该坚持创新驱动发展，提升技术体系前瞻性，重视科技研究。要密切跟踪国际科学和技术发展趋势，加大研发投入，加快新产品研发攻关，通过开展"产、学、研、用"合作攻关，努力突破核心关键技术，提升核心技术管理能力，抢占产业发展和技术竞争制高点，进一步提升自主创新能力、运营能力、生产效率以及管理水平，从而实现创新对制造企业高质量发展的驱动作用。最后，制造企业应加强规划与投入，提高经营效益能力，从而更好地与物流业和金融业实现联动。

（三）对金融企业的建议

金融机构能够为物流业和制造业提供资金支持和金融服务，金融机构是实现三业协同发展的重要力量。对金融机构而言，参与三业协同首先要防范金融风险，构建风险防控的制度体系，做好风险源头把控，慎重选择合作企业和放贷企业，加强对相关企业经营状况的跟踪考察和监督，降低风险发生的概率。对自身所开发和提供的金融产品、金融服务进行深入研究，不断地完善产品，减少产品本身存在的风险。完善风险应急预案机制，确保在发生金融风险时，有一套切实可行的处理方案，尽量减少由于金融风险带来的损失。其次，金融机构应该增强服务实体经济的能力。要出台一系列优惠措施支持实体经济发展，例如金融机构通过设立技术研发、专项贷款，以优惠条件为制造企业和物流企业的技术创新活动提供资金支持。最后，金融机构应该加大金融创新力度，在深化与制造企业、物流企业交流与合作的基础上，以市场需求和市场发展趋势为导向积极进行产品创新，根据不同企业的实际需求，开发个性化的产品，进行定制化的服务，尝试新业态、新模式。

河南省制造业基础创新效率升级路径研究

制造业本就是国家的基础产业，如今进入工业 4.0 时代，中国制造业面临更多的压力，急需进行转型升级，促进国家经济快速发展，以在国际上获得更高的地位。在这样的大环境下，河南省当然要跟随国家脚步，加速制造业转型升级，促进河南省经济更快发展，提升技术创新效率可以有效地提升制造业的盈利水平，所以评价分析河南省制造业的技术创新效率对河南省的经济发展有一定意义。

本书构建河南省制造业基础创新效率的评价体系，其中包含煤炭消耗量这一指标，体现出对环境污染的关注，并以此作为本书一大创新点。本书选用DEA 方法，在分两阶段进行评价的基础上加上三阶段 DEA 分析，将环境因素剥离出去，从而获得更加细致、更加内在的技术创新效率。选取上海市与全国的制造业为对比被评价单元，实证分析得到第二阶段结果不尽如人意，区分度不够大，最后加上 DEA 交叉效率模型对剥离过环境因素的数据再次进行分析，得到最终结果。研究结果显示，河南省制造业在第一阶段的技术创新效率一直较差，不及全国平均水平；第二阶段在 5 年内效率不停降低，总体来看两阶段的问题都亟待解决，需要进一步提高技术创新水平。

第一节　评价指标体系构建

目前学者对于创新效率的研究很多，本书在学者们对创新效率的指标体系研究基础上，结合河南省制造业特征筛选掉部分指标，构建河南省制造业基础创新效率评价指标体系，如表 7-1 所示。具体指标含义如下：

R&D 人员折合全时当量反映了参与 R&D 活动的所有的人力资源投入。R&D 经费内部支出表示企业自主研发高技术的实际费用支出。新增固定资产指通过投资活动所形成的新的固定资产价值。研发机构仪器和设备原价指研发机构内的所有研发仪器以及各种设施的价格，用来反映一部分资金的投入。

专利申请数表示制造业的创新研发项目成果的多少，可以展现出知识成果的产出量。在众多已经授权的专利中，并非都是有效的专利，排除掉无效的就是真正的产出。有效发明专利数表示在国家已授权的专利中剔除那些已经无效的专利数。新产品开发项目数指企业计划将知识成果转化为产品的项目数，表明第一阶段的产出也可以是第二阶段的投入。

技术引进、吸收消化与改造费用指在技术转化为产品的阶段，除本有的有效专利之外，还要考虑企业引进国外的先进技术并在此基础上进行吸收消化与再创新，所以技术引进、吸收消化的费用是除了自身研发资金投入的另一项重要的资金投入指标。新产品销售收入指之前一系列的技术创新活动以及产品研发过程都是为新产品带来的利益，收益大小直接代表了整个研发转化投入所带来的产出收益。购买国内技术经费指在知识转化为产品的阶段，除去自行研发的知识成果和引进国外的技术外还有从其他企业或机构买来的技术，所以要将此指标设定在内。主营业务收入指企业确定的销售商品、提供劳务等主营业务的收入。煤炭消耗量表示每年制造业企业进行生产活动所消耗的煤炭数量，作为一个负相关指标来反映该省关于环保创新的产出水平。

人均地区生产总值作为环境指标被选取，是外部因素，通过 SAF 可以将外部环境因素的影响剥离出去。企业单位数与人均 GDP 一样作为环境指标，用来排除由于单位数量众多带来的外部影响。

表 7-1　河南省制造业基础创新效率指标体系

一级指标		二级指标	来源
投入	资金投入	R&D 经费内部支出	李培哲等（2019）、董茂峰（2017）
		新增固定资产	刘芳等（2018）、郝红美（2017）
		购买国内技术的经费	李婉红和刘芳（2018）、黄婷（2018）
		研发机构仪器和设备原价	马俊杰（2017）、姬璇（2018）
		技术引进费用	黄婷（2018）
		技术吸收消化费用	赵佳敏（2018）
		技术改造费用	黄婷（2018）、尹伟华（2012）
	人力投入	R&D 人员折合全时当量	张沁梅（2018）、龚光明（2015）

一级指标		二级指标	来源
产出	科技成果	专利申请数	范蔚琳（2017）、刘伟（2015）
		有效发明专利数	孙超（2015）、徐伟斌（2016）
		新产品开发项目数	王伟（2017）、孙芳城（2017）
	产品产出	主营业务收入	张霞（2018）
		新产品销售收入	方大春（2016）、陈程（2016）、乔元波（2017）
	低碳产出	煤炭消耗量（逆指标）	
环境	外部指标	人均地区生产总值	
		企业单位数	

该指标体系可以反映技术创新过程中涉及的各项投入与产出指标。学者将技术创新整个过程分为两部分进行研究，并且在投入与产出的数据选取上考虑到时滞期这一概念，本书将筛选后的指标分为技术研发阶段的投入产出指标与产品转化阶段的投入产出指标。

第二节 评价方法的选择

一、DEA 模型介绍

DEA 模型又分为最基本的、最常用的 CCR 与 BCC 两种模型，CCR 模型适用于规模报酬不变的情形而 BCC 模型则假定规模报酬可变。CCR 对偶规划表达式为

$$\text{Min}\left[\theta_0 - \varepsilon\left(\sum_{i=1}^{m} s_i^- + \sum_{r=1}^{s} s_r^+\right)\right] = V_0$$

s. t.

$$\sum_{j=1}^{n} \lambda_j X_{ij} + s_i^- = \theta_0 X_{i0}$$

$$\sum_{j=1}^{n} \lambda_j Y_{rj} - s_r^+ = Y_{r0}$$

$$\theta_0,\ \lambda_j,\ s_i^-,\ s_r^+ \geqslant 0$$

$$i = 1,\ 2,\ \cdots,\ m;\ r = 1,\ 2,\ \cdots,\ s;\ j = 1,\ 2,\ \cdots,\ n \qquad (7.1)$$

模型中，θ_0 是 CRS（规模报酬不变）下的效率值，λ_j 是投入产出指标的权重系数，ε 为非阿基米德无穷小量，s_i^- 是各投入变量的松弛变量，s_r^+ 是各产出变量的松弛变量。假设以上对偶模型规划的最优解是 θ_0^*，λ^*，s^{-*}，s^{+*}。当 $\theta_0^* = 1$，且 s^{-*}、$s^{+*} = 0$ 时，DEA 有效；当 $\theta_0^* = 1$，但 $s^{-*} \neq 0$ 或 $s^{+*} \neq 0$ 时，DEA 弱有效；当 $\theta_0^* \neq 1$ 时，DEA 无效。在 CCR 的基础上加上一个约束条件 $\sum\limits_{j=1}^{n} \lambda_j = 1$，则 CCR 模型变为 BCC 模型：

$$\text{Min}\left[\eta_0 - \varepsilon\left(\sum_{i=1}^{m} s_i^- + \sum_{r=1}^{s} s_r^+\right)\right] = \bar{V}_0$$

s. t.

$$\sum_{j=1}^{n} \lambda_j X_{ij} + s_i^- = \eta_0 X_{i0}$$

$$\sum_{j=1}^{n} \lambda_j Y_{rj} - s_r^+ = Y_{r0}$$

$$\sum_{j=1}^{n} \lambda_j = 1$$

$$\eta_0,\ \lambda_j,\ s_i^-,\ s_r^+ \geqslant 0$$

$$i = 1,\ 2,\ \cdots,\ m;\ r = 1,\ 2,\ \cdots,\ s;\ j = 1,\ 2,\ \cdots,\ n \qquad (7.2)$$

模型中，η_0 是 VRS（规模报酬可变）下的效率值，假设最优解为 η_0^*，当 $\eta_0^* = 1$ 时，DEA 有效；否则 DEA 无效。

两阶段 DEA 分析：将整体技术创新效率的过程分为知识研发阶段与产品转化阶段。第一阶段的产出同时也是第二阶段的投入，结合两阶段的 DEA 结果得到最终技术创新效率。分阶段对创新效率分析可以更加准确地确定技术创新这一动态过程，能在一定程度上探究技术创新的"黑箱奥秘"，如图 7-1 所示。

图 7-1　两阶段 DEA

三阶段 DEA 分析：第一阶段使用传统 DEA 模型进行测算，按照指标体系分为投入以及产出的数据进行第一步的效率评价。一般情况下，进行三阶段评价的过程中使用投入导向 BCC 模型。第二阶段使用 SFA 回归函数将环境指标对效率的影响剔除出去。具体做法是将环境变量当作解释变量，而在第一阶段计算后得到的各个投入指标的松弛变量作为被环境变量解释的变量，回归计算后再次进行手动的分离，最终得到剔除环境变量调整后的用于第三阶段计算的投入变量。第三阶段将之前步骤调整后得到的投入变量再一次使用 BCC 模型进行计算，最终得到三阶段 DEA 模型评价出的技术创新效率，如图 7-2 所示。

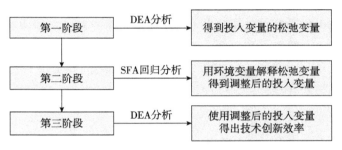

图 7-2　三阶段 DEA

二、SFA 回归方式

SFA 回归函数表达式为

$$s_{ni} = f(Z_i; \beta_n) + v_{ni} + \mu_{ni}$$
$$i = 1, 2, \cdots, I; \quad n = 1, 2, \cdots, N \tag{7.3}$$

式中，Z_i 是环境变量；β_n 是环境变量的系数；s_{ni} 表示投入指标的松弛变量；v_{ni} 表示随机干扰因素（$v \sim N(0, \sigma_v^2)$）；μ_{ni} 表示企业管理不善对投入松弛变量的干扰（$\mu \sim N^+(0, \sigma_\mu^2)$）；$v_{ni} + \mu_{ni}$ 是混合误差项，表示误差项对投入产出的干扰。SFA 回归的目的是剔除环境指标对技术创新效率的影响，从而让技术创新效率的评价更加准确。

调整后公式为

$$X_{ni}^A = X_{ni} + [\max(f(Z_i; \hat{\beta}_n)) - f(Z_i; \hat{\beta}_n)] + [\max(v_{ni}) - v_{ni}]$$
$$i = 1, 2, \cdots, I; \quad n = 1, 2, \cdots, N \tag{7.4}$$

式中，X_{ni}^A 是调整后的投入，X_{ni} 是调整前的投入，$[\max(f(Z_i; \hat{\beta}_n)) - f(Z_i; \hat{\beta}_n)]$ 是对外部环境因素的调整，$[\max(v_{ni}) - v_{ni}]$ 使所有决策单元都处于相同的外部环境中。

第三节　最终方法模型以及评价指标体系

本书将两阶段 DEA 与三阶段 DEA 相结合，也就是说，将两阶段 DEA 分析中的第一个阶段的 DEA 计算都替换为一个完整的三阶段 DEA 分析，然后将这整个阶段的产出作为第二阶段的投入再次使用一个完整的三阶段 DEA 分析。将三阶段分析融入两阶段分析之中，更能反映内在的被评价单元的技术创新效率，为决策者提供更优秀的信息，帮助其更有效地解决问题，提升技术创新水平，促进河南省制造业转型升级，促使河南省经济更加快速稳定地发展。如图 7-3 所示。

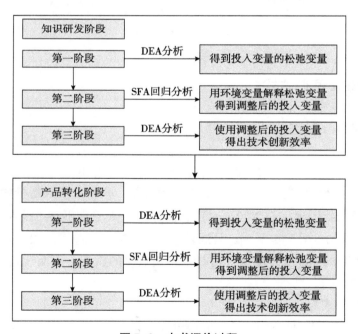

图 7-3　本书评价过程

该评价指标体系要分为两个阶段，且要有中间指标，也就是既作为技术研发阶段的产出指标，同时又作为产品转化阶段的投入指标来使用。专利申请数与有效发明专利数有所重合，有效发明专利数这一指标更加符合本书的要求，于是将专利申请数删除掉。有效发明专利数和新产品开发项目数可以明确地确定为中间指标，所以它们既为第一阶段的产出，同时也为第二阶段的投入；另外购买国内技术费用和技术引进、吸收消化以及改造费用也可以确定为第二阶段的投入指标。第一阶段指标和第二阶段指标如表 7-2、表 7-3 和表 7-4 所示。

表 7-2　技术研发阶段

一级指标	二级指标
投入	X11　R&D 经费内部支出
	X12　R&D 人员折合全时当量
产出	Y11　有效发明专利数
	Y12　新产品开发项目数

表 7-3　产品转化阶段

一级指标	二级指标
投入	X21　购买国内技术及国外技术引进、吸收消化以及改造经费
	X22　有效发明专利数
	X23　新产品开发项目数
产出	Y21　主营业务收入
	Y22　新产品销售收入
	Y23　煤炭消耗量（逆指标）

表 7-4　环境指标

环境	Z1 人均地区生产总值
	Z2 企业单位数

一、技术研发阶段分析

本书所收集的数据均来源于《中国统计年鉴》及各省统计年鉴，个别数据经过简单的计算处理。将河南省和中部六省做比较分析，由于山西省与湖南省的数据缺失，研究时舍弃这两个省份，另外选择上海市和全国数据作为一个平均水平来比较。因为研究要分为两个阶段来进行，所以还要设定一个时滞期，由于数据时间长度短，本书将时滞期设定为一年。原始数据如表 7-5 所示。

表 7-5　技术研发阶段原始数据

2011~2012 年	Y11	Y12	X11	X12
河南	4379	5421	181.77	104306
安徽	9064	11882	131.57	50836
湖北	7025	5668	263.79	142683
江西	1398	4753	98.27	36501
上海	16805	12883	343.76	79147
全国	271080	317317	5692.38	1823784
2012~2013 年	Y11	Y12	X11	X12
河南	6160	9887	167.33	75708
安徽	13379	14393	208.98	73356
湖北	8745	6095	384.52	185703
江西	3383	5139	112.69	36198
上海	20140	13441	371.51	82355
全国	327989	351682	6845.7	2131537
2013~2014 年	Y11	Y12	X11	X12
河南	7888	8807	263	108822
安徽	21297	14648	247.72	85832
湖北	12444	6400	446.27	205172
江西	2333	4381	128.46	28803.1
上海	27540	13821	404.78	92136
全国	438031	370339	7950.23	2368206
2014~2015 年	Y11	Y12	X11	X12
河南	10530	10662	306.63	118052
安徽	27978	14100	284.73	87078
湖北	16965	4954	510.9	218094
江西	4765	4635	110.64	29519
上海	30815	11089	449.22	93868
全国	560079	321352	8906.62	2524495
2015~2016 年	Y11	Y12	X11	X12
河南	14688	11422	339.38	165131
安徽	40712	15697	322.14	96838
湖北	23972	5554	561.74	220977
江西	7083	8871	147.5	32100
上海	37513	10909	474.24	94981
全国	750662	386604	9672.22	2537128

第一步要进行的是传统的 DEA 计算，本书使用 DEAP2.1 软件来对数据进行处理计算，将以上 5 个时间的数据分别导入软件计算，得到结果如表 7-6 及图 7-4、图 7-5 所示。

表 7-6　技术研发一阶段 DEA 结果

2011～2012 年	技术效率	纯技术效率	规模效率	规模报酬
河南	0.350	0.612	0.572	irs
安徽	1.000	1.000	1.000	—
湖北	0.387	0.465	0.831	irs
江西	0.557	1.000	0.557	irs
上海	1.000	1.000	1.000	—
全国	0.799	1.000	0.799	drs
2012～2013 年	技术效率	纯技术效率	规模效率	规模报酬
河南	0.858	0.969	0.886	irs
安徽	1.000	1.000	1.000	—
湖北	0.355	0.427	0.831	irs
江西	0.724	1.000	0.724	irs
上海	1.000	1.000	1.000	—
全国	0.842	1.000	0.842	drs
2013～2014 年	技术效率	纯技术效率	规模效率	规模报酬
河南	0.566	0.684	0.828	irs
安徽	1.000	1.000	1.000	—
湖北	0.324	0.430	0.754	irs
江西	0.891	1.000	0.891	irs
上海	1.000	1.000	1.000	—
全国	0.916	1.000	0.916	drs
2014～2015 年	技术效率	纯技术效率	规模效率	规模报酬
河南	0.702	0.722	0.972	irs
安徽	1.000	1.000	1.000	—
湖北	0.338	0.396	0.854	irs
江西	0.970	1.000	0.97	irs
上海	1.000	1.000	1.000	—
全国	0.786	1.000	0.786	drs

2015~2016年	技术效率	纯技术效率	规模效率	规模报酬
河南	0.595	0.625	0.952	drs
安徽	1.000	1.000	1.000	—
湖北	0.338	0.419	0.806	irs
江西	1.000	1.000	1.000	—
上海	0.939	0.955	0.984	irs
全国	0.799	1.000	0.799	drs

注：技术效率＝纯技术效率×规模效率；"—"表示不变，"irs"表示递增，"drs"表示递减。

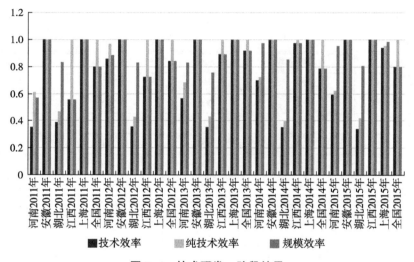

图 7-4　技术研发一阶段结果

首先，将河南省与全国这一平均值做比较，根据表 7-6，河南省技术效率仅第二年高于全国，从纯技术效率来看更是都低于全国平均值，这就表明了河南在知识研发阶段的技术效率是较低的，比不上全国平均水平，亟待加强。

根据图 7-5，河南省三种效率值在 2012 年有一个很大的上升，然后又下降。总的来看，规模效率是有较大幅度上升的，但这只能说明河南省在创新规模上有所上升；纯技术效率除第二年有很大提升以外，总体上几乎没有变化，表明河南省这 5 年的技术创新水平没有什么提升。

其次，将环境变量对技术效率计算的影响剥离出去，需要使用 Frontier 4.1 软件进行数据处理。计算得出 2011~2012 年的参数值如表 7-7 所示（由于数据

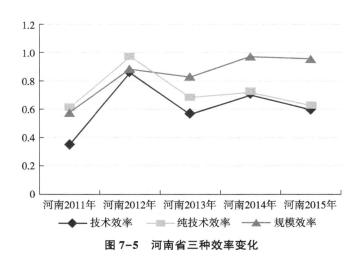

图 7-5 河南省三种效率变化

过多，这里仅列出 2011~2012 年的参数值）。

表 7-7 Frontier 结果参数

2011~2012 年	2011 年	2012 年
常数项	7.909648	7991.769
人均地区生产总值	-19.2094	-18923.2
企业单位数	1.937921	-6545.62
sigma-squared	6350.616	3170000000
γ	1	1
对数似然值	-29.9338	-69.9866
单边误差的 LR 检验	4.127511	2.747756

回归方程中，$\gamma \in (0, 1)$ 表示投入变量受环境变量的影响程度，当 γ 值趋近于 1 时，表示投入变量基本只受环境变量的影响；反之则是不受环境变量影响。（表 7-7 中的 γ 值其实都不是 1，只是十分接近而已，在表转化时就直接变成了 1）。表 7-7 表示环境变量的影响严重，表明进行环境指标影响的剥离是十分必要的。最后一行数据表明这些数据通过了单边误差的 LR 检验，所以使用 SFA 方法是合理的。

得到参数值之后，这些参数值并不能直接用于调整投入值，还要对它们进行分离，再进行数据的调整。分离公式如下：

$$E(\mu|\varepsilon)=\sigma_*\left[\frac{\phi\left(\lambda\dfrac{\varepsilon}{\sigma}\right)}{\Phi\left(\dfrac{\lambda\varepsilon}{\sigma}\right)}+\frac{\lambda\varepsilon}{\sigma}\right]，其中\ \sigma_*=\frac{\sigma_\mu\sigma_\nu}{\sigma}，\ \sigma=\sqrt{\sigma_\mu^2+\sigma_\nu^2}，\ \lambda=\sigma_\mu/\sigma_\nu$$

调整过后用于第三步 DEA 计算的投入产出数据如表 7-8 所示。

表 7-8　调整后的投入产出数据

2011~2012 年	Y11	Y12	X11	X12
河南	4379	5421	187. 3426	106745. 1
安徽	9064	11882	135. 7947	51247. 98
湖北	7025	5668	272. 4123	147146. 6
江西	1398	4753	102. 9767	36501
上海	16805	12883	376. 6044	107492. 4
全国	271080	317317	5692. 38	1861397
2012~2013 年	Y11	Y12	X11	X12
河南	6160	9887	192. 0968	77734. 94
安徽	13379	14393	233. 7853	74116. 73
湖北	8745	6095	410. 7311	189224. 9
江西	3383	5139	138. 1651	36198
上海	20140	13441	402. 7473	100819. 7
全国	327989	351682	6845. 7	2166900
2013~2014 年	Y11	Y12	X11	X12
河南	7888	8807	276. 1922	111416. 9
安徽	21297	14648	259. 9953	86924. 54
湖北	12444	6400	464. 1563	211169. 2
江西	2333	4381	141. 2443	28803. 1
上海	27540	13821	447. 0266	120209. 4
全国	438031	370339	7950. 23	2414642
2014~2015 年	Y11	Y12	X11	X12
河南	10530	10662	325. 4099	120594. 8
安徽	27978	14100	302. 6242	88136. 58
湖北	16965	4954	534. 4085	223908. 9
江西	4765	4635	129. 3315	29519
上海	30815	11089	493. 9966	119418. 8
全国	560079	321352	8906. 62	2572589

续表

2015~2016 年	Y11	Y12	X11	X12
河南	14688	11422	466.9221	168452.9
安徽	40712	15697	455.6141	97945.89
湖北	23972	5554	666.3812	229756.3
江西	7083	8871	278.9693	32100
上海	37513	10909	474.24	132352.8
全国	750662	386604	9792.396	2599567

第三步 DEA 计算结果如表 7-9 及图 7-6、图 7-7 所示。

表 7-9　技术研发三阶段结果

2011~2012 年	技术效率	纯技术效率	规模效率	规模报酬
河南	0.350	0.618	0.567	irs
安徽	1.000	1.000	1.000	
湖北	0.386	0.466	0.828	irs
江西	0.562	1.000	0.562	irs
上海	0.884	0.974	0.907	drs
全国	0.823	1.000	0.823	drs
2012~2013 年	技术效率	纯技术效率	规模效率	规模报酬
河南	0.836	0.975	0.858	irs
安徽	1.000	1.000	1.000	——
湖北	0.372	0.461	0.807	irs
江西	0.731	1.000	0.731	irs
上海	1.000	1.000	1.000	——
全国	0.838	1.000	0.838	drs
2013~2014 年	技术效率	纯技术效率	规模效率	规模报酬
河南	0.566	0.697	0.812	irs
安徽	1.000	1.000	1.000	——
湖北	0.327	0.441	0.743	irs
江西	0.903	1.000	0.903	irs
上海	0.935	1.000	0.935	drs
全国	0.910	1.000	0.910	drs

续表

2014~2015 年	技术效率	纯技术效率	规模效率	规模报酬
河南	0.703	0.737	0.955	irs
安徽	1.000	1.000	1.000	—
湖北	0.343	0.412	0.833	irs
江西	0.981	1.000	0.981	irs
上海	0.813	0.849	0.957	drs
全国	0.781	1.000	0.781	drs
2015~2016 年	技术效率	纯技术效率	规模效率	规模报酬
河南	0.620	0.736	0.841	irs
安徽	1.000	1.000	1.000	—
湖北	0.403	0.552	0.730	irs
江西	1.000	1.000	1.000	—
上海	0.885	0.925	0.957	irs
全国	1.000	1.000	1.000	—

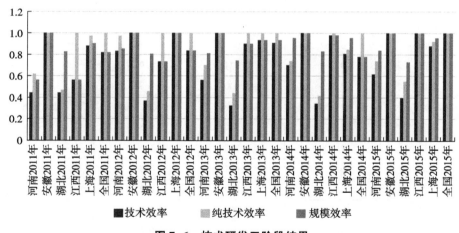

图 7-6　技术研发三阶段结果

剔除掉环境因素之后，河南省较全国平均效率值的差距缩小了很多，说明在同一环境水平下，河南省的技术创新效率勉强与全国的平均水平持平，但是较技术创新效率高的省份来说还是有很大差距的，所以河南省还是需要加强这一阶段的基础创新研究。

从纵向来看，剔除环境因素后，河南省纯技术效率较之前有了一些提升，但是效率依旧较低，说明环境因素对河南省技术创新效率的影响并不是特别大。

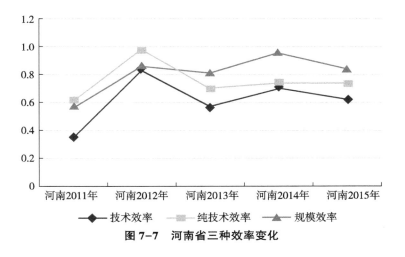

图 7-7　河南省三种效率变化

二、产品转化阶段分析

下面进行产品转化阶段的计算，基本步骤与技术研发阶段相同。原始数据如表 7-10 所示。

表 7-10　产品转化阶段原始数据

2012~2013 年	Y21	Y22	Y23	X21	X22	X23
河南	44366.88	4742.2	3.429109	147.76	4379	5421
安徽	29117.01	4379.08	6.719787	190.05	9064	11882
湖北	35230.27	4647.25	6.055941	115.48	7025	5668
江西	26700.22	1756.38	13.89727	62.56	1398	4753
上海	99395.13	23065.14	4.554268	232.48	16805	12883
全国	901941.5	126545.5	0.195967	4914.2	271080	317317
2013~2014 年	Y21	Y22	Y23	X21	X22	X23
河南	59620.74	5132.17	3.307158	158.21	6160	33015
安徽	33024.46	5280.88	6.545205	178.42	13379	14393
湖北	38417.69	5252.1	6.196174	111.72	8745	6095
江西	30597.12	1682.93	12.90569	117.55	3383	5139
上海	33946.88	8446.96	5.305384	245.04	20140	13441
全国	978230	141360.8	0.150007	4831	327989	351682

续表

2014~2015 年	Y21	Y22	Y23	X21	X22	X23
河南	65666. 14	5758. 19	3. 226439	123. 96	7888	36449
安徽	35320. 27	5882. 23	6. 690706	163	21297	14648
湖北	40287. 07	5651. 43	6. 648134	113. 7	12444	6400
江西	32459. 41	2058. 6	12. 59528	88. 5	2333	4381
上海	32572. 16	7470. 93	5. 493502	265. 88	27540	13821
全国	992673. 8	149449. 2	0. 1476	4542. 2	438031	370339
2015~2016 年	Y21	Y22	Y23	X21	X22	X23
河南	72630. 05	6019. 17	2. 938078	105. 02	10510	39956
安徽	38618. 51	7321. 05	6. 572533	155. 3	27978	14100
湖北	43032. 83	6647. 38	7. 100405	104. 93	16965	4954
江西	35518. 65	3136. 8	12. 3228	80. 77	4765	4635
上海	32760. 34	9033. 48	5. 615245	216. 82	30815	11089
全国	1047711	174604. 2	0. 144722	3900	560079	321352
2016~2017 年	Y21	Y22	Y23	X21	X22	X23
河南	73282. 93	7545. 26	3. 754862	105. 61	14695	41513
安徽	3880728	8843. 08	6. 634311	152. 25	40712	15697
湖北	4064. 53	7447. 93	7. 899993	66. 81	23972	5554
江西	35585. 11	3857. 17	12. 16694	68. 63	7083	8871
上海	36255. 11	10068. 15	5. 673853	327. 35	37513	10909
全国	1019598	191568. 7	0. 154073	3809. 2	750662	386604

产品转化一阶段 DEA 计算结果如表 7-11 及图 7-8 所示。

表 7-11　产品转化一阶段 DEA 结果

2012~2013 年	技术效率	纯技术效率	规模效率	规模报酬
河南	1. 000	1. 000	1. 000	—
安徽	0. 368	0. 479	0. 767	irs
湖北	0. 855	0. 994	0. 86	irs
江西	1. 000	1. 000	1. 000	—
上海	1. 000	1. 000	1. 000	—
全国	0. 430	1. 000	0. 430	drs

续表

2013～2014 年	技术效率	纯技术效率	规模效率	规模报酬
河南	1.000	1.000	1.000	—
安徽	0.654	0.671	0.975	drs
湖北	1.000	1.000	1.000	—
江西	1.000	1.000	1.000	—
上海	0.733	1.000	0.733	drs
全国	0.696	1.000	0.696	drs
2014～2015 年	技术效率	纯技术效率	规模效率	规模报酬
河南	1.000	1.000	1.000	—
安徽	0.726	0.746	0.973	drs
湖北	1.000	1.000	1.000	—
江西	1.000	1.000	1.000	—
上海	0.612	0.796	0.769	drs
全国	0.703	1.000	0.703	drs
2015～2016 年	技术效率	纯技术效率	规模效率	规模报酬
河南	1.000	1.000	1.000	—
安徽	0.744	0.774	0.962	drs
湖北	1.000	1.000	1.000	—
江西	1.000	1.000	1.000	—
上海	0.709	0.852	0.832	drs
全国	0.747	1.000	0.747	drs
2016～2017 年	技术效率	纯技术效率	规模效率	规模报酬
河南	1.000	1.000	1.000	—
安徽	0.802	0.896	0.895	drs
湖北	1.000	1.000	1.000	—
江西	1.000	1.000	1.000	—
上海	1.000	1.000	1.000	—
全国	0.784	1.000	0.784	drs

根据图 7-8，河南省的三种效率都是 1.000，表明河南省在这一阶段的技术创新的效率足够高，能够通过 DEA 的检验。

之后进行环境因素的剥离，使用 Frontier 4.1 软件进行 SFA 计算，得到新的

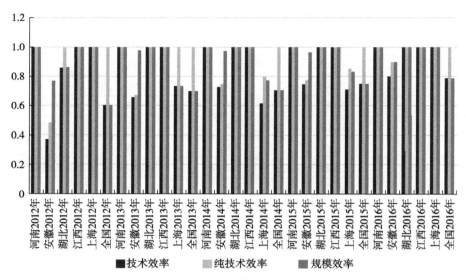

图 7-8　产品转化一阶段结果

DEA 计算数据，如表 7-12 所示。

表 7-12　产品转化调整后数据

2012~2013 年	Y21	Y22	Y23	X21	X22	X23
河南	44366.88	4742.2	3.429109	153.2347	4640.293	5915.087
安徽	29117.01	4379.08	6.719787	194.708	9286.338	12302.42
湖北	35230.27	4647.25	6.055941	123.611	7413.005	6401.712
江西	26700.22	1756.38	13.89727	67.46178	1631.969	5195.412
上海	33131.71	7688.38	4.554268	256.4743	17949.7	15047.7
全国	901941.5	126545.5	0.195967	4914.2	271080	317317
2013~2014 年	Y21	Y22	Y23	X21	X22	X23
河南	59620.74	5132.17	3.307158	162.2552	6198.794	33175.99
安徽	33024.46	5280.88	6.545205	181.7442	13379	14436.92
湖北	38417.69	5252.1	6.196174	118.0609	8938.845	6612.857
江西	30597.12	1682.93	12.90569	121.068	3384.973	5139
上海	33946.88	8446.96	5.305384	265.2037	21183.37	16060.69
全国	978230	141360.8	0.150007	4831	328134.2	353858.9

续表

2014~2015 年	Y21	Y22	Y23	X21	X22	X23
河南	65666. 14	5758. 19	3. 226439	204. 6064	14757. 44	36761. 1
安徽	35320. 27	5882. 23	6. 690706	246. 9064	28474. 62	14951. 51
湖北	40287. 07	5651. 43	6. 648134	180. 3453	18160. 58	6630. 28
江西	32459. 41	2058. 6	12. 59528	171. 224	9486. 718	4626. 534
上海	32572. 16	7470. 93	5. 493502	265. 88	27540	13821
全国	992673. 8	149449. 2	0. 1476	4635. 617	443281. 2	372582. 5
2015~2016 年	Y21	Y22	Y23	X21	X22	X23
河南	72630. 05	6019. 17	2. 938078	150. 8224	13619. 19	40065. 67
安徽	38618. 51	7321. 05	6. 572533	203. 1676	31205. 34	14141. 39
湖北	43032. 83	6647. 38	7. 100405	142. 4406	19488. 36	5219. 92
江西	35518. 65	3136. 8	12. 3228	127. 748	7874. 503	4635
上海	32760. 34	9033. 48	5. 615245	216. 82	30815	12195. 86
全国	1047711	174604. 2	0. 144722	3949. 058	565407. 5	323504. 3
2016~2017 年	Y21	Y22	Y23	X21	X22	X23
河南	73282. 93	7545. 26	3. 754862	106. 574	14826. 71	41617. 51
安徽	38807. 28	8843. 08	6. 634311	153. 0376	40712	15783. 21
湖北	4064. 53	7447. 93	7. 899993	68. 59555	24674. 51	5743. 992
江西	35585. 11	3857. 17	12. 16694	69. 52901	7143. 006	8968. 922
上海	36255. 11	10068. 15	5. 673853	332. 7697	40787. 04	11476. 82
全国	1019598	191568. 7	0. 154073	3809. 2	750765	386604

在此基础上进行三阶段 DEA 计算，结果如表 7-13 及图 7-9 所示。

表 7-13　产品转化三阶段结果

2012~2013 年	技术效率	纯技术效率	规模效率	规模报酬
河南	1. 000	1. 000	1. 000	
安徽	0. 651	0. 664	0. 980	drs
湖北	1. 000	1. 000	1. 000	
江西	1. 000	1. 000	1. 000	
上海	0. 797	0. 948	0. 841	drs
全国	0. 705	1. 000	0. 705	drs

续表

2013~2014 年	技术效率	纯技术效率	规模效率	规模报酬
河南	1.000	1.000	1.000	—
安徽	0.671	0.692	0.969	drs
湖北	1.000	1.000	1.000	—
江西	1.000	1.000	1.000	—
上海	0.716	0.919	0.779	drs
全国	0.712	1.000	0.712	drs
2014~2015 年	技术效率	纯技术效率	规模效率	规模报酬
河南	1.000	1.000	1.000	—
安徽	0.760	0.763	0.995	drs
湖北	1.000	1.000	1.000	—
江西	1.000	1.000	1.000	—
上海	0.888	0.890	0.997	irs
全国	1.000	1.000	1.000	—
2015~2016 年	技术效率	纯技术效率	规模效率	规模报酬
河南	1.000	1.000	1.000	—
安徽	0.772	0.776	0.995	drs
湖北	1.000	1.000	1.000	—
江西	1.000	1.000	1.000	—
上海	0.893	0.906	0.985	drs
全国	0.947	1.000	0.947	drs
2016~2017 年	技术效率	纯技术效率	规模效率	规模报酬
河南	1.000	1.000	1.000	—
安徽	0.813	0.900	0.903	drs
湖北	1.000	1.000	1.000	—
江西	1.000	1.000	1.000	—
上海	1.000	1.000	1.000	—
全国	0.798	1.000	0.798	drs

剔除环境影响之后，即在同等环境之下河南省依旧有足够高的效率通过 DEA 检验，说明环境因素对河南省的技术创新效率影响不大。

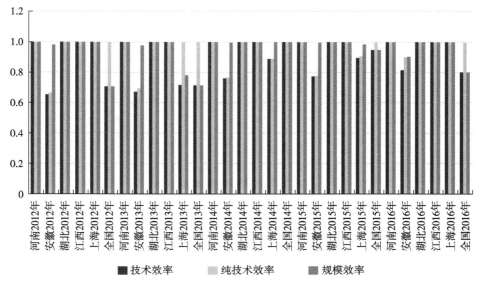

图 7-9 产品转化三阶段结果

三、DEA 交叉模型分析

考虑到使用 BCC 模型计算出各省的创新效率值差异性不大，下面使用 DEA 交叉效率模型对环境剥离后的两阶段数据进行计算。

之前使用的 DEA 模型对各投入产出的权重赋值是考虑自身最优来确定的（对于自身劣势的指标权重会很低，对于自身优势的指标权重就会很高），这也是导致之前的结果出现很多 DEA 有效的原因，这同时也说明之前的模型在平等性方面存在一些争议。而 DEA 交叉效率模型则使用每个决策单元的权重去计算，最终得到一个效率矩阵，每个决策单元都有多个效率值，求这些效率值的均值，得到较为公平的效率值。

本书使用 Matlab 对调整后的数据进行 DEA 交叉效率模型分析，对技术研发阶段与产品转化阶段进行共 10 次程序演算，技术研发与产品转化阶段的 DEA 交叉效率分析结果如表 7-14、表 7-15 及图 7-10、图 7-11 所示。

表 7-14　技术研发阶段

矩阵序号 \ 省份	河南	安徽	湖北	江西	上海	全国
1	0.267054	1	0.274137	0.267477	0.66879	0.740999
2	0.56822	0.983939	0.244786	0.522722	0.774087	0.822937
3	0.405123	1	0.225353	0.514948	0.691553	0.788801
4	0.451441	1	0.216048	0.674541	0.602004	0.730361
5	0.381043	0.88754	0.251141	0.542869	0.63999	0.82477

表 7-15　产品转化阶段

矩阵序号 \ 省份	河南	安徽	湖北	江西	上海	全国
1	0.783505	0.467206	0.780492	0.751956	0.520259	0.475552
2	0.653762	0.459599	0.771451	0.729488	0.438921	0.441767
3	0.620224	0.498264	0.786713	0.512495	0.572482	0.641803
4	0.615007	0.502384	0.774486	0.613656	0.553342	0.577649
5	0.397467	0.485632	0.618345	0.80968	0.575891	0.420166

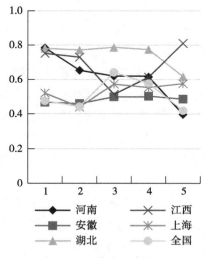

图 7-10　技术研发阶段

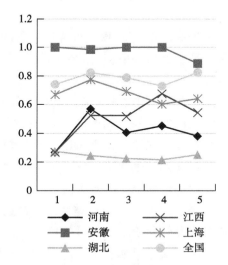

图 7-11　产品转化阶段

在技术研发阶段，只有安徽省的创新效率在全国平均水平之上，河南省与全国平均水平相差甚多，第一年相差 0.474，第二年相差 0.255 之多，第五年相差 0.444，只有第二年提升比较明显，上升了 0.311，将效率值提升到了 0.568，并且之后有所回落，且最后一年与第一年相比仅提升了 0.114。

在产品转化阶段，六个决策单元的效率值较第一阶段有所上升，河南省从 0.78 降到了 0.40，对比河南省和全国平均水平要分为两个阶段，第一阶段（前两年）的创新效率高出全国平均水平的 0.3、0.2，第二阶段与全国平均水平几乎相同。

总体来说，河南省的技术创新效率亟待提升，在第一阶段与平均水平差别较大，在六个决策单元中河南省排在倒数第二位，仅比湖北省好一点，而且五年内并没有显著提高；第二阶段河南省没有保持前两年的高效率，五年内河南省的技术创新效率没有明显提高，所以河南省亟须在技术创新方面有所提升。

第四节　河南省技术创新效率提升对策与建议

一、加强经费的投入强度

技术创新过程中，经费是必不可少且对其有严重影响的一个因素，经费的充足与否直接影响技术创新的效率。研发经费的投入影响研发人员的研发热情以及研发过程中的便利性及优化性，充足的经费可以更好地刺激研发人员的热情，也可以更好地保证研究过程的正常进行。在加大投入的同时还要保证经费的利用情况，控制好经费的支出，从而避免或减少经费的浪费，确保经费真正用在研发中。

二、加快培养创新型人才

制造业中研发人员的投入对其技术创新具有重大影响。因此，除了 R&D 经费投入之外，要提高制造业技术创新能力和加快培养创新型人才。

（一）加强员工在职培训学习

全球制造业的竞争格局正在进行重大变革，竞争程度将会日渐激烈，科技急速发展，新知识、新研究和新事物不断出现。在这样的大环境下，如果不能做到学习专业知识、提升自身专业素养，那么就会被时代浪潮淹没。对于制造业企业来说，要加强企业及员工的学习意识，加强在职员工专业知识的学习，使其尽早了解本行业最先进、最前沿的发展形势并快速地掌握相关知识，培养更具专业创新能力的员工，鼓励员工在工作中不断累积工作经验并不断进行创新。

（二）企业内部建立良好的创新氛围

企业在研发过程中要形成有利于创新的良好氛围，让企业的研发人员可以更多感受到企业对于他们的尊重和关怀。要在企业中营造良好的创新文化，并且要制定一套合理的激励机制，强化在职研发人员的学习和培训，可以加强和高等学校以及科研院所的合作，从而使研究人员能更好地学习专业知识和技能，定期邀请知名专家到企业为研发人员介绍最新的研究成果，拓展研究人员的视野和思路。

三、加强产学研合作力度

加强产学研合作力度是提高制造业企业技术创新能力的一个重要方法，企业、高校以及科研机构之间的合作密切程度越深，技术创新过程则越短，三者合作，从最开始的研发便可以产品的产出为最终目的，那么中间的停滞期必会减短，不仅会使技术研发更快速，也可以使转化的速度大大提高，从而提升技术创新效率，进而加强制造业企业在市场中的竞争力。产学研的优势在于高校和科研院所拥有更强的技术研发能力，但企业在生产环节更加具备能力，能够更快地将研究成果转化成为企业和院校或机构的收益。具体可以考虑在以下方面进行强化合作：建立学校和企业的合作平台，加强人才的培养；加强企业与科研机构之间的合作，可以更好地攻克科研的难关；三者共同合作，建立科技园，加速技术创新的整个过程。

四、提升企业技术引进、消化吸收与改造的能力

河南制造业企业技术创新效率水平与领先地区相比还是较低，导致了河南省制造业企业市场竞争力的不足。针对国外先进创新技术的引进、消化吸收与再创新是不可忽视的重要一环，企业需要重视员工先进创新能力的锻炼与培养。很多企业在引进先进创新技术方面还是很积极的，但在后续的消化吸收与再创新环节就显得能力不足，不能很好很快地将引进的创新技术消化吸收，在创新方面进度较慢，结果较差，这就造成整体的技术创新效率降低。在消化吸收阶段的进度缓慢可以通过加强学习先进科学知识来强化，在再创新阶段需要企业员工有良好的创新思维。

五、加强知识产权的保护

我国知识产权方面的问题影响制造业企业的创新热情，一方面对于企业本身的创新成果没有一个很好的保护；另一方面创新方面的失败会严重影响企业发展，没有政策扶持，中小型企业很少愿意冒险去做。加强知识产权保护必须要强化政府和企业的作用。

一方面，政府要完善知识产权保护相关的法律体系，使国内拥有一个良好的环境。加大侵权罚款和补偿力度，更好地保护知识产权所有者的合法权益。另外可以建立专门的受理制度，实行专属管辖化，确保知识产权案件得到更加专业化的处理。改善专利审查制度，提升专利审查人员的专业素质，更好地保证专利的质量。同时政府要加强对大众的教育工作，增强全民的专利保护意识。

另一方面，企业也要提高知识产权意识，要认识到知识产权对自身竞争力的重要影响。企业要把知识产权的创造、占有、运用和保护纳入企业创新和生产的各个方面，积极对自身创新成果进行专利申报，确保企业的竞争力。

第八章
创新驱动视角下河南省制造业全球价值链升级路径

制造业是影响国家经济发展的重要因素，是国家硬实力的关键体现。河南省制造业在经济全球化发展以及改革开放的推动下得到了前所未有的发展。但制造业传统行业较多、结构差、创新能力不足等问题一直深深困扰着河南省制造业的发展。因此，探究影响河南省制造业全球价值链地位的关键因素，采取何种措施提升河南省制造业价值链地位，增强国际影响力，具有很重要的研究意义。

对于全球价值链分工理论来说，国内外的研究已经逐渐成熟，已经有许多关于产业结构、评价指标、测算方法等的优秀成果，但是如何提升河南省制造业价值链地位的研究仍显不足。本书运用出口复杂度指数，测算了河南省价值链地位，同时与国内省市比较，得出了河南省制造业全球价值链地位较低的结论，最后结合波特钻石模型对影响河南省制造业全球价值链地位的因素做出实证分析，并给出提升河南省制造业全球价值链分工地位的发展策略。

本书将全球价值链分工理论、产业升级原理与波特钻石模型相结合，通过整合物质资本密集度、人力资本、研究机构数、出口额、平均利润、工业增加值、外商投资情况、进口额、财政科技支出、项目支出等指标，分析得出了影响河南省制造业全球价值链地位的关键因素，并从以下方面提升河南省制造业全球价值链地位：要提升人均物质资本密集度的积累，控制从业人员数量，提高高科技人才比重，扩大海外市场，加强产业集聚，增加政府扶持力度。本书为河南省制造业价值链地位的提高提供参考依据。

第一节　国内外研究现状及理论综述

一、关于全球价值链分工地位的研究

迈克尔·波特（1985）在其著作 *Comparative Advantage* 中率先提出，所有的企业都是一个集合体，它的活动包括设计、生产、销售、发送和辅助活动等，这些功能组成的生产链就是能够创造价值的企业价值链。Kogut（1985）曾明确提出，在不同的国家或地区参与价值链分工中，竞争力是由某个环节的优势决定的，企业将不遗余力地保证这些优势，这不仅在单个企业中有所体现，它同时更能反映全球价值链垂直分工的特点。在此基础上，Gereffi（2001）提出了全球价值链这一新概念，认为价值链的形成是企业参与生产活动并获得技术与服务。Sturgeon 和 Lee（2001）指出全球价值链包含组织规模、地理分布和参与度主体三种界定形式。

现如今，国际分工的形式实质为基于价值链环节的分工。价值链分工是指在经济全球化的条件下，某种产品或服务在全球范围内进行分工产生的过程，从研发设计、原材料提供、中间过程的制造、销售到售后服务这一系列的生产制造环节与非生产制造环节。陶长琪和徐志琴（2019）构建 GWR 模型，分析国际直接投资对全球价值链分工地位影响的空间分布规律，同时综合各国地理位置、制度距离和文化距离等因素计算空间权重矩阵。孙铭壕等（2019）通过将"一带一路"沿线国家划分为 4 个梯度、7 个区域，选取发展水平和地理区位这两个要素作为衡量标准，基于多区域投入产出模型和 UNCTAD-Eora 数据库，对这些国家近 30 年的贸易增加值进行分析。高静等（2019）研究海关数据以及工业企业数据，以此得出全球价值链的适当嵌入能够有效提高本国企业的出口质量、过度嵌入会降低出口质量的结论，两者之间呈倒 U 形关系。邱雪超（2015）认为，国际分工决定了国际贸易，全球价值链的利益分配和利益冲突造成了各国间的贸易摩擦，但也提升了国家的竞争力。

二、关于全球价值链地位测度的研究

国外有一些全球价值链地位的测度方法，如 RCA 指数（Balassa，1965）、VS 指数（Hummels，2001）、EXPY 指数（Hausmann，2007）、GVC 指数（Koopman，2014）等。Hummels 等（2001）提出了 VS 指数，简言之就是通过测算某国进口中间品占出口总产品的比重来得出国家参与国际分工的程度，修正其在国际分工中的地位。Feenstra（2006）提出通过计算两个国家面向同一国的总体出口价格的比值来比较出口价格的衡量标准。Daudin 等（2011）研究发现出口产品的附加值并不单一。Koopman 等（2014）通过考虑一国的中间供应者和中间品接纳者这两重身份，又提出了 GVC 指数，这个指数是评价全球价值链地位较为客观的测度方法。在出口复杂度方面，Hausmann 等（2007）通过对前人技术的优化升级，形成了出口复杂度指数（EXPY），通过计算相关出口占总出口的比重来测算某产业或产品在国际上的价值链地位，这是一种重要的参考方法。

中国对于全球价值链的研究紧跟国际脚步，王岚（2014）通过分解贸易附加值，得出了中国制造业在全球价值链分工中的地位情况，同时证实了中国制造业在全球分工中呈现先降后升的 V 字形轨迹。岑丽君（2015）利用 OECD-WTO 数据库，同时将 GVC 指数和 RCA 指数相结合，计算并比较了中国出口贸易在全球价值链中的分工贸易地位及真实的贸易利益。李建军和孙慧（2016）将中国制造业的地位情况比作成先急速下降后缓慢上升的"烟斗曲线"，得出中国制造业在全球价值链分工中属于劳动密集型，而知识密集型、资本密集型制造业在国际地位中一直呈现下降趋势，"低端锁定"的风险一直存在。袁红林（2016）经过测算证明大部分劳动密集型产业参与国际化的水平较低，中国的劳动密集型制造企业大多处于较低的国际分工水平。马述忠等（2017）研究发现，要让加工贸易企业在全球范围内的地位提升，就要想办法降低融资约束、提高生产率。朱光亚等（2019）认为，提高创新能力、提升基础设施水平，可以提升中国和东盟国家的全球价值链地位；反之，过高的物质资本积累、过多的外商直接投资以及全球价值链"低端锁定"现象，对中国全球价值链地位的提升都具有抑制作用。刘盼盼（2019）通过计算 2000~2015 年 BECII-BACI 数据库中各国的进出口贸易数据，结合中国制造业的贸易网络特征指标，对中国制造业全球价值链分工地位进行了实际测算。

学者关于全球价值链地位测度的研究一直在进行。在经济全球化的背景下，一个国家、一个地区的全球价值链地位提升就显得尤为重要。

三、关于产业国际竞争力影响因素的相关研究

波特（1990）首次提出了钻石模型，之后陆续有学者对波特钻石模型进行介绍与述评，如波特理论模式与迎接"返关的挑战"（吴有必，1993）、波特竞争战略理论评述（张良卫，1995）、波特的"国家的竞争优势"与"国家的竞争发展阶段"理论及其意义（周利国，1996）都对波特的国家竞争理论及波特钻石模型进行了研究，并用这些理论和模型对中国产业竞争力进行研究。

李焱和原毅军（2017）通过计算出口附加值，得出了影响装备制造业竞争力水平的关键因素有国家的制造、研发、技术水平的强弱。孙灵希和曹琳琳（2016）结合成本函数与出口复杂度指数，测算得出影响中国装备制造业价值链地位的因素是技术水平、要素禀赋、制度环境、进口和FDI。郭旭红和李玄煜（2016）在新常态下利用波特钻石模型，研究得出人力资本的优化和技术创新的提升是中国产业竞争力提高的重点，应重点建设新兴产业。董冠华（2017）使用波特钻石模型分析了中国西部新兴产业，提出了具体的战略路径。

四、全球价值链分工理论机理

波特（1985）在其著作 *Comparative Advantage* 中提出："每一个企业都是一个集合体，包括了设计、生产、销售、配给和其他辅助活动等功能。"这些功能关联起来构成的就是能够创造价值的链条，即价值链。波特指出价值链的价值程度即为企业综合水平及竞争力的高低。Kought（1985）提出了新的见解，认为技术水平、劳动力、原材料等的合理组合构成了价值链。对于一个企业来说，想要拥有更高水平的价值链，就要对各环节进行更加科学合理的配置，他把价值链从企业层面拓展出来，强调了价值链的垂直分工性，为价值链的发展做出了重要的突破。Gereffi（2001）认识到价值链的本质是企业嵌入其中时获取服务和技术的一个过程，这是一种全球性的动态特征，他将商品与服务贸易也加入其中，提出了价值链分工理论，指的是在经济全球化的大环境下，产品在全球范围内的分工环节——设计、生产、原材料供给、组装、营销与分销、售后服务反馈等。

在目前的大环境下，全球价值链分工具有以下两个特征：一是全球竞争激烈。在全球价值链分工的理论体系之下，环节划分更加细致，产品同质化程度越来越高，企业无法在某一环节中占据绝对优势。某些环节很难降低成本，企业只能在激烈的竞争中寻找更加适合的利润更高的环节。二是各国家或地区之间在全球价值链分工中有明显的优势。这是价值链分工体系的基础条件，例如生产技术高的国家在全球价值链分工中就有更高的优势，这些是由各个国家或地区的资源禀赋的差异造成的。

五、关于全球价值链地位提升的研究机理

国家或地区的某个产业在价值链分工中的地位会出现升高或者降低的现象，价值链地位变化有以下两种情况：一是全球价值链的整体移动，一般是由重要的科学技术发展等带来的，并不是因为某一个国家或地区所导致的；二是国家或地区某产业在价值链分工中的地位上升或下降表现，当一个国家某产业的全球价值链地位上升，那么另一个国家的价值链地位会降低。

目前，学者主要对第二种情况进行研究，也就是说如何才能提升某个国家或地区某产业的全球价值链分工及其附加值。趋于成熟的某行业的全球价值链一般表现为"微笑曲线"，发达国家科技水平高、附加值高的环节位于两边，发展中及欠发达国家拥有的科技水平低、附加值低的环节位于中间，如图8-1所示。

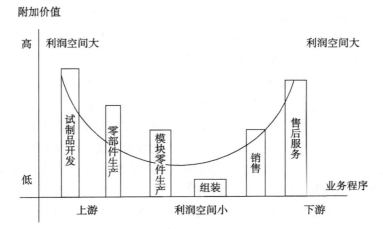

图8-1 价值链"微笑曲线"

六、基于钻石模型的产业价值链分工地位的影响因素

迈克尔·波特（1990）提出了"钻石模型"，本书将从钻石模型的五个主要方面进行具体解释说明，如图8-2所示。

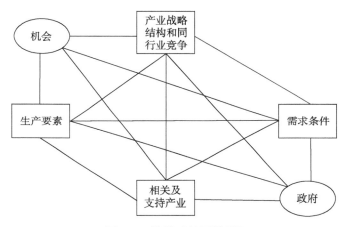

图8-2 波特"钻石模型"

（1）生产要素。生产要素包括初级和高级生产要素，初级生产要素是指资源及能源禀赋，这些初级生产要素是制造业的保障。假如某地区的初级生产要素充足，就能以能源密集型或劳动密集型产业来推动经济发展，使这些资源参与全球价值链分工，但其所分担的环节也为低附加值，利润较低。

一个国家不能长期以低级生产要素的投入来参加全球价值链分工，只有发展高级生产要素才能在国际价值链分工中占据有利地位。高级生产要素受禀赋差异影响较大，例如较高的技术水平、高科技人才和科研创新能力等。这些拥有高级生产要素的国家或地区一般承担开发、设计等高附加值的产业，收益巨大。

（2）需求条件。需求条件一般分为国内需求和国外需求，在国内市场需求缺乏的条件下，由国际市场的需求来改善国内需求不足的情况。当产业发展到一定程度时，就要深入挖掘国内市场，以国内市场需求为主。这种堆积生产要素的方式有利于企业在全球价值链分工中地位的提升。

（3）相关及支持产业。一个国家或地区的产业发展需要相关产业的支持，

某一产业获得了良好发展，其相关产业的发展也会变好。反之，如果一个产业的上下游产业状态很差，那么其产业的竞争优势也不会太强。所以对于一个产业来说，需要与其相关上下游产业紧密配合，达到产业集聚效应，共同发展。

（4）产业战略结构和同行业竞争。一个企业若能在国际分工中取得一定地位，其一定是国内的上游甚至顶级企业，在不断的竞争与压力下，企业不得不对内部结构进行革新与换代。与此同时，进口在国际贸易中是非常重要的竞争因素，企业间同类产品的进口带来了信息交流与知识互通，这可以使生产更加专业化，从而提高该行业的整体素质。

（5）政府。政府在波特钻石模型中属于辅助要素，政府既可以给予某产业支持，也可以给予某产业压力，企业需要政府给予的资源，也需要政府所创造的发展环境。政府的直接投入属于外部成本，例如拓展基础设施建设、开放资本渠道、构建信息交流通道等。

这五大影响因素之间相互影响，政府和机会作为辅助因素也有着一定的影响。

第二节　河南省制造业现状分析及其全球价值链地位测算

一、河南省制造业现状分析

河南省位于中部，地理位置优越，人口数量大，自然资源十分丰富，制造业正在飞速发展。近年来河南省工业增加值累计增长均为8%左右，制造业企业数量也在逐年增加。工业增加值由 2010 年的 11950.88 亿元增加到 2018 的 18452.06 亿元，工业企业利润总额也从 2010 年的 3302.22 亿元增加到 2018 年的 5352.43 亿元。2018 年河南省 GDP 总值为 44552 亿元，仅低于山东省、江苏省、浙江省和广东省。从这些数据可以看出，河南省制造业有良好的发展势头，企业数量、利润和产值也在逐年增加。

但河南省制造业仍存在一些问题，传统行业数量多、创新能力差、企业资金较少等都在束缚着制造业的转型升级。另外，河南省虽然廉价劳动力充足，但是缺少高级人才与先进技术，自然资源丰富但多为一次性资源，再生资源匮乏，企业内缺乏先进仪器与科学管理。除此之外，河南省的制造业模式单一，传统制造业占比较大，需要增加创新力、提升效率、改变粗放的传统生产模式才可以寻找新的出路。

下面从四个方面来衡量河南省制造业目前的发展现状。

（一）技术创新能力

技术创新能力对于制造业来说是必不可少的衡量标准，企业可以通过创新来研究附加值更高、更有竞争力的产品，从而在市场中脱颖而出，获得更高的价值链地位，而专利数量可以较好地反映企业的创新研发能力。将河南省与全国专利数排名前几的省份进行对比，如表8-1所示。

表8-1 2015~2017年各省份专利数量对比 单位：件

省份	2015年			2016年			2017年		
	发明	实用新型	外观设计	发明	实用新型	外观设计	发明	实用新型	外观设计
河南	21338	40778	12257	28582	51358	14729	35625	66803	16812
广东	103941	135717	116281	155581	203609	146477	182639	283564	161631
江苏	154608	154281	119448	184632	192636	135161	187005	219503	107894
山东	93475	85872	13873	88359	106100	18452	67772	118252	18835
北京	88930	53243	14139	104643	64496	19990	99167	68400	18361
安徽	68314	51559	7836	95963	67031	9558	93527	72333	10012

资料来源：《统计年鉴》和《专利统计年报》。

从表8-1中可以看出，河南省的专利数量远远低于国内排名靠前的省市，且就河南省本身来说，占第一位的专利数为实用新型，这并不是能代表制造业创新能力的指标，这也反映了河南省制造业创新能力差，价值链地位低。

（二）高科技人才

高科技人才是创新技术的重要载体，创新技术的实施也需要其来完成。研发设计需要研发型高科技人才，制造加工需要专业型高科技人才，营销需要市场分析高科技人才。本书通过整理河南省规模以上工业企业R&D人员情况，得出结果如表8-2所示。

表 8-2　2010~2017 年河南省 R&D 人员情况

年份	R&D 人员合计（人）	R&D 人员占总从业人员比例（%）
2010	104113	2.17
2011	124525	2.28
2012	140786	2.41
2013	168212	2.66
2014	181937	2.68
2015	185059	2.63
2016	187804	2.79
2017	193623	2.86

资料来源：河南省统计局。

河南省高科技人才数量在逐年提升，这表现出了河南省对于高技术人才的重视，同时高科技人才占比低也证明了河南省需求不足，仍存在较大的提升空间。

（三）规模以上工业企业新产品销售收入

一个企业或地区能否将研发投入转化为实际的利润是一项重要的能力，也是价值链附加值的明显体现。对于企业来说，不仅要合理使用高级技术，更要能实现转化，把投入转化为产出。整合规模以上工业企业的 R&D 经费与新产品销售收入，对比投入和产出可以清晰展示资金的投入转化情况，如表 8-3和图 8-3 所示。

表 8-3　2011~2017 年河南省投入产出对比

年份	规模以上工业企业 R&D 经费（万元）	规模以上工业企业新产品销售收入（万元）
2011	2137236	25501566
2012	2489651	25762027
2013	2953410	47914474
2014	3372310	51689500
2015	3688252	57894206
2016	4096962	61154137
2017	4722542	70958863

资料来源：国家统计局。

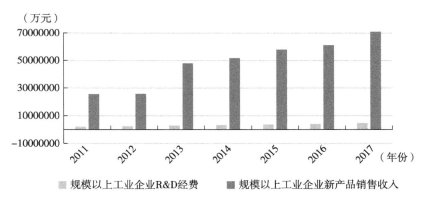

图 8-3　2011~2017 年河南省投入产出对比

　　从表 8-3 和图 8-3 中可以看出，河南省投入产出转化率较高，越来越重视科研创新，新产品销售收入的提升则体现了投入的研发经费实实在在地转化为了产值和利润，产品附加值有所提升。

（四）河南省外商投资情况

　　外商投资对于国内企业来说是一种较好的交流方式，外商投资带来的是国外先进的生产及管理方法，让企业间可以进行直接且深入的交流。外商投资也可以带动国内企业更好地进入国际市场。河南省外商投资工业企业如表 8-4 所示。

表 8-4　2010~2017 年河南省外商投资工业企业

年份	外商投资工业企业亏损单位数（个）	外商投资工业企业单位数（个）	比例（%）
2010	65	542	12.0
2011	54	513	10.5
2012	73	502	14.5
2013	85	546	15.6
2014	75	550	13.6
2015	87	545	16.0
2016	72	538	13.3
2017	79	507	15.6

资料来源：Wind 数据库。

从表 8-4 中可以看出，河南省外商投资企业数量正在逐年增加，同时外商亏损企业数量占总外资企业的 15% 左右，且较为稳定，说明近年来河南省正在逐渐重视外商投资的重要性，同时也在努力避免外商投资造成的亏损。

二、河南省在全国各大省市全球价值链地位的测算

（一）测算方法

在众多测算方法中，垂直专业化指数（VS 指数）的关键条件（假设国内消费品与出口品所使用的进口中间品的比例相同）在现实中很难成立，而 GVC 指数所使用的 WIOD 数据库数据较为老旧，时效性差，不适合近几年的全球价值链地位测算，故选用 Hausmann 在 2007 年通过改进贸易专业化指标（TSI），与出口和人均生产总值相结合所构建的出口复杂度指数（EXPY 指数）来对河南省全球价值链地位进行具体测算，技术复杂度用式（8.1）表示，EXPY 指数可用式（8.2）计算。

$$\text{PRODY}_i = \sum_j \left(\frac{S_{ij}}{\sum_j S_{ij}} \times Y_j \right) \tag{8.1}$$

$$\text{EXPY}_j = \sum_j S_{ij} \, \text{PRODY}_i \tag{8.2}$$

式中，i 为目标行业，此处为制造业；j 为被分析的国家和地区，此处为国内各大省市；S_{ij} 为 j 省市制造业出口额占该省市总出口额的比例；$\sum_j S_{ij}$ 为所有省市中制造业出口额占该省市出口总额的比重之和；Y_j 为 j 省市的实际人均 GDP；PRODY_i 为各省市人均 GDP 与其制造业出口权重的乘积加和，表示除收入影响以外的制造业技术复杂度；EXPY_j 为出口复杂度指数，能反映该省市制造业出口的技术含量及价值链地位。

（二）测算结果

本书首先对 2012~2017 年各省市的数据进行分析，测算得出了各省市的制造业技术复杂度与出口复杂度指数的数值，同时绘制出了各省市出口复杂度对比图（见图 8-4）、河南省技术复杂度和出口复杂度指数图（见图 8-5），各统计数据均来自统计年鉴。

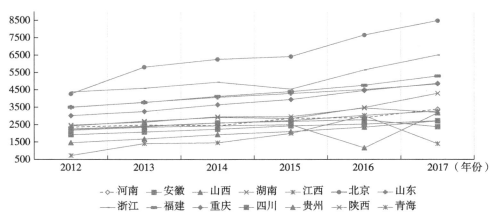

图 8-4 2012~2017 年各省市出口复杂度对比

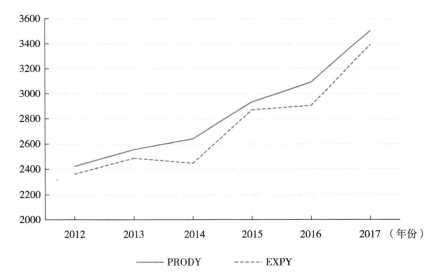

图 8-5 河南省技术复杂度和出口复杂度指数

(三) 结果分析

根据图 8-5 显示,河南省制造业 EXPY 指数在全国范围内比较靠后,下面对河南省制造业价值链地位进行深入比较分析。

(1) 河南省在中部地区的地位。将河南省与山西、安徽、湖南、江西等省份进行比较,测算得出五省份制造业 EXPY 指数图 (见图 8-6)。

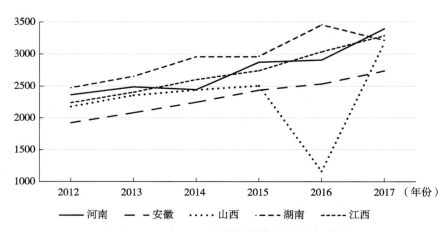

图 8-6　2012～2017 年五省份制造业 EXPY 指数

由图 8-6 中看出河南省在中部五省制造业中的地位情况，河南省在 2012～2017 年总体呈上升趋势，仅在 2013～2014 年有所下滑。四次复杂度上升增值分别为 124.23、424.37、34.55、487.50，平均值为 267.67，四次增幅分别为 5.3%、17.3%、1.2%、16.8%，降幅仅为 1.6%。由分析可得，近年来河南省出口复杂度整体上升，但增幅稳定性较差，这与前文中的境外投资情况基本吻合。

同时，湖南省作为中部省市出口复杂度的佼佼者，出口复杂度正逐步增加，仅在 2016～2017 年有所回落，上升增值分别为 178.29、303.15、7.48、490.16，平均值为 244.77，四次增幅分别为 7.2%、11.4%、0.3%、16.5%，降幅为 7.02%。

河南省 EXPY 指数与湖南省的整体趋势一致，但湖南省价值链地位仍高于河南省，这与两省间出口行业和数额的差异有关。2018 年，湖南省机电产品出口额为 874.6 亿元，占当年总出口额的 43.2%，同时高新技术产品出口 243.8 亿元，占比 12%。而河南省以农业产品、铝材、服装等出口为主，非制造业占比过多，这是河南省制造业全球价值链地位较低的主要原因。

（2）河南省在制造强省中的地位。将河南省同国内制造业较强的省份（北京、山东、浙江、福建、重庆）进行制造业价值链地位比较，绘制强省出口复杂度比较图（见图 8-7）。

从图 8-7 中可以看出，河南省在各制造强省中处在末位，所有省市均呈现增长趋势，但河南省增长态势最低，且波动最大。河南省与北京市的出口复杂

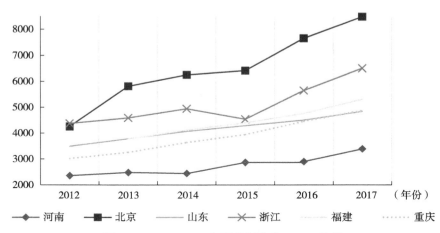

图 8-7　2012~2017 年强省制造业 EXPY 比较

度指数增幅对比如图 8-8 所示。

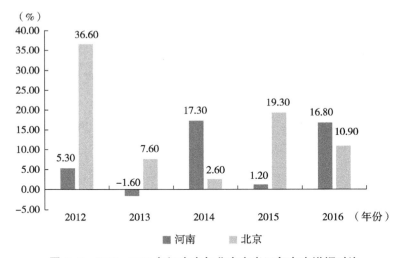

图 8-8　2012~2016 年河南省与北京市出口复杂度增幅对比

　　从图 8-8 中可以看出，河南省制造业出口复杂度增幅极为不稳定，平均增幅为 7.8%，北京则为 15.4%。这些差距大部分体现在高级生产要素上，北京制造业高科技人才数量较多，高级制造技术与先进管理方法交流等也多于河南省。

　　对比其他省市，河南省依旧不占优势。其余省市均为沿海城市，河南省位于中原地区，不如沿海城市出口便利，获得的机会较少，制造业出口额较少。

例如山东省 2018 年机电产品出口 3980.3 亿元，占同期总出口额的 37.7%，出口农产品 1150.3 亿元，仅占出口总值的 10.9%，这些也侧面反映了山东省制造业在省内产业所占比重较大。

河南省与各制造强省（北京、山东、浙江、福建、重庆）人均 GDP 对比如图 8-9 所示。

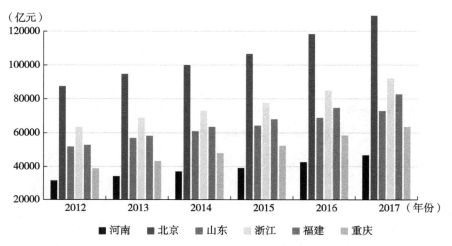

图 8-9　2012～2017 年河南省与制造强省人均 GDP 对比

资料来源：国家统计局。

从图 8-9 中可以看出，河南省人均 GDP 虽然在 2012～2017 年保持平稳缓慢增长，但其仍远低于各制造强省，这与第一节得出的结论一致。

第三节　河南省制造业全球价值链地位影响因素分析

通过对河南省制造业出口复杂度指数的分析及测算，发现近年来河南省制造业全球价值链地位是处于上升阶段的，但上升幅度不稳定且增幅很小。下面将波特钻石模型与制造业现状相结合，选取与影响因素相关的指标，探究提升河南省制造业全球价值链地位的关键影响因素。

一、变量的选取与说明

钻石模型是用来分析一个国家或地区某产业竞争力优势的一种思维框架，与本书所分析的制造业要素相符，接下来将探究制造业在全球价值链竞争中所涉及的影响因素。

（一）生产要素

（1）初级生产要素。初级生产要素指的是一个地区的地理位置、能源、气候等自然禀赋，同时还包括资金和普通劳动力等。河南省位于中原，一直以来都是粮食供给大省，随着工业化进程的发展，其产业结构也在不断改变。但产业结构单一等问题仍在困扰着河南省，导致其价值链分工地位较低且一直无法提升。本书在初级生产要素中选取物质资本密集度（Capital）作为评价指标。

（2）高级生产要素。人口众多带来的好处是劳动力众多，这是河南省的优势所在，但是劳动力并不只由数量来衡量，高科技人才一直是价值链分工中必不可少的因素之一。河南省只有郑州大学和河南大学两所双一流大学，高知人才与企业的接轨程度较低，同时高科技人才的流动和分布都在影响河南省制造业的分工地位。由此可见，人力资本可当作衡量价值链地位的指标因素。

科研项目也是重要的衡量标准之一，给科技实践带来了思想指导，科研项目和科学技术等都在带动着河南省价值链地位的提升。

综上所述，本书采用人力资本（Human）和研究机构（Institution）来代表高级生产要素。用专业技术人员占比表示人力资本，计算公式为 R&D 人员与全体从业人员之比，用工业企业 R&D 单位数与总 R&D 单位数之比来反映研究机构这一指标。

（二）需求条件

需求条件由国内市场需求与国外市场需求构成。国内企业可以较为快速地发现国内市场的需求；相反，对于国外市场需求的灵敏度就会下降。但是对于河南省来说，想提高国际地位，衡量标准还是国外需求，即河南省对外的输出情况。本书选取制造业出口额（Export）作为需求条件的衡量指标。

（三）相关及支持产业

任何一个产业都不可能离开其相关产业独自发展，故产业集聚对于产业优势发展至关重要。一个产业的强盛离不开其相关产业的崛起，某产业发展较好，将带动下游产业的发展；如果下游产业具有全球优势，势必会对上游产业提出更高的要求，这对产业来说是一种"提升效应"，是一种外部动力。制造业是工业的一个分支，选取河南省工业企业平均利润（Profit）和工业增加值（Value）来代表制造业相关企业的表现。

（四）产业战略结构和同行业竞争

（1）产业战略结构。在经济全球化的发展背景下，制造业对外贸易战略、外资战略等产业结构战略都悄然发生了变化，这些战略结构具有相同的一面又有不同特点。本书采用外商直接投资额（FDI）作为变量来代表产业战略结构，外商直接投资能为企业带来先进的管理经验及设备，同时也能带来结构转型，给企业带来示范效应及知识外溢等间接效应。

（2）同行业竞争。企业参与国际市场的竞争，必定已经在国内市场与同行业企业进行过竞争，在经济全球化的今天，进口是一个衡量同类企业的重要因素，进口同类产品直接促进了行业内的信息沟通，同时也能激发产业间的企业竞争，间接将制造业整体水平提上一个台阶，故选取进口（Import）作为衡量全球价值链地位的指标。

（五）政府

政府在产业优势的形成过程中起着辅助作用，一个产业的形成及发展与政府的政策、资金支持等密切相关，政府支持也能为产业的前进道路提供方向并扫清障碍。本书采用科技财政经费（Support）和新产品开发经费（Production）来代表政府支持程度。

另外，价值链地位由出口复杂度指数（EXPY）来衡量。

相关指标及计算方法如表8-5所示。

表8-5　相关指标及计算方法

项目	符号	定义	计算方法
价值链地位	EXPY	出口复杂度	式（8.2）
初级生产要素	Capital	物质资本密集度	制造业固定资产/从业人员数量
高级生产要素	Human	专业技术人员占比	R&D 人员/全体从业人员
	Institution	工业企业 R&D 活动单位数占比	工业企业 R&D 单位数/总 R&D 单位数
需求条件	Export	出口	制造业出口额
相关及支持产业	Profit	工业企业平均利润	工业企业利润总额/工业企业单位数
	Value	工业增加值	工业企业增加值
产业战略结构和同行业竞争	FDI	外商直接投资	外商投资企业投资总额
	Import	进口	制造业进口额
政府	Support	科技财政经费	政府对于制造业支出的财政经费
	Production	新产品开发经费	规模以上工业企业开发新产品经费

二、指标体系构建、模型设定及其检验

（一）指标体系构建

下面探究不同指标对河南省制造业价值链地位造成的影响，选取的被解释变量为河南省制造业出口复杂度指数，构建出指标体系如表8-6所示。

表8-6　影响河南省制造业价值链地位指标体系

一级指标	符号	二级指标	三级指标	符号
生产要素	A	物质资本密集度	制造业固定资产/从业人员（万元/人）	A1
		人力资本	R&D 人员/全体从业人员（%）	A2
		研究机构	工业企业 R&D 单位数/R&D 单位数（%）	A3
需求条件	B	出口	制造业出口额（万美元）	B1
相关及支持产业	C	平均利润	工业企业利润总额/工业企业单位数（亿元/个）	C1
		增加值	工业企业增加值（亿元）	C2

续表

一级指标	符号	二级指标	三级指标	符号
产业战略结构和同行业竞争	D	投资情况	外商投资企业投资总额（百万美元）	D1
		进口	制造业进口额（万美元）	D2
政府	E	科技财政支出	政府对于制造业支出的财政经费（亿元）	E1
		项目支出	规模以上工业企业开发新产品经费（万元）	E2

（二）模型设定

将各个变量输入到 SPSS 软件中，对各个变量进行统计描述分析，可得各描述性统计量表（见表 8-7）。

表 8-7　描述性统计量

变量	N	最小值	最大值	平均值	标准偏差
Y	77	715.2654310	8493.111150	3381.851963	1474.428001
A1	77	3.033	95.459	40.23486	22.191584
A2	77	0.20	3.16	1.1965	0.66886
A3	77	7.70	96.67	71.8807	20.80322
B1	77	27183.00000	27377450.00	5528744.013	6627743.522
C1	77	0.066	0.626	0.21046	0.107625
C2	77	777.56	28705.69	9532.2061	6712.88561
D1	77	2829.0	486409.0	112771.429	108876.1310
D2	77	15914.00000	36589825.00	5067797.740	8254332.471
E1	77	7.18	361.76	103.4900	83.89692
E2	77	62146.0000	13834842.00	3397402.351	3257157.879
有效的 N	77				

同时做出变量 A1，A2，…，E2 与 Y 的散点图（见图 8-10）。

从图 8-10 可以看出变量间存在某种线性关系，故将模型设定为

$$Y_t = c + \beta_1 A1_t + \beta_2 A2_t + \beta_3 A3_t + \beta_4 B1_t + \beta_5 C1_t + \beta_6 C2_t + \beta_7 D1_t + \beta_8 D2_t + \beta_9 E1_t + \beta_{10} E2_t + \varepsilon$$

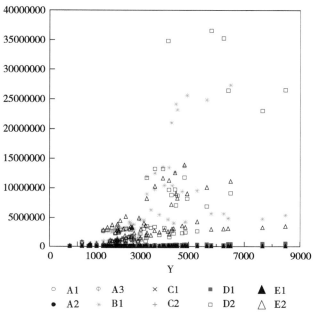

图 8-10　变量散点图

（三）　回归检验

操作 SPSS 可得模型摘要（见表 8-8）。

表 8-8　模型摘要

模型	R	R^2	调整后的 R^2	标准估计的误差
1	0.905[a]	0.819	0.816	632.004075454626100
2	0.918[b]	0.843	0.839	591.802448679689900
3	0.923[c]	0.853	0.847	577.498843901766100
4	0.929[d]	0.863	0.856	560.041165364156900

a. 预测变量：（常量），D1

b. 预测变量：（常量），D1，D2

c. 预测变量：（常量），D1，D2，E2

d. 预测变量：（常量），D1，D2，E2，A3

e. 因变量：Y

由表 8-8 可知，R^2 为 0.863，该模型解释了河南省制造业价值链 86.3% 的变差，回归效果较好。

变更统计量分析如表 8-9 所示，变异数分析如表 8-10 所示。

表 8-9　变更统计量分析

R² 变更	F 值变更	df1	df2	显著性 F 值变更	DW 检验
0.819	338.639	1	75	0.000	
0.024	11.536	1	74	0.001	1.647
0.010	4.711	1	73	0.033	
0.011	5.622	1	72	0.020	

表 8-10　变异数分析

模型		平方和	df	平均值平方	F	显著性
1	回归	135262096.425	1	135262096.425	338.639	0.000b
	残差	29957186.354	75	399429.151		
	总计	165219282.780	76			
2	回归	139302252.548	2	69651126.274	198.872	0.000c
	残差	25917030.231	74	350230.138		
	总计	165219282.780	76			
3	回归	140873424.006	3	46957808.002	140.801	0.000d
	残差	24345858.774	73	333504.915		
	总计	165219282.780	76			
4	回归	142636763.083	4	35659190.771	113.692	0.000e
	残差	22582519.697	72	313646.107		
	总计	165219282.780	76			

通过逐步回归分析可以得出，影响制造业的关键变量共有四个，分别为工业企业 R&D 单位数占比、外商投资企业投资总额、制造业进口额、规模以上工业企业开发新产品经费。

模型中回归平方和为 142636763.083，残差平方和等于 22582519.697，总偏差平方和为 165219282.780，对应的自由度分别为 4、72、76。回归平均值平方为 35659190.771，残差平均值平方为 313646.107。回归方程统计量 F 为 113.692，显著性检验数小于 0.05，说明该模型具有统计学意义。

列出模型系数（见表 8-11）与已排除的变量（见表 8-12）继续验证模型

可行性。

表 8-11　模型系数

模型		非标准化系数		标准化系数	T	显著性	相关			共线性统计	
		B	标准误差	Beta			零阶	部分	部分	允差	VIF
1	（常数）	2000.044	104.047		19.222	0.000					
	D1	0.012	0.001	0.905	18.402	0.000	0.905	0.905	0.905	1.000	1.000
2	（常数）	2018.170	97.575		20.683	0.000					
	D1	0.010	0.001	0.771	12.719	0.000	0.905	0.828	0.586	0.577	1.733
	D2	0.00003677	0.000	0.206	3.396	0.001	0.707	0.367	0.156	0.577	1.733
3	（常数）	2085.255	100.107		20.830	0.000					
	D1	0.012	0.001	0.874	11.530	0.000	0.905	0.803	0.518	0.352	2.845
	D2	0.00003283	0.000	0.184	3.062	0.003	0.707	0.337	0.138	0.560	1.784
	E2	0.00006008	0.000	−0.133	−2.171	0.033	0.512	−0.246	−0.098	0.540	1.852
4	（常数）	1550.789	245.427		6.319	0.000					
	D1	0.012	0.001	0.903	12.117	0.000	0.905	0.819	0.528	0.342	2.923
	D2	0.00002334	0.000	0.131	2.095	0.040	0.707	0.240	0.091	0.488	2.049
	E2	0.00007323	0.000	−0.162	−2.672	0.009	0.512	−0.300	−0.116	0.518	1.931
	A3	8.110	3.421	0.114	2.371	0.020	0.322	0.269	0.103	0.815	1.227

表 8-12　已排除的变量

模型		Beta	T	显著性	偏相关	共线性统计		
						允差	VIF	最小允差
1	A1	−0.085[b]	−1.613	0.111	−0.184	0.849	1.177	0.849
	A2	−0.127[b]	−2.255	0.027	−0.254	0.718	1.393	0.718
	A3	0.131[b]	2.717	0.008	0.301	0.953	1.050	0.953
	B1	−0.139[b]	−2.015	0.048	−0.228	0.488	2.050	0.488
	C1	0.149[b]	3.115	0.003	0.340	0.941	1.062	0.941
	C2	−0.140[b]	−2.632	0.010	−0.293	0.795	1.258	0.795
	D2	0.206[b]	3.396	0.001	0.367	0.577	1.733	0.577
	E1	0.052[b]	0.604	0.547	0.070	0.327	3.055	0.327
	E2	−0.164[b]	−2.587	0.012	−0.288	0.556	1.799	0.556

续表

模型		Beta	T	显著性	偏相关	共线性统计		
						允差	VIF	最小允差
2	A1	-0.034^e	-0.637	0.526	-0.074	0.760	1.315	0.516
	A2	-0.067^e	-1.144	0.256	-0.133	0.614	1.627	0.358
	A3	0.088^e	1.795	0.077	0.206	0.850	1.177	0.515
	B1	-0.078^e	-1.134	0.260	-0.132	0.443	2.258	0.282
	C1	0.096^e	1.838	0.070	0.210	0.749	1.335	0.459
	C2	-0.099^e	-1.874	0.065	-0.214	0.735	1.361	0.429
	E1	-0.098^e	-1.074	0.286	-0.125	0.255	3.920	0.255
	E2	-0.133^e	-2.171	0.033	-0.246	0.540	1.852	0.352
3	A1	0.011^d	0.192	0.848	0.023	0.648	1.543	0.312
	A2	0.058^d	0.668	0.507	0.078	0.273	3.658	0.240
	A3	0.114^d	2.371	0.020	0.269	0.815	1.227	0.342
	B1	0.023^d	0.258	0.797	0.030	0.268	3.726	0.268
	C1	0.059^d	1.024	0.309	0.120	0.612	1.634	0.339
	C2	0.013^d	0.114	0.910	0.013	0.148	6.777	0.108
	E1	-0.047^d	-0.506	0.614	-0.060	0.235	4.257	0.235
4	A1	-0.071^e	-1.140	0.258	-0.134	0.486	2.057	0.312
	A2	0.065^e	0.773	0.442	0.091	0.273	3.663	0.234
	B1	0.101^e	1.133	0.261	0.133	0.238	4.201	0.238
	C1	0.008^e	0.138	0.891	0.016	0.518	1.930	0.317
	C2	0.009^e	0.075	0.941	0.009	0.148	6.779	0.108
	E1	-0.062^e	-0.685	0.495	-0.081	0.234	4.277	0.234

一般来说，方差膨胀因子（VIF）大于10，说明变量之间存在较大的多重共线性问题。这4个模型的方差膨胀因子均小于10，说明这10个自变量之间存在较小的多重共线性问题。一般认为允差小于0.1表示多重共线性较为严重，本模型最小允差为0.108，由此可得模型不存在多重共线性问题。

由以上分析可知，模型4为最优模型，因此建立回归模型如下：

$$Y_t = 1550.789 + 0.012\ D1_t + 2.333E-5\ D2_t - 7.323E-5\ E2_t + 8.110\ A3_t$$

全球价值链地位的影响因素有工业企业 R&D 单位数占比、外商投资企业投资总额、制造业进口额、规模以上工业企业开发新产品经费等。

（四）回归分析

（1）生产要素。代表初级生产要素的变量——物质资本密集度未通过检验，说明其对制造业价值链地位的提升影响较低，从结果上来看，中国制造业人均固定资产比重普遍偏低，除几个制造强省以外，其余各省物质资本密集程度均不高，从业人员的数量增长，物质资本供给单一，这些可能是其存在的重要问题。

高级生产要素的代表之一——人力资本未通过检验，证明其在提升制造业全球价值链地位上没有做出显著贡献，进一步比较发现，制造业 R&D 人员占全体从业人员比重过低，这证明具有研发能力的高科技人员数量低，表明需要通过高质量教育完成劳动素养的提升，从而达到人力资本的累积。

但高级生产要素的另一个代表——研究机构对全球价值链地位的攀升起促进作用，同时从侧面证明了相较于 R&D 人员占比，R&D 机构数占比更能表明价值链地位提升，因此，将高质量人才进行整合是提升价值链地位的可行之路。

（2）需求条件。代表需求条件的变量——出口未通过检验，可能的原因是出口产品多为初级产品，对出口复杂度的影响较小，中国制造业应加大创新力度，生产销售出高附加值的产品。

（3）相关及支持产业。相关及支持产业的代表变量——平均利润和工业增加值均未通过检验，这证明对于全球价值链来说，上游产业不能明显提升制造业全球价值链的地位。可能的原因是工业与制造业并未形成足够的产业集聚效应，上下游产业间没有做好良性拉动。行业间信息传递不及时、区位选择和空间布局的选择等因素也在严重影响着制造业上下游这一整条产业链的发展。

（4）产业竞争结构和同行业竞争。作为产业战略结构和同行业竞争的代表变量——外商直接投资与进口额均通过了检验，证明这两个变量均表现出积极的正向作用。外商投资带来的先进设备和技术能够提升企业间的交流合作，这也是直接提升企业价值链地位的重要方式。但国外技术溢出非常有限，提升中国的科技水平才是重中之重。

进口额的提升代表着企业在国际贸易环节中的参与度逐步提升，同时，引入国外的高质量中间品有利于提升国内产品的质量，对国内企业的自主创新也有激励作用。另外，进口产生的技术溢出效应和竞争效应等都有助于提升制造业全球价值链地位。

（5）政府。政府所代表的变量是财政科技支出与新产品开发经费，其中财政科技支出变量对提升全球价值链地位没有显著的作用，而新产品开发经费对于提升全球价值链地位呈负相关，原因可能是支出资金及新产品开发经费没有得到充分利用。董晓庆和赵坚等（2014）研究发现，国有企业占据政府经费较多，其长期存在产权不清、激励不容等问题。国有企业更愿意拥有垄断经营权而不在意自身变革与发展，而民营企业为了获取利益只能选择适应国际市场，不断创新，因此政府的研发投入经费未能被充分利用。

综上所述，高级生产要素的研究机构、外商直接投资、进口额、新产品开发经费这四项指标都对制造业全球价值链地位的提升有显著作用，而初级生产要素、需求条件、相关及支持产业等变量对价值链地位的影响不明显。

第四节　提升河南省制造业全球价值链分工地位的发展策略研究

一、提升河南省制造业生产要素的投入

（一）提升人均固定资产

河南省具有劳动力充足的优势，对于其制造业全球价值链地位来说，同时也是劣势。人力资本是衡量国际竞争力的重要指标，但从业人员数量过多也导致了人均固定资产的数量较低，与制造业强省仍存在差距。目前河南省制造业发展势头迅猛，制造业固定资产正在不断积累，但物质资本密集程度却始终无法提升，这严重制约了河南省制造业价值链地位的提升。对于河南省来说，一方面要继续进行制造业的固定资产积累，加快扩大制造业的整体规模；另一方面要严格控制从业人员数量，进行人员结构变革，增加制造业高级人才的比重，减少低技术劳动力数量，提高河南省制造业人均固定资产的积累。

（二）培养和引进高科技人才，加强研究机构的发展

高科技人才总量不足、占比少一直是河南省面临的问题，对比其他省市，河南省人才梯队不健全，高学历、高水平人才短缺问题更应该受到重视，因此，

河南应该制定相关政策与法规，在培养高科技人才的情况下也要能留得住人才，形成一个完美的人才梯队，要能保证各层次人才储备充足。同时要加强人才引进力度，做到"引进来，留得下，用得好"。首先要将人才引进来，要能积极引进外省人才，提升科研项目的福利待遇，保障科研人员的基本问题，如子女户口、住房等问题，要能为提升价值链地位提供人才保障。其次要能将人才留得下，对于河南省来说，各大企业及高校要积极接受人才，提供更多的平台让人才流动起来。同时，对于引进的人才要持续提供生活和工作保障，激励其发挥工作效能。

与此同时，要加强工业企业创新研发单位的构建与发展，努力提升科研单位的数量与质量，将分散的专业科研人员整合起来，使行业布局合理化。实行此阶段要进行好市场调研，建立适合制造业发展的 R&D 投入机制，提高 R&D 机构的资金使用效率，加强企业创新后劲，在改变的同时要将整合好的科研人员流动化，在企业间形成良好的交流创新氛围，提高高科技人才与机构的创新意识与凝聚力，充分调动其创造力。

二、完善加强海内外市场

河南省在完善自身内部各条件的情况下，也要积极地拓展海外市场，形成充分开发国内市场，以国内市场需求为主的成熟产业。随着"一带一路"倡议的提出与推进，河南省制造业也在积极与世界对接工作。河南省不仅要积极开拓海外市场，根据不同地区的风俗习惯等实时调整产品，以适应各地区差异化带来的问题。同时要根据国际标准时刻调整产品质量，与世界市场接轨。另外，河南省的加工贸易价值链地位也需要提升，不仅要输出成品，也要提高中间产品的出口能力。要积极参加国际制造业专业展览等，吸收先进发展经验与理念，将国外的标准、技术、检测方法等世界先进研究成果进行转化并输出。

三、加强产业集聚

对于河南省制造业来说，相关产业的发展不可或缺，随着经济发展和市场化程度提升，产业集聚所带来的外部效应已经成为引导制造业发展的重要因素。河南省制造业要将其发展和空间布局相结合，构成产业政策和区域政策的"双条件"来适当引导，发挥整个制造业相关产业链条的最大经济效应，加强制造业与关联性强的产业间的协调性和空间关联性。

同时还要支持企业开展科研创新和技术分享活动，知识外溢是产业间协同集聚发展的重要影响因素，相关产业的交流有利于提升区域竞争力，加强产业集聚，在"大众创业、万众创新"与"互联网+制造业"的大环境下，企业间的技术交流合作也在增多，应通过技术共享，实现相关产业的合作共赢。

四、加大政府扶持力度

政府支持和资金投入对于制造业的影响效果不显著，主要原因是政府的资金投入转化率低下，投入的资金并不能很好地转化以实现价值链地位的提升，对此，河南省政府可以设立专项资金，给河南省制造业企业，尤其是非国企等新兴力量给予专项支持，保证每一分资金都能准确用在刀刃上；同时也应设立省级创新科技项目奖励，对符合条件的企业及项目给予应有的支持，保证制造业科研项目的顺利进行，将投入的资金变为看得见的成果，推动河南省制造业价值链地位的提升。

创新驱动视角下河南省服务型制造路径研究

经济的高速发展、人们生活品质的提高和信息技术的高速发展会让顾客更加追求具有个性、多样化的产品和服务。面对个性、多样化的产品和服务，传统制造业无法解决。服务型制造作为一种全新的生产运营模式可以解决目前传统制造业面临的难题。本书首先分析了在国际经济大环境下我国传统制造业的现状和问题，研究了河南省传统制造业的现状和问题。通过分析服务型制造的特征和发展阶段，探究服务型制造的具体优势，得到要适应我国目前经济的快速发展就应该大力发展服务型制造业的结论。通过文献研究，得到五个影响制造业服务化的影响因素：经济发展水平、劳动力素质、品牌高度、市场化程度和信息化程度。首先，选取中部六省 2010~2017 年相应的数据，比较分析河南省相较于中部六省服务型制造业发展的不足和优势。其次，通过构建模型，以这些数据为样本分析每个因素对于制造业服务化的影响程度，结果显示这五个因素都对制造业服务化有着积极的作用。最后，提出河南省服务型制造业的发展策略。

第一节　国内外研究现状

一、服务型制造的概念

（一）国外研究

Vandemerve 和 Rada（1988）提出制造业与服务的融合。他们通过研究以及调查发现越来越多的传统型制造企业为了进一步提升自身的核心竞争力正在改变自身的经营模式和发展理念，理所当然地产生了"包"这一新的概念。这个"包"的含义很广泛，并不是简单的外包，包括服务、新进的技术和知识。但其中最为主要的是服务为其产品所带来的极高的附加值。Croxton 和 García-Dastugue（2001）最先提出服务性制造及将制造业与服务相结合这一概念，在他看来服务型生产是一种具有过渡性特征的中间投入，这些服务也是其他产成品的"材料"，由此看来服务并不是一种产品。White 等（1999）提出制造业和服务之间相互成长最后发展为服务型制造，是一个循序渐进的过程。产品与其相应的服务都会在这个过程中得以体现。而且传统的制造商在这个过程中也会进行角色转换，从原来的只是单纯提供产品的产品生产者变为相应的服务供应商。Szalavetz（2003）指出服务型制造有两方面的含义：一是外部的服务，它与外部的物品紧紧相关。二是制造业内部的效率，包括企业内部的人力资源管理。Toffel（2013）指出制造业的服务化是一种全新的模式，它会体现在制造商向客户提供的产品和服务上。

（二）国内研究

郭跃进（1999）最先叙述了服务型制造的概念，他指出服务型制造不仅是产品，而是服务和产品的结合，他对服务型制造的概念进行了归纳和总结，进一步拓展了服务型制造的含义。刘继国（2016）对制造业服务化的内涵做了进一步的补充，指出有了生产性服务的活动及其他与之相关的产品。

二、服务型制造的理论

（一）国外研究

迈克尔·波特（1990）提出市场激烈的竞争是制造业与服务业融合的推动力，会使消费者与生产者的交易过程成本缩减，同样也让企业有能力去处理更加复杂的市场环境。Mathieu（2001）从创造效益角度进行研究，指出在整个服务制造的过程中，与产品相关的服务往往会增加产品的价值。Fishbein 等（2002）指出市场和顾客总是需要多种多样的产品和服务，制造业企业仅是以产品去满足顾客需求终将失去竞争力，以此制造业企业可以用商品和服务来满足顾客多样化的需求。

（二）国内研究

邵锦华（2014）指出在资源逐渐短缺的情况下，产品的同质化会越发严重，所以研发具有个性化的产品将是未来发展的趋势，也是传统制造业转型的原因所在。孙林岩和李刚（2016）指出有许多因素推动制造业服务化的发展，例如市场选择、客户需求和信息技术的进步。周国华和王岩岩（2017）指出现代服务型制造是传统制造与现代服务相结合。郑吉昌（2014）指出个性化的产品服务正在成为创造价值的重要来源，传统的制造型企业的主要优势在于实物商品，但这一优势已经不能满足客户的需求。刘平（2015）指出现代企业的核心竞争力来源于售后的服务增值阶段，企业独特的服务能力将会进一步给企业带来巨大的收益和顾客的信赖。何哲等（2017）通过研究制造业服务化的成长过程，根据实际问题找到了解决的方式，在解决问题的过程中对服务型制造有了更加深入的多层次理解。

三、制造业服务化

（一）国外研究

要想一步到位实现制造业的服务化是不可能的。Baines 等（2009）探索发现，在制造业服务化的成长过程中服务的价值会逐渐被重视起来，服务价值在一步步升高。要想达到服务元素有机融合到传统制造业里，需要各种前提和要素。Lay 等（2010）从对欧洲制造业的调查中发现，服务与制造的合二为一受多方面因素的影响，例如商品的种类、企业对于服务的重视等。Dimache 和 Roche（2013）指出服务型制造业最终将形成"去制造"的模式。每一个制造企业经过服务的过程，都会从原来的纯供应商转变为纯服务供应商。

（二）国内研究

张伯旭等（2016）从不同的层次把服务型制造业模式通过归纳分为生产过程的服务化、生产产品的服务化和生产产业的服务化。刘兰芝（2017）分析了企业提供服务的可能方式以及服务在企业中的地位，具体分为商品和服务相互捆绑、服务的价值增加、企业为客户提供整体方案、逐渐以服务代替制造四种运营模式。

四、影响传统制造业向服务化转型的因素

传统制造业在由原来的以产品为中心的模式转变到以服务为中心的模式的进程中会有多种要素对其产生作用。Saara（2005）指出在服务型制造成长的进程中，会有多种条件产生作用，并针对这些要素的作用提出了相应的建议。赵少华（2014）在分析我国 30 多个省市横向数据的基础上，针对制造业服务水平的依存度设计了一个综合的服务水平模型，分析影响制造业服务水平的因素。周艳春和赵守国（2016）指出制造业服务化受制造企业的体系格局、企业内部管理和生产员工的综合素质和品牌效应、外部经济环境的影响。童有好（2015）认为现代信息的高速发展使人们平时的生活已经离不开信息的传输和交流，所以人们理所应当地会见到更多更好的产品和服务，所有的这些都会促使信息对于制造业服务化的进一步发展，这样随着信息的沟通方便，制造业与服务业也能更好地协同融合发展，因此以互联网为基础的信息技术会对其产生深远的影响。

五、服务型制造未来发展的趋势

周国华和王岩岩（2017）提出未来最重要的服务化会是一种经济发展的趋势，相对应的企业的竞争力也会是服务与产品相结合。胡敏等（2016）指出传统制造业与服务业的合二为一将会是产业发展的趋势，制造业服务化将以供应较高附加值的服务型产品为中心。Reiskin 等（2003）指出制造型企业的发展终将会从以供应实物商品转变为供应服务。所以企业会变成"服务的供应者"而不是"产品的供应者"。

六、文献评价

通过文献研究能充分地理解服务型制造业的含义及服务型制造业的运营模式。分析了哪些因素会影响制造业的服务化，得到服务型制造业将会是未来制造业的发展趋势的结论。本书通过了解影响制造业服务化的因素，分析制造业服务化的程度及存在的不足之处，并提出相应的发展策略。

第二节　服务型制造业相较于
传统制造业的发展优势

2018 年底召开的中央经济工作会议指出，要推动制造业高质量发展，坚定不移建设制造强国。这就很清晰地指出了当代我国制造业发展的历史任务，为当前和今后一个时期我国制造业发展确定了目标。从"制造大国"走向"制造强国"要提高自身，改变固有的思维方式，把握精神，把握改革重点，采取有力、有效措施，大力推动制造业高质量发展。

根据目前经济环境发展趋势来看，制造业服务化无论对于国外的发达国家还是我国国民经济的贡献都在逐渐增大。当前制造业与生产性服务业之间的融合势头也渐渐清晰，服务型制造这一种新的运营模式有效地提高了资源的配置效率，作为一种新兴的运营模式对经济发展做出了重要贡献，这些种种的日新月异的变化，将深远影响中国经济以及河南省的经济发展。

一、我国当前制造业发展现状与问题分析

改革开放 40 多年来，制造业为我国现代化建设做出了卓越的贡献，使我国数量庞大的劳动力得到了合适的运用，使人们收入水平大大提高，同样也使我国产业体系完整地建立，成为我国工业的主导力量，不断提升国民经济的水平。如表9-1 所示，十几年来的经济迅速增长，工业也同样以喜人的状态发展。三大产业对经济的贡献率中，第二产业在这十几年几乎占据了一半，起到了主导作用。

表 9-1　2001~2015 年工业制造业每年的发展状况

年份	制造业增加值（亿元）	总增加值（亿元）	制造业占增加值比重（%）	第一产业生产总值占比（%）	第二产业生产总值占比（%）	第三产业生产总值占比（%）
2001	34690	110863	31.29	14.0	44.8	41.2
2002	37803	121717	31.05	13.3	44.5	42.2
2003	44615	137422	32.46	12.3	45.6	42.0
2004	51748	161840	31.97	12.9	45.9	41.2

续表

年份	制造业增加值（亿元）	总增加值（亿元）	制造业占增加值比重（%）	第一产业生产总值占比（%）	第二产业生产总值占比（%）	第三产业生产总值占比（%）
2005	60118	183217	32.81	11.6	47.0	41.3
2006	71212	211923	33.6	10.6	47.6	41.8
2007	87464	265810	32.9	10.3	46.9	42.9
2008	102539	314045	32.65	10.3	46.9	42.8
2009	110118	340902	32.3	9.8	45.9	44.3
2010	130282	401512	32.45	9.5	46.4	44.1
2011	156456	473104	33.07	9.4	46.4	44.2
2012	169806	519470	32.69	9.4	45.3	45.3
2013	181867	595244	30.55	9.3	44.0	46.7
2014	195620	643974	30.38	9.1	43.1	47.8
2015	208040	685506	30.348	8.9	40.9	50.2

资料来源：国家统计局。

相对于整个工业来说制造业是其不可缺少的基础，制造业带动了国民经济的发展，满足了很多人的工作需求。尽管在这十几年中制造业有了巨大的进步，但也有许多问题暴露出来，例如大量的能源消耗、大量的投入、大量的污染排放，低的经济效益。我国目前制造业的现状是"大而不强，快而不优"，这种粗放型的增长方式带来了很多很多问题。

（一）产业结构不合理

我国产业结构不合理有很多方面的体现，本书着重介绍其中的三个方面：首先，高新技术产业严重薄弱，但同时有些行业和部门仍然进行着重复投资，导致产能过剩。其次，某些地区的支柱产业无法带动本地区经济的发展。最后，我国产业相对位于技术产业链的下游，缺失高科技、新技术和缺乏创造力。

（二）产品附加值不高

长期以来我国的大部分企业都是采取"贴牌"的生产方式，即用低价的劳动力资源和低价的自然资源加工别人的产品，赚取其中微薄的加工费用，然而加工这些产品的关键技术和关键设备并没有掌握，主要依赖于进口。因此制造业企业能获取多少利润完全取决于别人，这也就导致了我国制造业产品没有或者只有很少的附加值。由此也可以看出，制造型企业的一个共同点就是只注重生产制造环节，对于有高附加值的价值链环节并不重视。

（三）在新技术方面储备不足

自主品牌和关键技术严重短缺，2012 年我国关键技术对国外的依赖率仍然高达 50% 以上，诸多关键技术装备 60% 以上需要从国外进口。

（四）现阶段大部分企业的管理水平相对较低

目前国内大多数中小型企业缺乏高素质的管理人才，导致管理效率普遍低下，不能做到高效率的管理，对企业的资源同样是一种很大程度的浪费。

（五）廉价劳动力和廉价资源在逐渐减少

根据统计，劳动力成本在我国迅速提升，我国廉价劳动力的优势逐渐消失。随着社会的发展，越来越多的资源要求以及能源消耗导致了我国资源的短缺，2015 年我国的天然气对国外依赖度高达 33%，石油依赖度则在 60% 以上，同样的资源成本优势也在减弱。

总而言之，中国制造业能够快速发展主要得益于相对廉价的劳动力和资源。目前我国已经进入高成本的增长阶段，传统的高耗能、低效益的制造业增长模式已经不能适应我国市场的变化，仅依靠低成本、低技术的发展路径已经寸步难行。所以改变制造业的发展模式，使发展与服务相结合将是中国经济可持续发展的必然选择。

二、河南省传统制造业发展现状与问题分析

近几年来，河南省经济发展迅速，GDP 年均增速与全国 GDP 增速几乎持平，这表明河南省经济发展能够跟随国家经济发展的步伐，河南省制造业爆发出磅礴的生命力和巨大的潜力，如图 9-1 所示。

（一）河南省制造业发展现状

河南省传统制造业规模巨大，尤其是食品加工制造业，是河南省制造业的第一位，在如此规模下，其增长速度也是极其迅速。制造业产量也在逐年增加，制造业的经济效益显著提高。

河南省经过改革开放 40 多年来的快速发展，制造业创造了巨大的经济效益

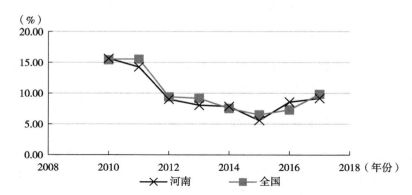

图 9-1　2008~2018 年全国与河南省 GDP 年增速比较

资料来源：国家统计局、河南省统计局。

和社会效益，但发展过程中的问题也在慢慢暴露出来，逐渐影响了经济效益的提升，也在慢慢制约着制造业的健康可持续发展。

（二）河南省制造业存在的问题

（1）河南省制造业分行业结构分布不均衡。食品类相关产业依然占据河南省制造业第一位，食品加工制造 2017 年主营业务收入为 10118.53 亿元，2016 年主营业务收入为 10060.09 亿元，居河南省所有制造业种类第一位。高科技新兴技术类产业比重较低。例如，2017 年计算机相关产业主营业务收入只有 4465.64 亿元，仅占 2017 年食品加工的 40%左右。2016 年计算机相关产业主营业务收入为 3873.05 亿元，仅占 2016 年食品加工的 38%。由此可以看出河南省产业结构发展不平衡，不利于实现先进制造业强省，从而对制造业发展提出了挑战。

（2）河南省制造业行业产业层次低。从制造业价值链的角度来看，河南省制造业主要处于整个生产制造环节的低端水平，主要做的就是对现有资源的初级加工和以劳动力为主的制造，如食品加工。与南方的省份如广东省、江苏省这些以高新技术而闻名的先进制造业省份相比，河南省的产业层次偏低，而且大部分中小型制造企业处于价值链低端。

（3）河南省品牌效应低。河南省企业普遍没有较好的品牌效应，2017 年河南省有效注册商标数为 448013 件，北京有效注册商标数为 1141776 件，2016 年河南省有效注册商标数为 356106 件，北京有效注册商标数为 893743 件，由此可以看出河南省的品牌效应相较于北京还是较低。

（4）河南省制造业企业研发经费投入不足，缺乏创新能力。根据数据显示，2017年河南省制造业R&D经费支出占主营业务收入的比重仅为0.59%，2016年所占比重为0.51%，缺乏高层次的研发人才。总之，低研发、低投入是导致河南省创新能力、研发和设计能力及生产制造质量低水平的主要原因。

河南省制造业发展过程中呈现的问题归根结底就是发展模式过于落后导致的，具体来说有以下几点：

1）主要是以资源高消耗和高污染排放的制造业发展模式。

2）河南省的服务业发展相较于制造业来说很滞后，没有形成制造业与服务业的高质量协同发展。河南省生产性服务业与其他省份相比较滞后，严重影响制造业的发展。

3）河南省传统企业建立了相对完善严谨的企业组织结构，在企业机构内部实施集中化、专业化的管理，对外界的交流和沟通就会相应减少。这种行为致使企业的效率降低。

4）河南省不注重科技和技术的研发，创新能力略显不足。由上述分析可知，河南省R&D经费支出较少，带来的结果就是科技技术落后，没有良好的科技创新，阻碍了制造业的良好发展。

三、服务型制造业的特点以及发展进程

我国制造业在高速发展的过程中也逐渐暴露出来一些问题，例如高消耗、高污染以及附加值低等。我国在向轻工业型道路迈进的过程中，要以节约资源，创造良好环境为目标，由此可见传统的制造业发展模式已经不能适应当代社会发展的要求。服务型制造具有传统制造所不具有的巨大优势，已经成为企业和学者研究的对象。下面对服务型制造业的特征以及发展阶段进行分析。

（一）服务型制造业的主要特征

（1）"时间"特征。如果从各个过程所耗用的时间来看，服务过程将会占80%以上的时间，其他的时间才是生产过程，服务过程在整个产品周期不断地为顾客提供服务，为顾客提供专业完整的产品解决方案。

（2）"关注对象"特征。传统意义上的制造业仅着重于商品的制造，仅从产品本身获取价值而通常会忽略附加服务的价值，所以这就限制了传统制造业

所能创造的价值。然而服务型制造将会在过程中寻找更多创造价值的机会，持续关注其对象，提供丰富的服务以实现价值的增长。

（3）"利润模式"特征。传统制造业的利润多来自生产商品自身，还有在销售物流环节中赚取差价。服务型制造不同于传统制造的地方在于向顾客提供"产品+服务"的模式，更多的是尽力满足顾客的实际所需，还有提供给客户高价值的优质服务等。

（4）"流动对象"特征。所谓服务型制造，即在传统的制造基础上又增加了价值流以及服务流。价值流的具体内容是在整个过程中主动地去创造价值和增加价值，而不是被动地去依靠别人来实现价值的增长。服务流则具体包括传输基层的要求和信息以及在关键环节的服务。

（5）"环境效益，可持续发展"特征。目前资源和环境以及各种约束都可以看出传统的制造业发展模式已经不适合我国目前经济发展的需要。服务型制造业的发展模式为通过投入更多的人力资本以及技术资本，从而带动经济快速增长，不是原来的以资源和环境为代价发展经济。真正做到了绿色环保，做到了"环境效益"。

制造业服务化是在新的环境氛围下产生的一种新的运作盈利方式，现如今人们生活品质得到了极大的改善，所以对于产品并不仅是原来的满足它本身的需求，更多的是购买产品能为其带来怎样的便利和服务，这种运营方式真正使企业可以健康可持续发展，客户也真正得到了自身所需，可谓真正的"双赢"。

（二）服务型制造业的发展阶段

总体来说，制造型企业要想成为服务型制造企业通常要经历以下几个阶段：

（1）提供些许服务的阶段。制造企业在初期为了获取更多的利润会对商品的制造极其重视而忽略其产品的附加值，这时候企业的主要利润来源于产品，服务并没有收入或者只带来极少收入。从现阶段来看，我国的绝大部分企业都处于这一阶段。

（2）提供附加服务的阶段。企业经过一段时期的发展，服务慢慢成为产品的附属品，服务连同产品一起提供给客户。在这一阶段企业的核心业务仍然是生产产品和销售产品，服务仅是企业为了提升自己的市场竞争力和提升自己产品质量所提供的一种额外的"附加品"。

（3）提供增值服务的阶段。在这一阶段中企业会将产品和服务一起打包销售给顾客。在这一阶段服务会被重新定义，其中不仅包括安装、维护修理，而且包括更换以及升级换代等过程。

（4）提供整体解决方案的阶段。在这一阶段企业听取客户的切实需求，在此基础上运用自己的专业技能为客户设计整体的解决方案，在这一过程中企业要做的完全就是对客户的服务。这时产品成为了服务的一部分，服务的竞争力决定企业本身的市场竞争力。

（5）提供单独服务的阶段。在这一阶段，企业会更加重视客户的使用体验。

第三节　河南省服务型制造转型路径影响因素分析

传统意义上制造业多以生产产品为目的和重心，但在其向以服务为重心的服务型制造转型升级时，有很多方面的要素对其产生积极的作用，因此找到那些对其有利的要素就显得尤为重要。根据相关文献，本书筛选了经济发展水平、劳动力素质、市场化水平、品牌高度以及信息化程度五个要素来分析河南省传统制造业转型的路径。同时将河南省与中部六省进行对比分析，探究河南省制造业服务化存在的问题。

（一）经济发展水平

经济发展水平的高低对服务型制造的进程有着积极的作用。生活水平的提升对于相同的产品要求就会更高，比如同一款手机有人更注重外观，有人更注重性能，还有人更注重它的其他功能。这样一来对于手机制造厂家的要求就会更高，手机厂家在生产过程中就不得不将更多的要素和条件考虑进去以提升手机的卖点，吸引更多的人群去喜欢这款手机，由此制造业的水准就会随之提升。所以经济发展水平是影响制造业服务化的重要因素。

（二）劳动力素质

劳动力素质体现在很多方面，包括一个人的受教育程度、身体素质以及他的思想认识水平。劳动力素质关系着一个地区的整体水平，有好的劳动力素质科技进步会更快，经济发展也会更快。对于一个企业来说，劳动力素质尤为重要甚至决定着一个企业是否能够成长为这个行业的引领者，比如一个企业的生产能力、管理能力、资本运作能力、制造的服务化需要专业人才去促进发展，如果企业的劳动力素质较高，那么员工的积极性就能得到充分的发挥，工作效率自然会提高，所以劳动力素质是影响制造业服务化的重要因素。

（三）市场化水平

市场化程度越高，一方面，资源就越容易流通到需要它的地方，在合适的地方产生更多的经济效益；另一方面，市场化程度越高，企业的发展就会越有利，企业能够根据市场的变化及时做出调整，而且企业融资也会更加方便快捷，使融资成本降低，让更多创新型企业能更有积极性的发展。总而言之，市场化水平提高，资金的使用效率就会越高，制造业和服务业的融合趋势就会加强。所以说市场化水平是制造业服务化的重要因素。

（四）品牌高度

当今时代品牌对于消费者心理的影响作用是巨大的，无论是商场超市，还是各种技术和服务，在每个市场或行业里都会有很多品牌。品牌的力量对于消费者而言是巨大的，品牌能带来高度的感召力，高度引发关注。由此可以看出品牌在日常生活中的重要作用，品牌的力量正在潜移默化地影响着消费者。一个地区的品牌高度越高，这个地区制造业服务化的程度也越高。所以品牌高度是影响制造业服务化的重要因素。

（五）信息化程度

信息在现在的生活中无论对于个人还是对于行业发展都是至关重要的，因此国家提出了"以信息化带动工业化"的战略。信息化的提升意味着信息技术的发展，信息的传输与交流变得更加顺畅，制造型企业对外可以及时了解市场的动向以及其他的动态，对内管理者可以更快了解企业内部存在的问题以便及时解决。因此，信息化无论是对国内制造型企业还是国外制造企业都具有重要的意义。所以说信息化的程度是影响制造业服务化的重要因素。

第十章
面向河南省制造业创新方法研究

第一节　面向制造业企业精益管理创新方法
实践调研问卷设计

一、问卷设计概要

（一）企业基本信息

调研企业的基本信息如下：

行业编号	行业分类	请在所处行业打"√"
1	农副食品加工业	
2	食品制造业	
3	酒、饮料和精制茶制造业	
4	烟草制品业	
5	纺织业	
6	纺织服装、服饰业	
7	皮革、毛皮、羽毛及其制品和制鞋业	
8	木材加工和木、竹、藤、棕、草制品业	
9	家具制造业	
10	造纸和纸制品业	
11	印刷和记录媒介复制业	
12	文教、工美、体育和娱乐用品制造业	

续表

行业编号	行业分类	请在所处行业打"√"
13	石油加工、炼焦和核燃料加工业	
14	化学原料和化学制品制造业	
15	医药制造业	
16	化学纤维制造业	
17	橡胶和塑料制品业	
18	非金属矿物制品业	
19	黑色金属冶炼和压延加工业	
20	有色金属冶炼和压延加工业	
21	金属制品业	
22	通用设备制造业	
23	专用设备制造业	
24	汽车制造业	
25	铁路、船舶、航空航天和其他交通运输设备制造业	
26	电气机械和器材制造业	
27	计算机、通信和其他电子设备制造业	
28	仪器仪表制造业	
29	其他制造业	
30	废弃资源综合利用业	
31	金属制品、机械和设备修理业	

请问贵公司是否是上市公司？　　□是　　　　□否

贵公司所属的经营性质是：

①国有企业　②集体企业　③私企　④合资企业　⑤外资企业　⑥其他

其中，合资企业的外资股权比例为_____%

贵公司的员工总人数是：

①<50人　②50～99人　③100～199人　④200～499人　⑤500～999人
⑥1000～4999人　⑦5000人或以上

贵公司的固定资产是（以人民币计算）：

①<500万元　②500万～1000万元　③1001万～2000万元　④2001万～
5000万元　⑤5001万～1亿元　⑥1亿元或以上

2012年贵公司的总销售额为（以人民币计算）：

①<500万元 ②500万~1000万元 ③1001万~2000万元 ④2001万~5000万元 ⑤5001万~1亿元 ⑥1亿元或以上

企业已通过认证的管理体系有（可多选）：

①ISO9001 ②ISO14001 ③OHSAS180001 ④HACCP ⑤ISO22000 ⑥TL9000 ⑦ISO/TS16949 ⑧其他，请说明

（二）企业管理创新战略维度（Strategy）

S1. 目前企业在哪部分工作急需管理创新方法？

编号	部门名称	"√"或"×"	编号	部门名称	"√"或"×"
1	基层管理部门		4	生产制造部门	
2	产品开发部门		5	销售部门	
3	采购部门		6	质量管理部门	

S2. 企业管理创新方法应用情况（不论是否采用以下各项管理创新方法，请根据您的认识对全部项目进行已产生或预期的作用评价）：

编号	项目	是否采用（请在已采用方法处打"√"）	有很大负面作用	有一定负面作用	有少许负面作用	不好不坏	有少许正面效果	有一定正面作用	有很大正面作用
			1	2	3	4	5	6	7
1	5S/6S管理								
2	目视化								
3	准时化								
4	自动化								
5	全员设备维护（TPM）								
6	全面质量管理（TQM）								
7	六西格玛质量管理								
8	QC改善小组								
9	全员参与改善提案								
10	快速换模（SMED）								

续表

编号	项目	是否采用（请在已采用方法处打"√"）	有很大负面作用 1	有一定负面作用 2	有少许负面作用 3	不好不坏 4	有少许正面效果 5	有一定正面作用 6	有很大正面作用 7
11	均衡化生产								
12	生产线平衡								
13	价值流分析								
14	人因工程学								
15	联合库存（CI）或供应商管理库存（VMI）								
16	协调联运（CFPR）								
17	看板或电子看板系统								
18	标准作业指导书								
19	标准化流程管理								
20	并行工程（CE）								
21	关键绩效管理（KPI）								
22	企业或行业对标管理（Benchmarking）								
23	平衡计分卡管理（BSC）								
24	其他1								
25	其他2								
26	其他3								
27	其他4								

S3. 请指出在过去两年中，贵公司在以下具体工作领域的投资程度（金钱、时间和/或人力）：

投资领域	1 完全没有	2 力度很小	3 力度较小	4 力度一般	5 力度较大	6 力度很大	7 极度重视
产品质量管理（如全面质量管理、6σ管理等）							

续表

投资领域	1	2	3	4	5	6	7
	完全没有	力度很小	力度较小	力度一般	力度较大	力度很大	极度重视
综合成本管理（如目标成本）							
生产效率管理							
产品研发软硬件环境							
先进制造技术（如柔性制造系统、自动化等）							
企业信息化							
员工培训与发展							
供应商关系管理							
客户关系管理							

二、制造业企业精益管理创新方法实践调研统计描述

（一）实践调研总体性统计描述

制造业企业精益管理创新方法调研统计的受访者情况如表 10-1 所示。

表 10-1 受访者的职业来源

选项	人次小计	比例（%）
在校大学生（本科及以下）	93	40.43
在校大学生（硕士及以上）	60	26.09
政府部门	12	5.22
高校或附属科研单位	33	14.35
企业	26	11.30
其他，请注明	6	2.61
本题有效填写人次	230	100

本问卷的受访者以在校大学生（本科及以下）为主（见图 10-1），占据受访者总人数的 40.43%，其中非企业供职的受访者占受访者总人数的 88.70%。可以得知大部分受访者都来自非企业岗位。

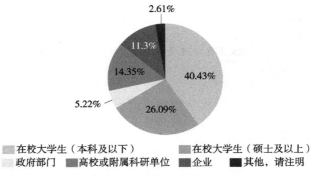

在校大学生（本科及以下）　在校大学生（硕士及以上）
政府部门　高校或附属科研单位　企业　其他，请注明

图 10-1　受访者的职业来源统计

本问卷的受访者对制造业相关领域的熟悉程度以管理学最为熟悉，占65.20%，其中对经管类领域最为熟悉的受访者占90.69%，只有14.71%的受访者对制造业相关领域都不是很了解，可以得知大部分受访者都对制造业相关领域有一定程度的了解，尤其以经管类领域为甚（见表10-2和图10-2）。

表 10-2　受访者对制造业相关领域的熟悉程度

选项	人次小计	比例（%）
工业工程	44	15.28
管理学	133	46.18
经济学	52	18.06
机械制造	23	7.99
其他制造业相关领域，请注明	6	2.08
都不是很了解	30	10.42
本题有效填写人次	288	100

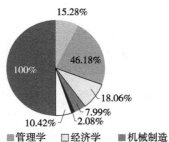

工业工程　　管理学　　经济学　　机械制造
其他制造业相关领域，请注明　　都不是很了解
本题有效填写人次

图 10-2　受访者对制造业相关领域的熟悉程度统计

本问卷的受访者对相关企业管理创新方法的熟悉程度整体处于较低的水平，平均矩阵得分为 3.59 分。在具体感知方面，自动化管理的受了解程度相对最高，矩阵得分为 4.24 分，协调联运（CFPR）的受了解程度相对最低，矩阵得分为 2.99 分（见表 10-3 至表 10-6 和图 10-3）。

表 10-3　受访者对相关企业创新管理方法的较高熟悉程度

	没听说过	基本不熟悉	不太熟悉	一知半解	有一定了解	熟悉	非常熟悉	平均分
自动化管理	28 （12.17%）	11 （4.78%）	31 （13.48%）	48 （20.87%）	59 （25.65%）	25 （10.87%）	28 （12.17%）	4.24
标准化流程管理	27 （11.74%）	18 （7.83%）	32 （13.91%）	45 （19.57%）	54 （23.48%）	28 （12.17%）	26 （11.3%）	4.17
全面质量管理（TQM）	36 （15.65%）	18 （7.83%）	26 （11.3%）	44 （19.13%）	53 （23.04%）	26 （11.3%）	27 （11.74%）	4.07
准时化管理	40 （17.39%）	15 （6.52%）	31 （13.48%）	39 （16.96%）	50 （21.74%）	24 （10.43%）	31 （13.48%）	4.04
关键绩效管理（KPI）	38 （16.52%）	23 （10%）	38 （16.52%）	21 （9.13%）	53 （23.04%）	31 （13.48%）	26 （11.3%）	3.98
5S/6S 管理	52 （22.61%）	17 （7.39%）	28 （12.17%）	32 （13.91%）	45 （19.57%）	26 （11.3%）	30 （13.04%）	3.87
生产线平衡	31 （13.48%）	25 （10.87%）	44 （19.13%）	44 （19.13%）	38 （16.52%）	27 （11.74%）	21 （9.13%）	3.86
供应商管理库存（VMI）	40 （17.39%）	21 （9.13%）	43 （18.7%）	36 （15.65%）	45 （19.57%）	23 （10%）	22 （9.57%）	3.79

注：表中所列数据为人次和百分比。

表 10-4　受访者对相关企业创新管理方法的中等熟悉程度

	没听说过	基本不熟悉	不太熟悉	一知半解	有一定了解	熟悉	非常熟悉	平均分
平衡计分卡管理（BSC）	50 （21.74%）	20 （8.7%）	33 （14.35%）	27 （11.74%）	49 （21.3%）	32 （13.91%）	19 （8.26%）	3.77
全员参与改善提案	32 （13.91%）	27 （11.74%）	44 （19.13%）	47 （20.43%）	40 （17.39%）	23 （10%）	17 （7.39%）	3.75
均衡化生产	33 （14.35%）	30 （13.04%）	36 （15.65%）	55 （23.91%）	40 （17.39%）	22 （9.57%）	14 （6.09%）	3.7

续表

	没听说过	基本不熟悉	不太熟悉	一知半解	有一定了解	熟悉	非常熟悉	平均分
6σ 质量管理	55 (23.91%)	21 (9.13%)	33 (14.35%)	31 (13.48%)	37 (16.09%)	27 (11.74%)	26 (11.3%)	3.69
标准作业指导书	40 (17.39%)	28 (12.17%)	45 (19.57%)	35 (15.22%)	45 (19.57%)	17 (7.39%)	20 (8.7%)	3.64
企业/行业对标管理	42 (18.26%)	35 (15.22%)	43 (18.7%)	29 (12.61%)	45 (19.57%)	24 (10.43%)	12 (5.22%)	3.52
目视化管理	60 (26.09%)	25 (10.87%)	40 (17.39%)	33 (14.35%)	35 (15.22%)	16 (6.96%)	21 (9.13%)	3.39
看板/电子看板系统	53 (23.04%)	32 (13.91%)	43 (18.7%)	34 (14.78%)	32 (13.91%)	19 (8.26%)	17 (7.39%)	3.37

注：表中所列数据为人次和百分比。

表 10-5 受访者对相关企业创新管理方法的较低熟悉程度

	没听说过	基本不熟悉	不太熟悉	一知半解	有一定了解	熟悉	非常熟悉	平均分
价值流分析	46 (20%)	30 (13.04%)	51 (22.17%)	47 (20.43%)	29 (12.61%)	11 (4.78%)	16 (6.96%)	3.35
QC 改善小组	65 (28.26%)	27 (11.74%)	40 (17.39%)	30 (13.04%)	33 (14.35%)	17 (7.39%)	18 (7.83%)	3.27
全员设备维护 (TPM)	52 (22.61%)	40 (17.39%)	44 (19.13%)	34 (14.78%)	31 (13.48%)	14 (6.09%)	15 (6.52%)	3.23
人因工程学	55 (23.91%)	33 (14.35%)	51 (22.17%)	33 (14.35%)	23 (10%)	22 (9.57%)	13 (5.65%)	3.23
联合库存 (CI)	59 (25.65%)	32 (13.91%)	55 (23.91%)	29 (12.61%)	26 (11.3%)	20 (8.7%)	9 (3.91%)	3.12
快速换模 (SMED)	65 (28.26%)	30 (13.04%)	55 (23.91%)	32 (13.91%)	23 (10%)	16 (6.96%)	9 (3.91%)	3.01
并行工程 (CE)	67 (29.13%)	36 (15.65%)	45 (19.57%)	26 (11.3%)	28 (12.17%)	21 (9.13%)	7 (3.04%)	3.01
协调联运 (CFPR)	65 (28.26%)	34 (14.78%)	46 (20%)	36 (15.65%)	29 (12.61%)	13 (5.65%)	7 (3.04%)	2.99

注：表中所列数据为人次和百分比。

表 10-6　受访者对相关企业创新管理方法的总体熟悉程度

	没听说过	基本不熟悉	不太熟悉	一知半解	有一定了解	熟悉	非常熟悉	平均分
小计	1131 （20.49%）	628 （11.38%）	977 （17.7%）	867 （15.71%）	942 （17.07%）	524 （9.49%）	451 （8.17%）	3.59

注：表中所列数据为人次和百分比。

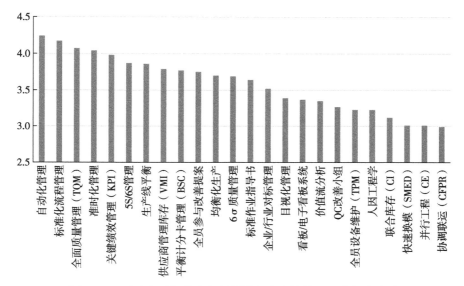

图 10-3　受访者对相关企业创新管理方法的熟悉程度矩阵统计

本问卷的受访者对相关企业管理创新方法实施的效果预期整体较为乐观，平均矩阵得分为 5.69 分。在具体感知方面，全面质量管理（TQM）的实施效果预期相对最高，矩阵得分为 5.84 分，快速换模（SMED）的实施效果预期相对最低，矩阵得分为 5.48 分（见表 10-7 至表 10-10 和图 10-4）。

在 24 项具体企业管理创新方法实施的效果预期中，绝大部分方法的预期都有较高的矩阵得分。平均有 20.53% 的受访者对于相关企业管理创新方法实施的效果预期没有准确的预期效果评估，可以得知一部分受访者受限于非专业性和切身参与度等因素的干扰，对相关企业管理创新方法实施的效果预期会产生一定的认知偏差。

表 10-7 受访者对相关企业创新管理方法实施的较高效果预期

	有很大负面作用	有一定负面作用	有些许负面作用	基本没有影响	有些许正面作用	有一定正面作用	有很大正面作用	不知道效果如何	平均分
全面质量管理（TQM）	2 (0.87%)	0 (0%)	5 (2.17%)	14 (6.09%)	39 (16.96%)	69 (30%)	61 (26.52%)	40 (17.39%)	5.84
标准化流程管理	2 (0.87%)	0 (0%)	8 (3.48%)	17 (7.39%)	33 (14.35%)	65 (28.26%)	67 (29.13%)	38 (16.52%)	5.82
关键绩效管理（KPI）	2 (0.87%)	0 (0%)	7 (3.04%)	11 (4.78%)	35 (15.22%)	83 (36.09%)	54 (23.48%)	38 (16.52%)	5.82
均衡化生产	2 (0.87%)	0 (0%)	6 (2.61%)	19 (8.26%)	35 (15.22%)	70 (30.43%)	57 (24.78%)	41 (17.83%)	5.77
供应商管理库存（VMI）	2 (0.87%)	1 (0.43%)	7 (3.04%)	14 (6.09%)	37 (16.09%)	70 (30.43%)	56 (24.35%)	43 (18.7%)	5.76
标准作业指导书	2 (0.87%)	1 (0.43%)	5 (2.17%)	18 (7.83%)	32 (13.91%)	76 (33.04%)	53 (23.04%)	43 (18.7%)	5.76
生产线平衡	2 (0.87%)	1 (0.43%)	5 (2.17%)	19 (8.26%)	36 (15.65%)	73 (31.74%)	55 (23.91%)	39 (16.96%)	5.75
自动化管理	2 (0.87%)	0 (0%)	9 (3.91%)	14 (6.09%)	38 (16.52%)	77 (33.48%)	53 (23.04%)	37 (16.09%)	5.74

注：表中所列数据为人次和百分比。

表 10-8 受访者对相关企业创新管理方法实施的中等效果预期

	有很大负面作用	有一定负面作用	有些许负面作用	基本没有影响	有些许正面作用	有一定正面作用	有很大正面作用	不知道效果如何	平均分
6σ质量管理	3 (1.3%)	1 (0.43%)	7 (3.04%)	16 (6.96%)	35 (15.22%)	60 (26.09%)	59 (25.65%)	49 (21.3%)	5.73
平衡计分卡管理（BSC）	2 (0.87%)	0 (0%)	7 (3.04%)	13 (5.65%)	35 (15.22%)	78 (33.91%)	44 (19.13%)	51 (22.17%)	5.73
准时化管理	3 (1.3%)	0 (0%)	8 (3.48%)	14 (6.09%)	40 (17.39%)	71 (30.87%)	54 (23.48%)	40 (17.39%)	5.72

续表

	有很大负面作用	有一定负面作用	有些许负面作用	基本没有影响	有些许正面作用	有一定正面作用	有很大正面作用	不知道效果如何	平均分
全员参与改善提案	2 (0.87%)	3 (1.3%)	6 (2.61%)	15 (6.52%)	42 (18.26%)	71 (30.87%)	54 (23.48%)	37 (16.09%)	5.7
企业/行业对标管理	2 (0.87%)	0 (0%)	7 (3.04%)	14 (6.09%)	33 (14.35%)	82 (35.65%)	39 (16.96%)	53 (23.04%)	5.7
协调联运（CFPR）	2 (0.87%)	1 (0.43%)	5 (2.17%)	15 (6.52%)	34 (14.78%)	70 (30.43%)	40 (17.39%)	63 (27.39%)	5.68
5S/6S管理	2 (0.87%)	2 (0.87%)	6 (2.61%)	14 (6.09%)	43 (18.7%)	70 (30.43%)	42 (18.26%)	51 (22.17%)	5.64
人因工程学	2 (0.87%)	0 (0%)	6 (2.61%)	20 (8.7%)	38 (16.52%)	72 (31.3%)	41 (17.83%)	51 (22.17%)	5.64

注：表中所列数据为人次和百分比。

表10-9　受访者对相关企业创新管理方法实施的较低效果预期

	有很大负面作用	有一定负面作用	有些许负面作用	基本没有影响	有些许正面作用	有一定正面作用	有很大正面作用	不知道效果如何	平均分
看板/电子看板系统	2 (0.87%)	1 (0.43%)	6 (2.61%)	15 (6.52%)	38 (16.52%)	77 (33.48%)	37 (16.09%)	54 (23.48%)	5.64
并行工程（CE）	2 (0.87%)	0 (0%)	7 (3.04%)	13 (5.65%)	38 (16.52%)	75 (32.61%)	34 (14.78%)	61 (26.52%)	5.64
价值流分析	2 (0.87%)	1 (0.43%)	5 (2.17%)	22 (9.57%)	39 (16.96%)	69 (30%)	45 (19.57%)	47 (20.43%)	5.63
QC改善小组	3 (1.3%)	0 (0%)	8 (3.48%)	16 (6.96%)	43 (18.7%)	64 (27.83%)	45 (19.57%)	51 (22.17%)	5.61

续表

	有很大负面作用	有一定负面作用	有些许负面作用	基本没有影响	有些许正面作用	有一定正面作用	有很大正面作用	不知道效果如何	平均分
联合库存（CI）	2 (0.87%)	1 (0.43%)	8 (3.48%)	21 (9.13%)	37 (16.09%)	65 (28.26%)	43 (18.7%)	53 (23.04%)	5.58
全员设备维护（TPM）	3 (1.3%)	2 (0.87%)	6 (2.61%)	17 (7.39%)	42 (18.26%)	73 (31.74%)	39 (16.96%)	48 (20.87%)	5.57
目视化管理	2 (0.87%)	2 (0.87%)	6 (2.61%)	18 (7.83%)	49 (21.3%)	71 (30.87%)	34 (14.78%)	48 (20.87%)	5.52
快速换模（SMED）	2 (0.87%)	1 (0.43%)	9 (3.91%)	20 (8.7%)	43 (18.7%)	64 (27.83%)	34 (14.78%)	57 (24.78%)	5.48

注：表中所列数据为人次和百分比。

表 10-10 受访者对相关企业创新管理方法实施的总体效果预期

	有很大负面作用	有一定负面作用	有些许负面作用	基本没有影响	有些许正面作用	有一定正面作用	有很大正面作用	不知道效果如何	平均分
小计	52 (0.94%)	18 (0.33%)	159 (2.88%)	389 (7.05%)	914 (16.56%)	1715 (31.07%)	1140 (20.65%)	1133 (20.53%)	5.69

注：表中所列数据为人次和百分比。

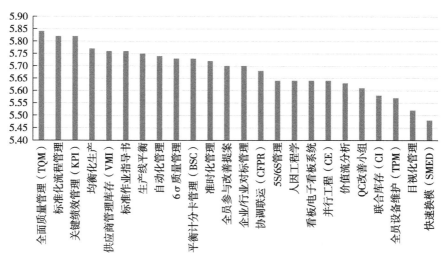

图 10-4　受访者对相关企业创新管理方法实施的效果预期矩阵统计

本问卷的受访者对相关管理领域的投资力度预期整体较为乐观，平均矩阵得分为 5.38 分，在具体感知方面，企业信息化的投资力度预期相对最高，矩阵得分为 5.49 分，综合成本管理（如目标成本管理）的投资力度预期相对最低，矩阵得分为 5.24 分（见表 10-11 至表 10-13 和图 10-5）。

表 10-11　受访者对相关管理领域的较高投资力度预期

	企业信息化	先进制造技术（如柔性制造系统、自动化管理）	产品研发软件/硬件环境	产品质量管理（如全面质量管理、6σ 管理）
没有投资	2（0.87%）	2（0.87%）	2（0.87%）	2（0.87%）
投资力度极小	1（0.43%）	1（0.43%）	0（0%）	1（0.43%）
投资力度较小	8（3.48%）	9（3.91%）	5（2.17%）	8（3.48%）
投资力度一般	19（8.26%）	25（10.87%）	26（11.3%）	22（9.57%）
投资力度较大	71（30.87%）	59（25.65%）	70（30.43%）	68（29.57%）
投资力度极大	55（23.91%）	49（21.3%）	58（25.22%）	54（23.48%）
最优先投资	49（21.3%）	51（22.17%）	40（17.39%）	38（16.52%）
不知道如何投资	25（10.87%）	34（14.78%）	29（12.61%）	37（16.09%）
平均分	5.52	5.49	5.47	5.42

注：表中所列数据为人次和百分比。

表 10-12　受访者对相关管理领域的较低投资力度预期

	生产效率管理	员工培训与发展	客户关系管理	供应商关系管理	综合成本管理（如目标成本管理）
没有投资	2（0.87%）	2（0.87%）	3（1.3%）	3（1.3%）	2（0.87%）
投资力度极小	0（0%）	1（0.43%）	2（0.87%）	2（0.87%）	1（0.43%）
投资力度较小	6（2.61%）	4（1.74%）	5（2.17%）	8（3.48%）	8（3.48%）
投资力度一般	30（13.04%）	33（14.35%）	29（12.61%）	31（13.48%）	28（12.17%）
投资力度较大	65（28.26%）	69（30%）	66（28.7%）	73（31.74%）	76（33.04%）
投资力度极大	66（28.7%）	55（23.91%）	56（24.35%）	56（24.35%）	62（26.96%）
最优先投资	34（14.78%）	41（17.83%）	42（18.26%）	33（14.35%）	24（10.43%）
不知道如何投资	27（11.74%）	25（10.87%）	27（11.74%）	24（10.43%）	29（12.61%）
平均分	5.41	5.41	5.41	5.28	5.27

注：表中所列数据为人次和百分比。

表 10-13　受访者对相关管理领域的总体投资力度预期

	没有投资	投资力度极小	投资力度较小	投资力度一般	投资力度较大	投资力度极大	最优先投资	不知道如何投资	平均分
小计	20（0.97%）	9（0.43%）	61（2.95%）	243（11.74%）	617（29.81%）	511（24.69%）	352（17%）	257（12.42%）	5.41

注：表中所列数据为人次和百分比。

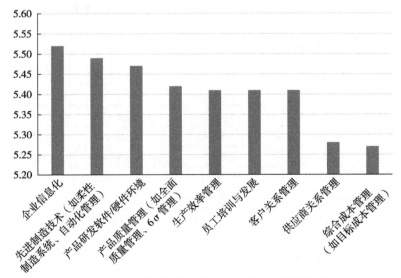

图 10-5　受访者对相关管理领域的投资力度预期矩阵统计

在 9 项具体企业管理领域投资力度预期中，绝大部分领域的投资力度预期都有较高的矩阵得分。平均仅有 12.42% 的受访者对于相关管理领域的投资力度预期没有准确的投资评估，可以得知除了小部分受访者外，大多数受访者对于相关管理领域的投资力度预期都持有较为乐观的期许。

（二）　在校学生受访者实践调研统计描述

在 208 位在校学生受访者的统计中，对制造业相关领域的熟悉程度以管理学最为熟悉，占受访者人次比的 48.56%，其次依次为经济学和工业工程，分别占受访者人次比的 18.27% 和 14.90%（见表 10-14），没有任何受访者对制造业相关领域完全不熟悉，可以得知绝大部分在校学生受访者都对制造业相关领域有较深程度的了解，尤其以经管和工程领域为甚。

表 10-14　在校学生对制造业相关领域的熟悉程度

选项	人次小计	比例（%）
工业工程	31	14.90
管理学	101	48.56
经济学	38	18.27
机械制造	12	5.77
其他制造业相关领域，请注明	5	2.40
都不是很了解	21	10.10
本题有效填写人次	208	100

本问卷的在校学生受访者对相关企业管理创新方法的熟悉程度整体处于较低的水平，平均矩阵得分为 3.26 分。在具体感知方面，自动化管理的受了解程度相对最高，矩阵得分为 3.92 分，快速换模（SMED）的受了解程度相对最低，矩阵得分为 2.70 分（见表 10-15 和图 10-6）。

表 10-15　在校学生对相关企业创新管理方法的熟悉程度

选项	平均分
自动化管理	3.92
全面质量管理（TQM）	3.78
标准化流程管理	3.76
准时化管理	3.74
关键绩效管理（KPI）	3.67
5S/6S 管理	3.63

续表

选项	平均分
生产线平衡	3.61
供应商管理库存（VMI）	3.61
平衡计分卡管理（BSC）	3.51
6σ 质量管理	3.39
均衡化生产	3.34
全员参与改善提案	3.32
标准作业指导书	3.26
企业/行业对标管理	3.17
价值流分析	3.05
看板/电子看板系统	2.98
目视化管理	2.95
人因工程学	2.92
全员设备维护（TPM）	2.90
联合库存（CI）	2.86
QC 改善小组	2.78
协调联运（CFPR）	2.75
并行工程（CE）	2.73
快速换模（SMED）	2.70
小计	3.26

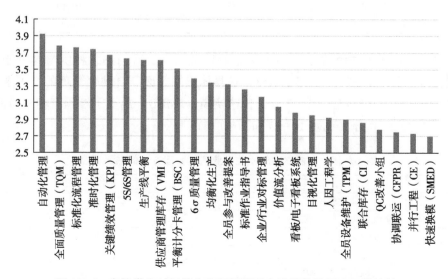

图 10-6　在校学生对相关企业创新管理方法的熟悉程度矩阵统计

　　本问卷的在校学生受访者对相关企业管理创新方法实施的效果预期整体较为乐观，平均矩阵得分为 5.59 分。在具体感知方面，生产线平衡的实施效果预期相对最高，矩阵得分为 5.77 分，目视化管理的实施效果预期相对最低，矩阵得分为 5.34 分（见表 10-16 和图 10-7）。

表 10-16　在校学生对相关企业创新管理方法实施的效果预期

选项	平均分
生产线平衡	5.77
均衡化生产	5.76
标准化流程管理	5.75
供应商管理库存（VMI）	5.73
全面质量管理（TQM）	5.72
关键绩效管理（KPI）	5.7
6σ 质量管理	5.67
标准作业指导书	5.67
协调联运（CFPR）	5.64
准时化管理	5.63
全员参与改善提案	5.63
平衡计分卡管理（BSC）	5.63
自动化管理	5.6
人因工程学	5.57
看板/电子看板系统	5.57
价值流分析	5.53
联合库存（CI）	5.52
并行工程（CE）	5.52
企业/行业对标管理	5.51
QC 改善小组	5.48
全员设备维护（TPM）	5.45
快速换模（SMED）	5.45
5S/6S 管理	5.43
目视化管理	5.34
小计	5.59

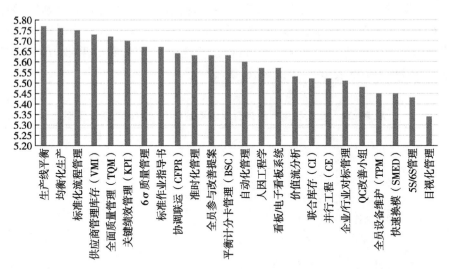

图 10-7 在校学生对相关企业创新管理方法实施的效果预期矩阵统计

本问卷的在校学生受访者对相关管理领域的投资力度预期整体较为乐观，平均矩阵得分为 5.33 分。在具体感知方面，产品研发软件/硬件环境的投资力度预期相对最高，矩阵得分为 5.45 分，综合成本管理（如目标成本管理）的投资力度预期相对最低，矩阵得分为 5.18 分（见表 10-17 和图 10-8）。

表 10-17 在校学生对相关管理领域的投资力度预期

选项	平均分
产品研发软件/硬件环境	5.45
企业信息化	5.43
先进制造技术（如柔性制造系统、自动化管理）	5.41
生产效率管理	5.32
客户关系管理	5.31
产品质量管理（如全面质量管理、6σ 管理）	5.3
员工培训与发展	5.29
供应商关系管理	5.29
综合成本管理（如目标成本管理）	5.18
小计	5.33

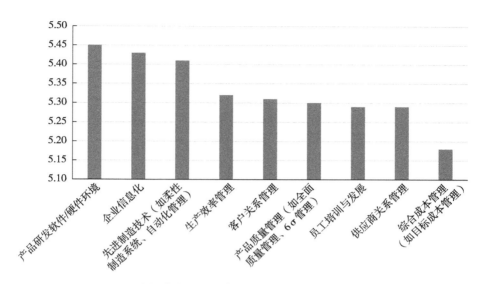

图 10-8　在校学生对相关管理领域的投资力度预期矩阵统计

（三）科研相关领域受访者实践调研统计描述

在 52 位科研相关领域受访者的统计中，对制造业相关领域的熟悉程度以管理学最为熟悉，占受访者人次比的 42.31%，其次依次为经济学和工业工程，均占受访者人次比的 17.31%（见表 10-18），没有任何受访者对制造业相关领域完全不熟悉，可以得知绝大部分科研相关领域受访者都对制造业相关领域有较深程度的了解，尤其以经济管理和工程领域为甚。

表 10-18　科教领域人士对制造业相关领域的熟悉程度

选项	人次小计	比例（%）
工业工程	9	17.31
管理学	22	42.31
经济学	9	17.31
机械制造	7	13.46
其他制造业相关领域，请注明	1	1.92
都不是很了解	4	7.69
本题有效填写人次	52	100

本问卷的科研相关领域受访者对相关企业管理创新方法的熟悉程度整体处于尚可接受的水平，平均矩阵得分为 4.37 分，在具体感知方面，标准化流程管理的受了解程度相对最高，矩阵得分为 5.21 分，协调联运（CFPR）的受了解程度相对最低，矩阵得分为 3.67 分（见表 10-19 和图 10-9）。

表 10-19　科教领域人士对相关企业创新管理方法的熟悉程度

选项	平均分
标准化流程管理	5.21
自动化管理	5.09
全面质量管理（TQM）	5.06
准时化管理	4.85
全员参与改善提案	4.7
关键绩效管理（KPI）	4.7
标准作业指导书	4.58
6σ 质量管理	4.45
QC 改善小组	4.45
供应商管理库存（VMI）	4.45
平衡计分卡管理（BSC）	4.45
均衡化生产	4.42
看板/电子看板系统	4.39
企业/行业对标管理	4.36
5S/6S 管理	4.3
价值流分析	4.21
生产线平衡	4.18
目视化管理	4.09
全员设备维护（TPM）	4
联合库存（CI）	3.91
并行工程（CE）	3.85
人因工程学	3.82
快速换模（SMED）	3.76
协调联运（CFPR）	3.67
小计	4.37

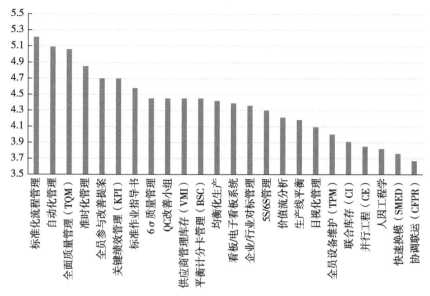

图 10-9 科教领域人士对相关企业创新管理方法熟悉程度矩阵统计

本问卷的科研相关领域受访者对相关企业管理创新方法实施的效果预期整体较为乐观，平均矩阵得分为 6.11 分。在具体感知方面，6σ 质量管理的实施效果预期相对最高，矩阵得分为 6.40 分，生产线平衡的实施效果预期相对最低，矩阵得分为 5.81 分（见表 10-20 和图 10-10）。

表 10-20 科教领域人士对相关企业创新管理方法实施的效果预期

选项	平均分
6σ 质量管理	6.40
QC 改善小组	6.38
全面质量管理（TQM）	6.37
企业/行业对标管理	6.31
关键绩效管理（KPI）	6.29
5S/6S 管理	6.28
标准化流程管理	6.26
人因工程学	6.24
平衡计分卡管理（BSC）	6.24
价值流分析	6.19

续表

选项	平均分
全员参与改善提案	6.11
标准作业指导书	6.11
供应商管理库存（VMI）	6.08
并行工程（CE）	6.08
目视化管理	6.04
自动化管理	6.03
看板/电子看板系统	6
准时化管理	5.96
协调联运（CFPR）	5.96
均衡化生产	5.93
全员设备维护（TPM）	5.92
快速换模（SMED）	5.88
联合库存（CI）	5.88
生产线平衡	5.81
小计	6.11

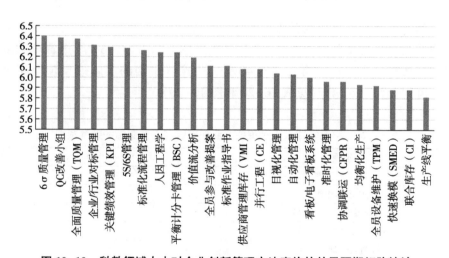

图 10-10　科教领域人士对企业创新管理方法实施的效果预期矩阵统计

本问卷的科研相关领域受访者对相关管理领域的投资力度预期整体较为乐观，平均矩阵得分为 5.54 分，在具体感知方面，企业信息化的投资力度预期相对最高，矩阵得分为 5.83 分，供应商关系管理的投资力度预期相对最低，矩阵得分为 5.27 分（见表 10-21 和图 10-11）。

表 10-21 科教领域人士对相关管理领域的投资力度预期

选项	平均分
企业信息化	5.83
先进制造技术（如柔性制造系统、自动化管理）	5.61
产品研发软件/硬件环境	5.6
员工培训与发展	5.6
产品质量管理（如全面质量管理、6σ 管理）	5.52
综合成本管理（如目标成本管理）	5.52
客户关系管理	5.48
生产效率管理	5.47
供应商关系管理	5.27
小计	5.54

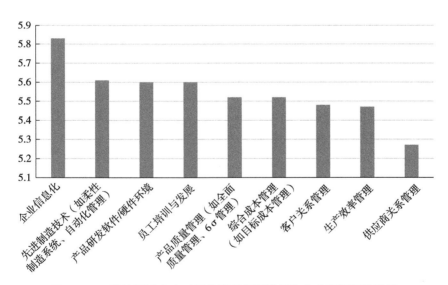

图 10-11 科教领域人士对相关管理领域的投资力度预期矩阵统计

（四）企事业单位就职受访者实践调研统计描述

在 26 位企事业单位就职的受访者统计中，主要工作行业为其他制造业，占受访者人次比的 23.07%，其次依次为铁路、船舶、航空航天和其他交通运输设备制造业和计算机、通信和其他电子设备制造业，分别占受访者人次比的

19.23%和19.23%（见表10-22）。

表10-22　企事业单位人士对制造业相关领域的熟悉程度

选项	人次小计	比例（%）
农副食品加工业	2	7.69
食品制造业	1	3.85
通用设备制造业	1	3.85
专用设备制造业	1	3.85
汽车制造业	2	7.69
铁路、船舶、航空航天和其他交通运输设备制造业	5	19.23
电气机械和器材制造业	3	11.54
计算机、通信和其他电子设备制造业	5	19.23
其他制造业	6	23.07
本题有效填写人次	26	100

　　本问卷的企事业单位就职的受访者对相关企业管理创新方法的熟悉程度整体处于尚可接受的水平，平均矩阵得分为4.67分，在具体感知方面，标准化流程管理的受了解程度相对最高，矩阵得分为5.42分，协调联运（CFPR）的受了解程度相对最低，矩阵得分为3.62分（见表10-23和图10-12）。

表10-23　企事业单位人士对相关企业创新管理方法的熟悉程度

选项	平均分
标准化流程管理	5.42
5S/6S 管理	5.23
关键绩效管理（KPI）	5.23
全面质量管理（TQM）	5.15
自动化管理	5.12
目视化管理	5.08
准时化管理	5.04
全员参与改善提案	5.04
生产线平衡	5
6σ 质量管理	4.96

续表

选项	平均分
均衡化生产	4.96
标准作业指导书	4.85
QC 改善小组	4.81
全员设备维护（TPM）	4.65
看板/电子看板系统	4.62
企业/行业对标管理	4.46
人因工程学	4.42
供应商管理库存（VMI）	4.38
平衡计分卡管理（BSC）	4.38
价值流分析	4.19
快速换模（SMED）	3.88
联合库存（CI）	3.85
并行工程（CE）	3.65
协调联运（CFPR）	3.62
小计	4.67

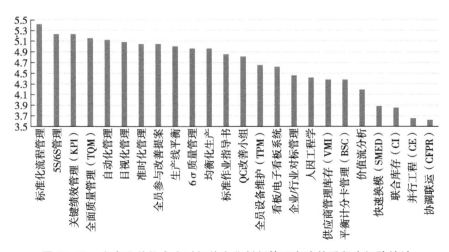

图 10-12　企事业单位人士对相关企业创新管理方法熟悉程度矩阵统计

本问卷的企事业单位就职的受访者对相关企业管理创新方法实施的效果预期整体较为乐观，平均矩阵得分为 5.73 分，在具体感知方面，5S/6S 管理的实施效果预期相对最高，矩阵得分为 6.13 分，快速换模（SMED）的实施效果预期相对最低，矩阵得分为 5.27 分（见表 10-24 和图 10-13）。

表 10-24　企事业单位人士对相关企业创新管理方法实施效果预期

选项	平均分
5S/6S 管理	6.13
自动化管理	6.13
目视化管理	6.08
准时化管理	6.08
全面质量管理（TQM）	5.96
关键绩效管理（KPI）	5.92
标准作业指导书	5.87
企业/行业对标管理	5.86
全员设备维护（TPM）	5.79
供应商管理库存（VMI）	5.74
并行工程（CE）	5.71
全员参与改善提案	5.7
标准化流程管理	5.68
平衡计分卡管理（BSC）	5.67
QC 改善小组	5.65
均衡化生产	5.65
生产线平衡	5.65
看板/电子看板系统	5.52
联合库存（CI）	5.5
6σ 质量管理	5.48
人因工程学	5.48
协调联运（CFPR）	5.48
价值流分析	5.42
快速换模（SMED）	5.27
小计	5.73

本问卷的企事业单位就职的受访者对相关管理领域的投资力度预期整体较为乐观，平均矩阵得分为 5.51 分，在具体感知方面，先进制造技术（如柔

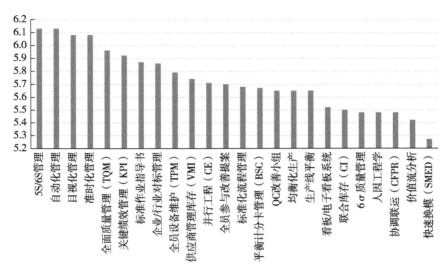

图 10-13　企事业单位人士对企业创新管理方法实施效果预期矩阵统计

性制造系统、自动化管理）的投资力度预期相对最高，矩阵得分为 5.73 分，供应商关系管理的投资力度预期相对最低，矩阵得分为 5.12 分（见表 10-25 和图 10-14）。

表 10-25　企事业单位人士对相关管理领域的投资力度预期

选项	平均分
先进制造技术（如柔性制造系统、自动化管理）	5.73
产品质量管理（如全面质量管理、6σ 管理）	5.69
生产效率管理	5.69
客户关系管理	5.65
员工培训与发展	5.58
企业信息化	5.54
综合成本管理（如目标成本管理）	5.35
产品研发软件/硬件环境	5.24
供应商关系管理	5.12
小计	5.51

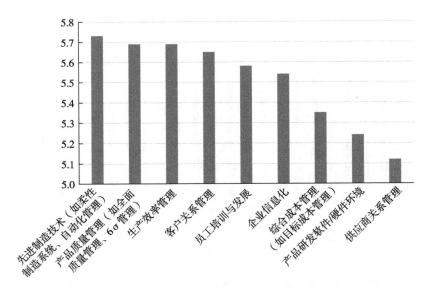

图 10-14　企事业单位人士对相关管理领域的投资力度预期矩阵统计

第二节　制造业高质量发展中精益管理
创新方法实践策略研究

　　创新方法是企业自主创新的根本之源，是制造业高质量发展的基础和前提。针对常用的 18 种精益管理创新方法，按方法实践特征分为文化类、技术类、跨部门类；全员参与类、团队运作类、运营类两个维度 6 种类型。设计问卷对中国制造业企业精益管理创新方法实践情况进行调查。通过文献梳理，选取企业新产品开发项数、新产品销售收入、专利申请数、有效发明专利数、流动资产周转率、成本费用利润率作为企业创新绩效评价指标。从系统的观点出发构建多维空间灰色系统关联度模型，分析创新方法与创新绩效的关系。结果表明：①从创新方法选择和实践效果上来看，企业偏好与效果最佳的方法不一致。②从实践效果上来看，看板管理、标准作业、目视化、SMED、并行工程、协调联运等方法在实践中并未带来应有的效果。③企业实践中创新效果强弱排序为技术类、团队运作类、全员参与类、跨部门类、经营类和文化类。结果表明中国制造业实践中更多关注技术方法的引入，没有形成管理创新基础能力和创新文化。针对实践中效果较弱的跨部门类、经营类和文化类方法群，基于精益管理创新方法，设计中国制造业高质量发展的企业创新路径，为中国制造业高质量发展提供理论依据，为企业高质量发展提供路径支持。

一、问题提出

制造业的高质量发展离不开微观层面上制造业企业的高质量发展，企业发展需要政府发展策略的推动，同时也需要有向高质量发展的理念和方法。然而，大量的企业实践表明，基础创新能力的良好发展为先进技术培育与发展提供环境。高质量发展的基础在于创新，而制造业企业在信息化和激烈的市场竞争中发展，需要符合发展的管理理论和方法。精益生产是被理论与实践证明了的一种提高企业生产效率和效益的生产模式，在学术界和实业界引起强烈反响。Lean Production 这一名词是美国麻省理工学院汽车专家 James P. Womack、Daniel T. Jones 和 Daniel Roos 对精益生产进行了长达 5 年的研究后提出的。科技需要发展，社会需要进步，重点在于不断突破创新方法。自从 1901 年设立诺贝尔奖以来，约 60%~70% 的奖项是由于运用了科学观念和思路、方法与手段获取的，以精益管理创新方法为基石的管理技术，对实现制造业基础创新能力重构及推动制造业高质量发展尤为重要，备受实业界与学术界关注。

鉴于此，研究精益管理创新方法的实践作用，为制造强国的发展提供基本实现路径，利于中国制造业的高质量发展。本书将构建多维度灰色系统评价模型，从系统的角度探索精益管理创新方法与创新绩效的关系，设计更适合中国制造业高质量发展的精益管理创新方法路径。

二、研究梳理

（一）高质量发展

中国经济已进入高质量发展阶段，学者研究了经济高质量发展的特征和途径，发现高质量发展存在一些问题，例如国际环境不稳定、外部环境存优、实体经济的供给质量不高和内生动力增长不足等。需要坚持"四个必须"，不断推进动力变革，真正实现经济高质量发展。

现有研究从高质量发展的角度提出包括推进供给侧结构性改革、内生增长动力、互联网技术和系列政策，取得了丰富的研究成果。然而，制造业实现高质量发展需要企业的进步和政府的策略推动，同时也需要有向高质量发展转型的理念和方法，但此方面的研究还比较薄弱。鉴于此，本书从中国制造业向高质量发展的转型和方法入手，探索中国制造业高质量发展的精益管理创新方法路径。

（二）精益管理创新方法

国内外学者对精益生产进行了深入广泛的研究，在精益生产理论研究方面，一些学者侧重于对精益生产概念的探讨，精益方法是生产体系，也是商业体系，包含从设计产品到进入市场的全部活动，近些年，"精益生产"的内涵被拓展，变为经营活动的全过程，称之为"精益管理"。另一些学者研究面向实践和现场的精益生产系统的评价方法和体系，应用模糊理论和神经网络技术，从而建立科学系统的指标体系，构建模糊神经网络评价模型，此模型具有较高的预测精度。还有一些学者进行精益生产与人力资源、组织、知识管理、质量管理的融合研究。在精益生产集成研究方面，学者探索了制造业为什么需要将精益生产与敏捷制造集成应用的问题，并提出了四大技术支柱，高效率地与消费者的需求和资源对接，提高中间环节的活动效率；Powell 等（2013）认为，实施 ERP系统是精益生产应用的催化剂，并进一步提出了精益生产与 ERP 集成创新的六个主要领域。另外，还研究了精益生产与绿色制造的集成与现代信息技术的集成。国内精益管理创新方法的研究情况如图 10-15 所示。

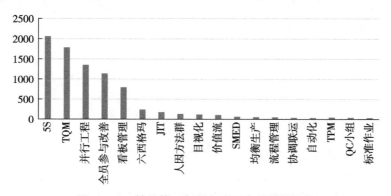

图 10-15　精益管理创新方法研究文献数量比

从现有研究分析，关于精益生产的理论方法及企业应用实践方面的研究日趋成熟；关于精益生产与敏捷制造、绿色制造、ERP及现代信息系统等集成创新方面的研究已经初步展开；关于精益管理创新方法方面的报道还很欠缺，这是学术界和实业界都面临的一个重要的问题与难题，也是本书的出发点。

（三）创新绩效

专利是衡量创新的常用指标，以专利数量衡量创新受到了广大学者的认同，由于发明专利能更好地反映企业技术创新的能力，因此，发明专利授权量能以更好的创新质量来衡量创新绩效。然而专利转化为新产品的过程较为漫长，甚至有很多专利最后没有办法转化成新产品，相比于专利，新产品能够直接为企业带来利润，所以，新产品数量及其销售收入是创新绩效的重要衡量指标。而创新绩效需要生产能力的支持，流动资产周转率是生产运营过程的指标，成本费用利润率是生产结果的体现。因此，选取新产品开发项数（YH1）、新产品销售收入（YH2）、专利申请数（YH3）、有效发明专利数（YH4）、流动资产周转率（YH5）、成本费用利润率（YH6）指标构建制造业企业创新绩效评价体系。

第三节　模型构建与分析

中国制造业精益实践的时间普遍较短，具有"贫信息"的特点，而灰色关联分析法依据发展趋势分析，对样本量并无太多规定，因此采用灰色系统理论建模方法的效果较好。

以邓聚龙（1985）为代表，早期的灰色关联模型往往测度相似。基于灰色绝对关联度和三维空间中的距离，张可和刘思峰（2009）构造出三维对象的灰色关联分析模型。考虑到精益管理创新方法的系统性，分别构建模型1和模型2，探索精益管理创新方法与企业创新绩效的关系。由于企业创新绩效受到各个精益管理创新方法的影响，这18种方法是集成一起在企业实践中发挥作用的，往往不是单独存在，而是相互联系，共同影响，因此，将18个创新方法分为三组，即三维度方法群，每个方法的类群具有几乎相同的内涵和精益哲理，利于影响因素发挥出"1+1+1>3"的效果，从而探究精益管理创新方法对企业创新绩效的共同影响。模型 1 针对 18 种创新方法进行建模，将 18 种创新方法分别构建成 6 个系统进行深度分析，然后，构建多维空间灰色系统关联度模型 2。

一、模型 1

定义 1 设系统行为序列 $X_i = (x_i(1), x_i(2), \cdots, x_i(n))$，记折线 $(x_i(1)-x_i(1), x_i(2)-x_i(1), \cdots, x_i(n)-x_i(1))$ 为 $X_i-x_i(1)$，令 $s_i = \int_1^n (X_i - x_i(1)) dt$。

定义 2 设系统行为序列 $X_i = (x_i(1), x_i(2), \cdots, x_i(n))$，D 为序列算子，且

$$X_i D = (x_i(1)d, x_i(2)d, \cdots, x_i(n)d)。$$

其中，$x_i(k)d = x_i(k)-x_i(1)$，$k = 1, 2, \cdots, n$，则称 D 为始点零化算子，$X_i D$ 为 X_i 的始点零化像，记为

$$X_i D = X_i^0(1) = (x_i^0(1), x_i^0(2), \cdots, x_i^0(n))$$

定义 3 设系统行为序列 $X_i = (x_i(1), x_i(2), \cdots, x_i(n))$，$X_j = (x_j(1), x_j(2), \cdots, x_j(n))$ 的始点零化像分别为 $X_i^0(1) = (x_i^0(1), x_i^0(2), \cdots, x_i^0(n))$，$S_i - S_j = \int_1^n (X_i - X_j) dt$。

定义 4 设序列 X_0 与 X_i 长度相同，s_0，s_i，则称 $\varepsilon_{0i} = \dfrac{1 + |s_0| + |s_i|}{1 + |s_0| + |s_i| + |s_i - s_0|}$ 为 X_0 与 X_i 的灰色绝对关联度。

定义 5 在关联分析中，当参考数列不止一个，被比较数列也不止一个时，就要进行优势分析，分析哪些是优势因素，哪些是非优势因素。若有 n 个母序列，记为 $\{Y_1\}$，$\{Y_2\}$，$L\{Y_n\}$，并有 m 个子序列，记为 $\{X_1\}$，$\{X_2\}$，$L\{X_m\}$，$m \neq 1$。按照定义 3 和定义 4 计算各子序列对母序列的关联度矩阵分别为 R_j、R_x：

$$R_j = \begin{bmatrix} \pi_{11} & \pi_{12} & L & \pi_{1m} \\ \pi_{21} & \pi_{22} & L & \pi_{2m} \\ M & M & M & M \\ \pi_{n1} & \pi_{n2} & L & \pi_{nm} \end{bmatrix} \quad R_x = \begin{bmatrix} \lambda_{11} & \lambda_{12} & L & \lambda_{1m} \\ \lambda_{21} & \lambda_{22} & L & \lambda_{2m} \\ M & M & M & M \\ \lambda_{n1} & \lambda_{n2} & L & \lambda_{nm} \end{bmatrix}$$

定义 6 根据 R_j、R_x 中各行与各列关联度的大小来判断子序列对母序列的作用，影响大的因素为优势序列，相对应的母序列和子序列为优势母序列和优势子序列。

二、模型 2

定义 7　设 x_i 为系统因素，其在空间中点（i，j）处的值为 a_{ij}，其中 $i \leqslant M$，$j \leqslant N$，M、N 为常数，称 $A_i = (a_{ij})_{M \times N}$ 为系统行为矩阵。

定义 8　设系统行为矩阵为 $A_i = (a_{ij})_{M \times N}$，则 $(a_{ij})_{M \times N} = \begin{bmatrix} a_{11} & \cdots & a_{1N} \\ \vdots & \ddots & \vdots \\ a_{M1} & \cdots & a_{MN} \end{bmatrix}$ 对应

的行为曲面为 $X = \{Ax+By+C \mid x \in [i, i+1], y \in [j, j+1], i = 1, 2, \cdots, M-1;$ $j = 1, 2, \cdots, M-1\}$。

定义 9　设系统行为矩阵为 $A = (a_{ij})_{M \times N}$，D 为矩阵算子，$AD = (a_{ij}d)_{M \times N}$。其中 $a_{ij}d = a_{ij} - a_{i1}$。称矩阵算子 D 为统行为矩阵，为 $A = (a_{ij})_{M \times N}$ 的始边零化算子；AD 为统行为矩阵，为 $A = (a_{ij})_{M \times N}$ 的始边零化像，记作 $A_i^0 = XD = (a^0{}_{ij})_{M \times N}$。

定义 10　设系统行为矩阵 $A_i = (a_{ij})_{M \times N}$ 的始边零化像为 $A_i^0 = XD = (a^0{}_{ij})_{M \times N}$，对应的始边零化曲面为 X^0，令 $s = \int_1^M \int_1^N X^0 dxdy$。

定义 11　设系统行为矩阵为 $A_i = (a_{ij})_{M \times N}$，D 为矩阵算子，$AD = (a_{ij}d)_{M \times N}$；其中，$a_{ij}d = \dfrac{a_{ij}}{a_{i1}}$。称矩阵算子 D 为统行为矩阵，为 $A = (a_{ij})_{M \times N}$ 的初值化算子，AD 为统行为矩阵，为 $A = (a_{ij})_{M \times N}$ 的初值像，记作 $A_i^c = XD = (a^c{}_{ij})_{M \times N}$。

定义 12　设两行为矩阵 $A_p = (a_{ij})_{M \times N}$，$A_q = (a_{ij})_{M \times N}$，其始边零化像分别为 $A_p^0 = (a^0{}_{ij})_{M \times N}$，$A_q^0 = (b^0{}_{ij})_{M \times N}$；则 $s_p - s_q = \int_1^M \int_1^N (A_p^0 - A_q^0) dxdy$。

定义 13　设两行为矩阵 $A_p = (a_{ij})_{M \times N}$，$A_q = (a_{ij})_{M \times N}$ 为同型矩阵，其始边零化像分别为 $A_p^0 = (a^0{}_{ij})_{M \times N}$，$A_q^0 = (b^0{}_{ij})_{M \times N}$；则两矩阵 $A_p = (a_{ij})_{M \times N}$ 和 $A_q = (a_{ij})_{M \times N}$ 灰色绝对关联度为

$$\varepsilon_{pq} = \frac{1 + |s_p| + |s_q|}{1 + |s_p| + |s_q| + |s_p - s_q|}$$

定义 14　设两行为矩阵 $A_p = (a_{ij})_{M \times N}$，$A_q = (a_{ij})_{M \times N}$ 为同型矩阵，对应的初值像分别为 A_p^c 和 A_q^c，则矩阵 $A_p = (a_{ij})_{M \times N}$，$A_q = (a_{ij})_{M \times N}$ 的相对关联度为

$$\varepsilon_{pq}^c = \frac{1 + |s_p^c| + |s_q^c|}{1 + |s_p^c| + |s_q^c| + |s_p^c - s_q^c|}。$$

定义 15 设两行为矩阵 $A_p = (a_{ij})_{M \times N}$，$A_q = (a_{ij})_{M \times N}$ 为同型矩阵，其始边零化像分别为 $A_p^0 = (a_{ij}^0)_{M \times N}$，$A_q^0 = (b_{ij}^0)_{M \times N}$；则两矩阵 $A_p = (a_{ij})_{M \times N}$ 和 $A_q = (a_{ij})_{M \times N}$ 灰色绝对关联度为

$$\varepsilon_{pq} = \left[\begin{array}{l} 6 + \left| \sum\limits_{i=1}^{M-1} \sum\limits_{j=1}^{N-1} (a_{i,j}^0 + a_{i+1,j+1}^0 + 2a_{i+1,j}^0 + 2a_{i,j+1}^0) \right| + \\ \left| \sum\limits_{i=1}^{M-1} \sum\limits_{j=1}^{N-1} (b_{i,j}^0 + b_{i+1,j+1}^0 + 2b_{i+1,j}^0 + 2b_{i,j+1}^0) \right| \end{array} \right] \times$$

$$\left[\begin{array}{l} 6 + \left| \sum\limits_{i=1}^{M-1} \sum\limits_{j=1}^{N-1} (a_{i,j}^0 + a_{i+1,j+1}^0 + 2a_{i+1,j}^0 + 2a_{i,j+1}^0) \right| + \\ \left| \sum\limits_{i=1}^{M-1} \sum\limits_{j=1}^{N-1} (b_{i,j}^0 + b_{i+1,j+1}^0 + 2b_{i+1,j}^0 + 2b_{i,j+1}^0) \right| + \\ \left| \sum\limits_{i=1}^{M-1} \sum\limits_{j=1}^{N-1} \left(\begin{array}{l} a_{i,j}^0 + a_{i+1,j+1}^0 + 2a_{i+1,j}^0 + 2a_{i,j+1}^0 \\ - b_{i,j}^0 - b_{i+1,j+1}^0 - 2b_{i+1,j}^0 - 2b_{i,j+1}^0 \end{array} \right) \right| \end{array} \right]^{-1}$$

三、中国制造业精益管理创新方法实证分析

（一）行业关联矩阵及分析

行业关联矩阵为

$$R_j = \begin{bmatrix} 0.5134 & 0.5124 & 0.5107 & 0.5113 & 0.5104 & 0.5112 & 0.5121 & 0.5118 & 0.5114 & 0.5126 & 0.5126 & 0.5102 & 0.5106 & 0.5122 & 0.5097 & 0.5096 & 0.51 & 0.5129 \\ 0.5058 & 0.5082 & 0.5071 & 0.5075 & 0.5069 & 0.5074 & 0.508 & 0.5078 & 0.5075 & 0.5087 & 0.5083 & 0.5067 & 0.507 & 0.508 & 0.5064 & 0.5063 & 0.5066 & 0.5085 \\ 0.5094 & 0.5087 & 0.5075 & 0.5079 & 0.5073 & 0.5078 & 0.5085 & 0.5082 & 0.508 & 0.5088 & 0.5088 & 0.5071 & 0.5074 & 0.5085 & 0.5068 & 0.5067 & 0.507 & 0.509 \\ 0.5067 & 0.5061 & 0.5053 & 0.5056 & 0.5051 & 0.5065 & 0.506 & 0.5058 & 0.5057 & 0.5062 & 0.5062 & 0.505 & 0.5053 & 0.506 & 0.5048 & 0.5048 & 0.5049 & 0.5054 \\ 0.8426 & 0.8162 & 0.7729 & 0.7887 & 0.7648 & 0.7855 & 0.8085 & 0.8004 & 0.7911 & 0.8198 & 0.8217 & 0.7587 & 0.7711 & 0.8104 & 0.7476 & 0.7449 & 0.7548 & 0.8297 \\ 0.6885 & 0.674 & 0.6502 & 0.6589 & 0.6457 & 0.6571 & 0.6698 & 0.6653 & 0.6602 & 0.676 & 0.677 & 0.6423 & 0.6492 & 0.6708 & 0.6363 & 0.6378 & 0.6402 & 0.6815 \end{bmatrix}$$

从矩阵 R_j 计算得到

$$\sum_{j=1}^{6} \lambda_{j6} = 3.5664 > \sum_{j=1}^{6} \lambda_{j11} = 3.547 > \sum_{j=1}^{6} \lambda_{j17} = 3.5346 > \sum_{j=1}^{3} \lambda_{j7}$$

$$= 3.5321 > \sum_{j=1}^{6} \lambda_{j4} = 3.5256 > \sum_{j=1}^{6} \lambda_{j9} = 3.515 > \sum_{j=1}^{6} \lambda_{j2}$$

$$= 3.5129 > \sum_{j=1}^{6} \lambda_{j1} = 3.4993 > \sum_{j=1}^{6} \lambda_{j3} = 3.4839 > \sum_{j=1}^{6} \lambda_{j14}$$

$$= 3.4799 > \sum_{j=1}^{6} \lambda_{j18} = 3.4745 > \sum_{j=1}^{6} \lambda_{j13} = 3.4537 = \sum_{j=1}^{6} \lambda_{j12}$$

$$= 3.4506 > \sum_{j=1}^{6} \lambda_{j5} = 3.4402 > \sum_{j=1}^{6} \lambda_{j8} = 3.430 > \sum_{j=1}^{6} \lambda_{j10}$$

$$= 3.4235 > \sum_{j=1}^{6} \lambda_{j15} = 3.4116 > \sum_{j=1}^{6} \lambda_{j16} = 3.4101$$

可以看出：（1）在中国制造业精益管理创新方法的实践过程中，普遍采用18种方法群，按照企业采用高低程度排序分别是 TQM、流程管理、自动化、标准作业、六西格玛、TPM、5S/6S、改善提案、QC 小组、均衡化生产、目视化、看板、价值流、并行工程、协调联运、快速换模、人因工程学；然而通过企业实践效果评价矩阵发现中国制造业发展过程中发挥作用比较大的方法逐次为TQM、人因工程学、均衡生产、QC 小组、流程管理、价值流、TPM、5S、全员参与改善、JIT、六西格玛、自动化、看板管理、标准作业、目视化、SMED、并行工程、协调联运。

（2）从创新方法选择和实践效果上来看，企业偏好 TQM、流程管理、自动化、标准作业、六西格玛、TPM；然而效果最佳的是 TQM、人因工程学、均衡生产、QC 小组、流程管理、价值流。TQM 在中国制造业实践中的偏好程度最大、效果最好，说明中国制造业更加关注产品质量，也比较符合中国制造业发展阶段对创新方法的需要。

（3）企业对看板、价值流、并行工程、协调联运、快速换模、人因工程学等不太看好，然而价值流、人因工程学对企业基础能力的提升还是比较显著的。

（4）从实践效果上来看，看板管理、标准作业、目视化、SMED、并行工程、协调联运等在实践中并未带来应有的效果。通过对企业调查，发现此类方法在企业实践中常常流于形式。

（二）精益管理创新方法多维评价与分析

根据上述分析，精益管理创新方法分为两个三维度方法群。每个方法类群具有几乎相同的内涵和精益哲理。按照分类方法群，企业实践效果评价的思路更客观，更能发现制造业导入精益方法效果不佳的真正原因。假设 Z-企业绩效矩阵、A-全员参与方法群矩阵、B-团队方法群矩阵、C-经营方法群矩阵、D-文化方法群矩阵、E-技术方法群矩阵、F-跨部门方法群矩阵，原始数据归一化处理如图 10-16 所示。

$$
\begin{array}{c}
\begin{bmatrix}
Z & & & & & \\
Y1 & 0 & 1 & 0.35 & 0.68 & 0.37 \\
Y2 & 0 & 0.52 & 0.11 & 1 & 0.64 \\
Y3 & 0 & 1 & 0.12 & 0.86 & 0.37 \\
Y4 & 0 & 0.52 & 0.17 & 1 & 0.21 \\
Y5 & 0.14 & 0.21 & 0 & 0.03 & 1 \\
Y6 & 0.17 & 0.35 & 0.24 & 0 & 1
\end{bmatrix}
\end{array}
$$

$$
\begin{bmatrix}
A & & & & & \\
X11 & 1 & 0.57 & 0.89 & 0 & 0.19 \\
X12 & 1 & 0.11 & 0.24 & 0 & 0.95 \\
X13 & 0 & 0.36 & 0.36 & 1 & 1 \\
X14 & 0 & 0.72 & 0.51 & 1 & 0.47 \\
X15 & 0.09 & 0 & 0.72 & 0.75 & 1 \\
X16 & 1 & 0 & 0.96 & 0.13 & 0.09
\end{bmatrix}
\quad
\begin{bmatrix}
B & & & & & \\
X21 & 0 & 0.2 & 1 & 0.63 & 0.96 \\
X22 & 0 & 0.35 & 0.39 & 0.17 & 1 \\
X23 & 0.07 & 0 & 0.52 & 0.33 & 1 \\
X24 & 0.63 & 0 & 0.21 & 0.38 & 1 \\
X25 & 0.39 & 0 & 0.83 & 1 & 0.39 \\
X26 & 0.93 & 0.74 & 0 & 1 & 0.96
\end{bmatrix}
\quad
\begin{bmatrix}
C & & & & & \\
X31 & 0.67 & 0.13 & 0 & 0.27 & 1 \\
X32 & 1 & 0.24 & 0.38 & 0.86 & 0 \\
X33 & 0.28 & 0.26 & 0 & 0.43 & 1 \\
X34 & 0 & 0.19 & 0.52 & 0.21 & 1 \\
X35 & 0.03 & 0 & 0.4 & 0.4 & 1 \\
X36 & 1 & 0 & 0.66 & 0.88 & 0.44
\end{bmatrix}
$$

$$
\begin{bmatrix}
D & & & & & \\
X11 & 1 & 0.57 & 0.89 & 0 & 0.19 \\
X12 & 1 & 0.11 & 0.24 & 0 & 0.95 \\
X13 & 0 & 0.36 & 0.36 & 1 & 1 \\
X14 & 0 & 0.72 & 0.51 & 1 & 0.47 \\
X15 & 0.67 & 0.13 & 0 & 0.27 & 1 \\
X16 & 1 & 0 & 0.96 & 0.13 & 0.09
\end{bmatrix}
\quad
\begin{bmatrix}
E & & & & & \\
X21 & 0 & 0.2 & 1 & 0.63 & 0.96 \\
X22 & 0 & 0.35 & 0.39 & 0.17 & 1 \\
X23 & 0 & 0.19 & 0.52 & 0.21 & 1 \\
X24 & 0.63 & 0 & 0.21 & 0.38 & 1 \\
X25 & 0.09 & 0 & 0.72 & 0.75 & 1 \\
X26 & 0.93 & 0.74 & 0 & 1 & 0.96
\end{bmatrix}
\quad
\begin{bmatrix}
F & & & & & \\
X31 & 0.07 & 0 & 0.52 & 0.33 & 1 \\
X32 & 1 & 0.24 & 0.38 & 0.86 & 0 \\
X33 & 0.28 & 0.26 & 0 & 0.43 & 1 \\
X34 & 0.39 & 0 & 0.83 & 1 & 0.39 \\
X35 & 0.03 & 0 & 0.4 & 0.4 & 1 \\
X36 & 1 & 0 & 0.96 & 0.13 & 0.09
\end{bmatrix}
$$

图 10-16　创新方法与企业绩效原始数据归一化处理

依据上述数学模型，通过 Matlab 实现结果如表 10-26 所示。

表 10-26　矩阵 Z 与矩阵 A-B-C-D-E-E-F 空间计量关联系数 ρ

系统	A-B-C-D-E-E-F 系统					
子系统	A-B-C 系统			D-E-F 系统		
空间关联矩阵	ρ_{Z-A}	ρ_{Z-B}	ρ_{Z-C}	ρ_{Z-D}	ρ_{Z-E}	ρ_{Z-F}
空间关联系数	0.6260	0.7062	0.5289	0.5262	0.7872	0.5309
子系统排序	2	1	3	3	1	2
系统排序	3	2	5	6	1	4

结果表明：（1）企业实践中，6 类方法群的效果强弱排序为技术类、团队运作类、全员参与类、跨部门类、经营类、文化类。技术类、团队运作类、全员参与类方法实践效果较好，说明企业在运用创新方法群时，更多关注技术工具的使用。跨部门类、经营类、文化类方法实践效果较弱，说明中国制造业在实践中没有完全理解此类创新方法群的内涵，没有形成管理创新基础能力和创新文化。

（2）企业实践中，A-B-C 系统方法群的问题效果强弱排序为团队协作方法群、全员参与方法群、企业经营类方法群。说明企业更加关注方法工具的使用，并在企业建立不同的团队来解决生产管理过程中的各类问题。然而，全员参与类方法群实践效果较弱，说明企业创新过程中员工参与度较弱，没有通过管理创新方法的实践达到培养企业员工的目的，同时也没有形成创新氛围，没有形成创新文化。

（3）企业实践中，D-E-F 系统方法群效果强弱排序为技术类方法群、跨部门类方法群、文化类方法群。同样说明企业实践中只关注个别方法的使用，忽视了很多方法需要部门间协同创新才能生效。文化类方法群效果最弱，再次表明企业实践中对精益管理创新方法的不理解，导致没有通过创新方法的实践实现企业创新文化的培养。

（4）整体来看，企业实践中创新方法运用好的是技术类方法群，说明中国制造业所处阶段更加需要采用具体方法或工具来解决上次过程中出现的系列问题，这些方法群的导入对企业高质量发展做出了很大的贡献。

（5）整体来看，企业实践中创新方法运用较差的是文化类方法群，说明学习和应用精益管理创新方法流于形式、缺乏对精益生产理念方法的哲学认知、过多关注精益技术和工具、推行精益生产易中断、改善成果易反弹、组织制度保障不利，基层员工活力未激活、没有自上而下的思想统一、对精益生产的方法不理解或曲解，导入方法不对，推动不力、难以形成精益文化、没有达到硬条件下企业软实力的提升等。

第四节　中国制造业高质量发展精益路径

在中国制造业发展过程中，文化类创新方法群和经营类创新方法群并没有得到很好的实践效果。主要有以下几方面的原因：①企业导入精益过程中，没有形成精益能力释放通道，这种通道的核心是企业精益平台的构建。②企业导入精益过程中，没有形成"精益思维—精益理念—精益平台—精益方法"的集成，这种集成需要来自企业四个层面的密切协同。领导层负责通过精益思维设计企业精益平台；管理层需要通过精益理念构建适合企业解决问题的精益运营平台；企业层面上需要管理层和员工协同工作，发现问题及问题背后的真正原因；基层员工需要采取相应的管理创新方法解决企业面临的实际问题。③中国制造业的高质量发展基础和前提是基础能力的重构。在导入管理创新方法时，忽视运营类方法群和文化类方法群的深入实践，或者是由于没能通过方法实践，难以形成企业基础能力重构。④基础能力重构过程中，很多企业总寄希望于方法的导入能立即产生经济效益，忽视了创新文化的培养，这样一来就很难实现"方法—实践—协作—创新文化"的集成，达不到企业导入精益的预期。这样就难以形成集成创新的能力，导致企业在精益实践中难以达到预期。

企业的变化最终一定要落实到员工的具体变化上，才能为企业带来切实的经济利益。而要想让员工有所改变，不仅需要管理者提供一系列的要求和帮助，更需要企业构建能够让员工改变的平台，平台运作的结果就是在企业形成创新文化。从国内外众多成功企业的经验和不成功企业的教训中不难发现，没有企业创新文化的变化等一切变化，都是不可能实现的。鉴于此，设计基于精益管理创新方法的中国制造业高质量发展"企业协同创新—管理创新基础能力重构—创新文化培育"集成路径（见图 10-17）。

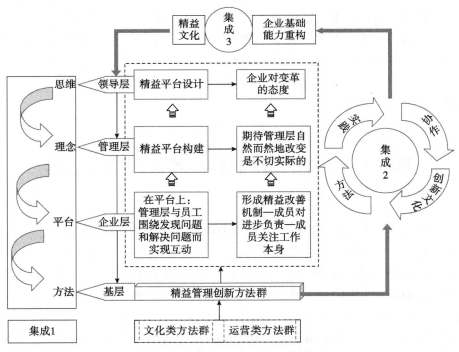

图 10-17　中国制造业高质量发展精益路径

参考文献

[1] 詹新宇，崔培培．中国省际经济增长质量的测度与评价——基于"五大发展理念"的实证分析 [J]．财政研究，2016（8）：39，40-53．

[2] 鲁俊群．大力发展数字经济是高质量发展必由之路 [J]．山东干部函授大学学报（理论学习），2019（3）：44．

[3] 李子联，王爱民．江苏高质量发展：测度评价与推进路径 [J]．江苏社会科学，2019（1）：247-256，260．

[4] 程俊杰．高质量发展背景下破解"创新困境"的双重机制 [J]．现代经济探讨，2019（3）：5-10．

[5] 王刚，韩宪洲，许云，等．创新是高质量发展的关键 [J]．前线，2019（5）：74-82．

[6] 王喜成．试论推动高质量发展的路径和着力点 [J]．河南社会科学，2018，26（9）：1-6．

[7] 李金昌，史龙梅，徐蔼婷．高质量发展评价指标体系探讨 [J]．统计研究，2019，36（1）：4-14．

[8] 刘国斌，宋瑾泽．中国区域经济高质量发展研究 [J]．区域经济评论，2019（2）：55-60．

[9] 王群勇，陆凤芝．环境规制能否助推中国经济高质量发展？——基于省际面板数据的实证检验 [J]．郑州大学学报（哲学社会科学版），2018，51（6）：64-70．

[10] 童纪新，王青青．中国重点城市群的雾霾污染、环境规制与经济高质量发展 [J]．管理现代化，2018，38（6）：59-61．

[11] 钞小静，任保平．中国经济增长质量的时序变化与地区差异分析 [J]．经济研究，2011，46（4）：26-40．

［12］张长星．推动河南经济高质量发展的对策研究［J］．区域经济评论，2019（3）：73-83.

［13］任保平，韩璐，崔浩萌．进入新常态后中国各省区经济增长质量指数的测度研究［J］．统计与信息论坛，2015，30（8）：3-8.

［14］李元旭，曾铖．政府规模、技术创新与高质量发展——基于企业家精神的中介作用研究［J］．复旦学报（社会科学版），2019，61（3）：155-166.

［15］徐鹏杰，杨萍．扩大开放、全要素生产率与高质量发展［J］．经济体制改革，2019（1）：32-38.

［16］魏敏，李书昊．新时代中国经济高质量发展水平的测度研究［J］．数量经济技术经济研究，2018，35（11）：3-20.

［17］方大春，马为彪．中国省际高质量发展的测度及时空特征［J］．区域经济评论，2019（2）：61-70.

［18］许永兵，罗鹏，张月．高质量发展指标体系构建及测度——以河北省为例［J］．河北大学学报（哲学社会科学版），2019，44（3）：86-97.

［19］任保平，李禹墨．新时代我国高质量发展评判体系的构建及其转型路径［J］．陕西师范大学学报（哲学社会科学版），2018，47（3）：105-113.

［20］孟祥兰，邢茂源．供给侧改革背景下湖北高质量发展综合评价研究——基于加权因子分析法的实证研究［J］．数理统计与管理，2019（4）：1-17.

［21］杨阳，顾春光，刘浩．区域创新双层驱动理论模型的构建研究［J］．管理现代化，2015，35（4）：40-42.

［22］霍国庆，杨阳，张古鹏．新常态背景下中国区域创新驱动发展理论模型的构建研究［J］．科学学与科学技术管理，2017，38（6）：77-93.

［23］唐学芳，赵源，朱艳婷，艾晓艳．改革发展中的区域创新驱动及其影响因素［J］．开发研究，2016（4）：22-26.

［24］吴战勇．区域经济创新的关键驱动因素与发展路径［J］．统计与决策，2017（18）：71-73.

［25］李楠，龚惠玲，张超．区域创新驱动发展关键影响因素研究［J］．科技进步与对策，2016，33（12）：41-46.

［26］李炜，李子彪，康凯．区域创新极培育能力影响因素实证研究［J］．技术经济与管理研究，2018（6）：117-122.

［27］Adeliya P．，Renata P. Analysis of Institutions and the Factors of Development of Regional Innovation Potential on the Example of the Republic of Tatarstan［J］．Procedia Economics and Finance, 2015, 27 (266): 361-368.

［28］臧欣昱，马永红，王成东. 基于效率视角的区域协同创新驱动及影响因素研究［J］. 软科学，2017，31 (6)：6-9.

［29］修国义，韩佳璇，陈晓华. 区域创新驱动能力影响因素实证研究［J］. 金融与经济，2017 (5)：49-54.

［30］李永周，袁波. 基于投入产出分析的区域创新驱动效率测度［J］. 统计与决策，2018，34 (8)：95-99.

［31］孟卫东，但森. 区域创新体系创新能力影响因素实证分析［J］. 特区经济，2013 (5)：16-19.

［32］刘丽辉，陈晶瑛. 广东区域创新能力影响因素实证分析［J］. 中国人力资源开发，2012 (6)：81-85，105.

［33］李涛，孙研. 我国西部区域创新能力影响因素的空间计量分析——基于西部地区面板数据的实证研究［J］. 湖南社会科学，2016 (1)：134-139.

［34］柳卸林. 区域创新体系成立的条件和建设的关键因素［J］. 中国科技论坛，2003 (1)：18-22.

［35］尹猛基. 我国省级行政区域创新驱动发展水平评价研究［J］. 工业技术经济，2015，34 (12)：71-77.

［36］Niusha Esmaeilpoorarabi, Tan Yigitcanlar, Mirko Guaralda, Md. Kamruzzaman. Evaluating Place Quality in Innovation Districts: A Delphic Hierarchy Process Approach［J］. Land Use Policy, 2018 (2): 76.

［37］Bjorn T., Asheim, Helen Lawton Smith, Christine Oughton. Regional Innovation Systems: Theory, Empirics and Policy［J］. Regional Studies, 2011, 45 (7): 875-891.

［38］蒋玉涛，招富刚. 创新驱动过程视角下的创新型区域评价指标体系研究［J］. 科技管理研究，2009，29 (7)：168-169，181.

［39］杨千钰. 基于熵值法的中国区域创新驱动发展评估及空间差异研究［J］. 当代经济，2017 (14)：25-27.

［40］林平凡. 广东传统中小企业创新转型的策略：借鉴台湾"观光工厂"的模式［J］. 科技管理研究，2016，36 (9)：145-149，160.

［41］王业强，郭叶波，赵勇，等. 科技创新驱动区域协调发展：理论基础与中国实践［J］. 中国软科学，2017 (11)：86-100.

［42］吴战勇. 地方高校与区域经济创新发展的协同机制研究［J］. 黑龙江

高教研究，2017（1）：129-132.

[43] 孙志芳. 我国区域创新体系建设的困境与路径 [J]. 中共中央党校学报，2013，17（5）：77-79.

[44] Grazzi M., Mathew N., Moschella D. Efficiency, Innovation, and Imported Inputs: Determinants of Export Performance among Indian Manufacturing Firms [J]. Lem Papers, 2017, 9（4）：164-181.

[45] Mammadov J., Abbasova G. Intelligence Information System for Automation Process of Growing Tea Plantation [J]. Quality & Quantity, 2017, 51（4）：1-13.

[46] 范蔚琳. 我国制造业技术创新效率问题的实证研究——基于分行业视角 [D]. 华中师范大学硕士学位论文，2017.

[47] 马俊杰. 我国工业企业技术创新效率的评价研究 [D]. 辽宁大学硕士学位论文，2017.

[48] 王留帅. 河南省 18 个地级市创新评价研究 [D]. 中原工学院硕士学位论文，2016.

[49] 王玮. 基于 DEA-Malmquist 指数的区域科技创新效率评价分析 [D]. 成都理工大学硕士学位论文，2016.

[50] 邓聚龙. 灰理论基础 [M]. 武汉：华中科技大学出版社，2002：135-150.

[51] 肖新平，谢录臣，黄定荣. 灰色关联度计算的改进及其应用 [J]. 数理统计与管理，1995，14（5）：27-30.

[52] 党耀国，刘思峰，刘斌，等. 灰色斜率关联度的改进 [J]. 中国工程科学，2004，6（3）：41-44.

[53] 孙玉刚，党耀国. 灰色 T 型关联度的改进 [J]. 系统工程理论与实践，2008，28（4）：135-139.

[54] 刘思峰，谢乃明，Forrest Jeffery. 基于相似性和接近性视角的新型灰色关联分析模型 [J]. 系统工程理论与实践，2010，30（5）：882-887.

[55] 蒋诗泉，刘思峰，刘中侠，等. 基于面积的灰色关联决策模型 [J]. 控制与决策，2015，30（4）：685-690.

[56] Luo D., Wei B., Lin P. Y. The Optimization of Several Grey Incidence Analysis Models [J]. Journal of Grey System, 2015, 27（4）：1-11.

[57] Liu S., Yang Y., Cao Y., et al. A Summary on the Research of GRA Models [J]. Grey Systems, Theory and Application, 2013, 3（1）：7-15.

［58］张可，刘思峰．灰色关联聚类在面板数据中的扩展及应用［J］．系统工程理论与实践，2010，30（7）：1253-1259.

［59］吴利丰，刘思峰．基于灰色凸关联度的面板数据聚类方法及应用［J］．控制与决策，2013（7）：1033-1036.

［60］钱吴永，王育红，党耀国，等．基于多指标面板数据的灰色矩阵关联模型及其应用［J］．系统工程，2013（10）：70-74.

［61］Li X. M.，Hipel K. W.，Dang Y. G. An Improved Grey Relational Analysis Approach for Panel Data Clustering［J］．Expert Systems with Applications，2015，42（23）：9105-9116.

［62］宋歌．河南省传统制造业转型升级研究［J］．合作经济与科技，2017（23）：31-33.

［63］巩宏丽．河南省制造业与制造服务业的空间协同效应分析［J］．统计与决策，2018，34（6）：92-94.

［64］侯建．知识密集型制造业专利创新运营绩效研究［J］．系统工程理论与实践，2017，37（7）：1709-1719.

［65］罗歆．"中国制造2025"背景下衡阳市制造业崛起战略［J］．企业科技与发展，2019（2）：32-33.

［66］河南省统计局．2017年河南省国民经济和社会发展统计公报［N］．河南日报，2018-02-28.

［67］赵君，蔡翔．基于比较优势的区域优势产业选择研究——以广西制造业为例［J］．安徽农业科学，2007（18）：5626-5628.

［68］贾琳．江苏制造优势产业选择分析［J］．苏州市职业大学学报，2009，20（3）：69-73.

［69］郭永花．基于因子分析法分析陕西省优势产业选择——以第二产业为例［J］．企业导报，2012（17）：126.

［70］孙硕，唐铜生．基于PCA模型的南宁制造业优势产业分析［J］．商业研究，2012（7）：76-81.

［71］赵亮．基于因子分析的区域优势产业实证研究——以河南省优势产业为例［J］．农村经济与科技，2013，24（8）：70-72.

［72］向平安，姚瑶．重点生态功能区特色工业选择的实证研究［J］．湖南社会科学，2016（3）：116-121.

［73］张祎蓉，向平安．重点生态功能区域特色优势产业选择——以张家界

市为例 [J]. 作物研究, 2018, 32 (5): 422-428.

[74] 侯仲凯, 何卓静. 基于因子分析法的西藏县域优势产业评价研究 [J]. 经济研究参考, 2016 (37): 38-46.

[75] 李洪成, 姜宏华. SPSS 数据分析教程 [M]. 北京: 人民邮电出版社, 2012.

[76] 肖文, 林高榜. 政府支持、研发管理与技术创新效率——基于中国工业行业的实证分析 [J]. 管理世界, 2014 (4): 71-80.

[77] 余泳泽, 刘大勇. 我国区域创新效率的空间外溢效应与价值链外溢效应——创新价值链视角下的多维空间面板模型研究 [J]. 管理世界, 2013 (7): 6-20, 70, 187.

[78] 赵奇锋, 王永中. 薪酬差距、发明家晋升与企业技术创新 [J]. 世界经济, 2019, 42 (7): 94-119.

[79] 周亚虹, 贺小丹, 沈瑶. 中国工业企业自主创新的影响因素和产出绩效研究 [J]. 经济研究, 2012, 47 (5): 107-119.

[80] 寇宗来, 刘学悦. 中国企业的专利行为: 特征事实以及来自创新政策的影响 [J]. 经济研究, 2020, 55 (3): 83-99.

[81] 石善冲. 科技成果转化评价指标体系研究 [J]. 科学学与科学技术管理, 2003 (6): 30-33.

[82] 白利娟, 汪小梅. 基于模糊综合评判方法的陕西高校科技成果转化分析 [J]. 情报杂志, 2006 (7): 46-48.

[83] 谢运. 我国激励自主创新的税收政策评价与优化路径研究 [D]. 浙江大学硕士学位论文, 2012.

[84] 林寿富, 黄茂兴. 区域科技成果转化能力评价研究——基于福建省的实证分析 [J]. 福建论坛 (人文社会科学版), 2013 (10): 148-153.

[85] 肖士恩, 雷家, 刘文艳. 北京市科技创新政策评价及改进建议 [J]. 中国科技论坛, 2014 (5): 53-55.

[86] 赵辉, 杨瑞琦, 林芳芳. 基于模糊综合评价的科技成果转化分析 [J]. 科技管理研究, 2016, 36 (10): 30-34.

[87] 邓晶. 科研机构科技成果转化评价指标体系及方法研究 [J]. 科技创业月刊, 2017 (4): 20-23.

[88] 罗彪, 卢蓉. 科技成果转化效率分段评价与区域比较 [J]. 中国高校科技, 2018, 359 (7): 64-68.

［89］胡中慧，陶润生，袁洋．基于区域视角的科技成果转化绩效评价指标体系研究［J］．科技和产业，2018（1）：57-62．

［90］邢晓昭，李善青．科技成果转化成熟度评价指标体系研究——以结构方程模型为例［J］．情报工程，2018，4（1）：52-66．

［91］张毅，陈圻．中国区域物流业与经济发展协调度研究——基于复合系统模型与30个省区面板数据［J］．软科学，2010（12）：70-74．

［92］简兆权．战略联盟的合作博弈分析［J］．数量经济技术经济研究，1999（8）：34-36．

［93］徐康宁．开放经济中的产业集群与竞争力［J］．中国工业经济，2001（11）：22-27．

［94］何黎明．推进物流业高质量发展面临的若干问题［J］．中国流通经济，2018（10）：5-9．

［95］杨守德．技术创新驱动中国物流业跨越式高质量发展研究［J］．中国流通经济，2019（3）：62-70．

［96］金爽．新时代"互联网+"背景下物流企业高质量发展［J］．今日财富，2018（13）：33-33．

［97］吕铁，刘丹．制造业高质量发展：差距、问题与举措［J］．学习与探索，2019（1）：111-117．

［98］陈瑾，何宁．高质量发展下中国制造业升级路径与对策——以装备制造业为例［J］．企业经济，2018，37（10）：44-52．

［99］彭树涛，李鹏飞．中国制造业发展质量评价及提升路径［J］．中国特色社会主义研究，2018，143（5）：36-42．

［100］董希淼，吴琦．金融业如何服务好高质量发展［J］．金融博览，2018（2）：35-37．

［101］连平，刘健．扩大金融业对外开放是我国金融高质量发展的必由之路［J］．金融经济，2018（5）：7．

［102］宣宇．加快构建高质量金融服务体系［J］．金融与经济，2019（3）：1．

［103］李培哲，菅利荣，刘勇．基于DEA与Malmquist指数的区域高技术产业创新效率评价研究［J］．工业技术经济，2019（1）：27-34．

［104］董茂峰．中部六省区域创新效率及影响因素研究［D］．中北大学硕士学位论文，2017．

［105］刘芳．我国高新技术产业创新效率评价及影响因素研究［D］．哈尔滨工程大学硕士学位论文，2018.

［106］郝红美．安徽省高新技术产业创新效率比较研究［D］．安徽财经大学硕士学位论文，2017.

［107］李婉红，刘芳．剥离环境因素的中国高新技术产业创新效率综合测度研究［J］．科技进步与对策，2019，36（4）：1-6.

［108］黄婷．东北地区高技术产业技术创新效率研究［D］．辽宁大学硕士学位论文，2018.

［109］马俊杰．我国工业企业技术创新效率的评价研究［D］．辽宁大学硕士学位论文，2017.

［110］姬璇．基于三阶段 DEA 模型的节能环保上市公司创新效率评价研究［D］．西安建筑科技大学硕士学位论文，2018.

［111］赵佳敏．基于 DEA 的西北五省高技术产业技术创新效率研究［D］．兰州理工大学硕士学位论文，2018.

［112］黄婷，葛玉辉．高管团队海外经历对企业创新绩效的影响——信息技术上市公司的实证研究［J］．科技与管理，2018，20（4）：80-86.

［113］龚光明，单虹．基于动态网络 DEA 的中国高技术企业创新效率研究［J］．科学管理研究，2015，33（1）：60-63.

［114］刘伟，蔡志洲．我国工业化进程中产业结构升级与新常态下的经济增长［J］．北京大学学报（哲学社会科学版），2015，52（3）：5-19.

［115］孙超．基于因子分析和三阶段 DEA 的高技术产业技术创新效率评价研究［D］．华南理工大学硕士学位论文，2015.

［116］徐伟斌．刍议低压智能配电柜的技术创新及发展趋势［J］．低碳世界，2016，9（12）：97-98.

［117］袁旭梅，蔡书文，王伟，等．高新技术产业协同创新系统建模与仿真［J］．科技进步与对策，2018，35（4）：63-71.

［118］王伟，孙芳城．高技术产业三阶段创新效率变动研究——基于内部非期望产出的 SBM 模型与 EBM 模型［J］．科技进步与对策，2018，35（3）：67-71.

［119］陈洪安，张霞．一个理论模型：风险资本对企业创新的影响探究——高管团队异质性的调节［C］//经济商务管理与企业社会责任国际学术会议，2018.

［120］方大春，张凡，芮明杰．我国高新技术产业创新效率及其影响因素实证研究——基于面板数据随机前沿模型［J］．科技管理研究，2016，36（7）：66-70，75.

［121］南楠，陈程，袁晓星．媒体报道、风险承担与企业创新——来自中国上市公司的经验证据［J］．社会科学家，2016（11）：98-101.

［122］乔元波，王砚羽．基于三阶段DEA-Windows分析的中国省域创新效率评价［J］．科学学与科学技术管理，2017，38（1）：88-97.

［123］尹伟华．中国制造业参与全球价值链的程度与方式——基于世界投入产出表的分析［J］．经济与管理研究，2015（8）：12-20.

［124］张沁梅．我国高技术产业绿色技术创新效率研究［D］．中南林业科技大学硕士学位论文，2018.

［125］Porter M. E. The Competitive Advantage［M］. New York：Free Press，1985.

［126］Kogut B. Designing Global Strategies：Comparative and Competitive Value-added Chains［J］. Sloan Management Review，1985，26（4）：15-28.

［127］Gereffi G. A Commodity Chains Framework for Analyzing Global Industries［Z］. Working Paper for IDS，1999b.

［128］Sturgeon T.，Lee J. R. Industry Co-Evolution and the Rise of a Shared Supply-base for Electronics Manufacturing［R］. Paper Presented at Nelson and Winter Conference，Aalgborg，2001.

［129］陶长琪，徐志琴．国际直接投资对全球价值链分工地位的影响效应研究——基于对41个国家的差异性考察［J］．南昌工程学院学报，2019（1）：6-15.

［130］孙铭壕，侯梦薇，钱馨蕾，等．"一带一路"沿线国家参与全球价值链位势分析——基于多区域投入产出模型和增加值核算法［J］．湖北社会科学，2019（2）：94-101.

［131］高静，韩德超，刘国光．全球价值链嵌入下中国企业出口质量的升级［J］．世界经济研究，2019（2）：74-84，136-137.

［132］邱雪超．全球价值链分工对我国外贸摩擦的影响探讨［J］．商业经济研究，2015（17）：31-32.

［133］Hummels D.，Ishiib J.，Yi K. The Nature and Growth of Vertical Specialization in World Trade［J］. Journal of International Economics，2001，54（1）：

75-96.

[134] Feenstra R. C. New Evidence on the Gains from Trade [J]. Review of World Economics, 2006, 142 (4): 617-641.

[135] Daudin G., Rifflart C., Schweisguth D. Who Produces for Whom in the World Economy? [J]. Canadian Journal of Economics, 2011, 44 (4): 1403-1437.

[136] Koopman R., Wang Z., Wei S. J. Tracing Value-added and Double Counting in Gross Exports [J]. American Economic Review, 2014, 104 (2): 459-494.

[137] Hausmann D., Hwang J., Rodrik D. What You Export Matters [J]. Journal of Economic Growth, 2007 (12): 433-443.

[138] 王岚. 融入全球价值链对中国制造业国际分工地位的影响 [J]. 统计研究, 2014, 31 (5): 17-23.

[139] 岑丽君. 中国在全球生产网络中的分工与贸易地位——基于 TiVA 数据与 GVC 指数的研究 [J]. 国际贸易问题, 2015 (1): 3-13, 131.

[140] 李建军, 孙慧. 融入全球价值链提升"中国制造"的国际分工地位了吗? [J]. 内蒙古社会科学, 2016 (2): 112-118.

[141] 袁红林. 全球价值链视角下的我国中小制造企业升级策略 [J]. 国际贸易, 2016 (9): 32-37.

[142] 马述忠, 张洪胜, 王笑笑. 融资约束与全球价值链地位提升——来自中国加工贸易企业的理论与证据 [J]. 中国社会科学, 2017 (1): 83-107, 206.

[143] 屠年松, 朱光亚. 中国及东盟国家全球价值链分工地位的影响因素分析 [J]. 昆明理工大学学报 (社会科学版), 2019, 19 (1): 52-60.

[144] 刘盼盼. 我国制造业在全球价值链中的地位研究——基于社会网络方法分析 [J]. 现代营销 (下旬刊), 2019 (1): 7-8.

[145] 吴有必. 波特理论模式与迎接"返关"的挑战 [J]. 广东商学院学报, 1993 (2): 30-32.

[146] 张良卫. 波特竞争战略理论评述 [J]. 经济学动态, 1995 (8): 70-71, 81.

[147] 周利国. 波特的"国家的竞争优势"与"国家的竞争发展阶段"理论及其意义 [J]. 山东经济, 1996 (5): 19-22, 34.

[148] 李焱, 原毅军. 中国装备制造业价值链升级与技术创新的协调发展

研究［J］.国际贸易，2017（6）：52-56.

［149］孙灵希，曹琳琳.中国装备制造业价值链地位的影响因素研究［J］.宏观经济研究，2016（11）：59-71.

［150］郭旭红，李玄煜.新常态下我国战略性新兴产业经济力的经济学分析——以波特"钻石模型"为视角［J］.湖北社会科学，2016（12）：84-89.

［151］董冠华.西部新兴产业竞争力经济学分析——基于波特钻石模型［J］.经济研究导刊，2017（21）：36-37.

［152］Vandemerve S.，Rada J. Servititation of Business：Adding Value by Adding Services［J］. European Management Journal，1988，10（9）：33-40.

［153］Croxton K. L.，García-Dastugue S. J.，Lambert D. M.，et al. The Supply Chain Management Process［J］. The Internet Journal of Logistic Management，2001（12）：22-30.

［154］White A. L. Stoughton M.，Feng L. Servicizing the Quiet Transition to Extended Procduct Responsibility［M］. Boston：Tellus Institute，1999：123-140.

［155］Szalavetz A. Tertiarization of Manufactureing Industry in the New Economy：Differences in Hungarian Companies［J］. IWE Working Papers，2003（134）：55-60.

［156］Toffel M. W. Contracting for Servicizing［J］. SSRN Electronic Journal，2008（5）：30-40.

［157］郭跃进.论制造业的服务化经营趋势［J］.中国工业经济，1999（3）：12-18.

［158］刘继国，李江.国外制造业服务化问题研究综述［J］.经济学家，2016（3）：119-126.

［159］迈克尔·波特.竞争战略［M］.北京：华夏出版社，1980：50-80.

［160］Mathieu V. Product Service：From a Service Supporting the Product to a Service Supporting the Client［J］. Journal of Business & Industrial Marketing，2001，1（5）：50-55.

［161］Fishbein B.，McGarry L. S.，Dillon P. S. Leasing：A Step Toward Producer Responsibility［J］. INFORM，2002，8（4）：45-50.

［162］邵锦华.基于价值链理论视角的制造业服务化原因探讨［J］.江苏商论，2014（9）：21-23.

［163］孙林岩，李刚，蒋志斌.21世纪的先进制造模式——服务型制造

［J］. 中国机械工程，2016（18）：20-33.

［164］周国华，王岩岩. 服务型制造模式研究［J］. 技术经济，2017（2）：32-34.

［165］郑吉昌. 产品服务增值与制造企业的战略扩张［J］. 学术探索，2014（10）：44-48.

［166］刘平. 基于产品服务的制造企业战略选择［M］. 南昌：江西社会科学出版社，2015.

［167］何哲，孙林岩，朱春燕. 服务型制造的概念、问题与前瞻［J］. 科学研究，2017（28）：42-45.

［168］董晓庆，赵坚，袁朋伟. 国有企业创新效率损失研究［J］. 中国工业经济，2014（2）：97-108.

［169］Baines T. S., Lightfoot H. W., Benedettini O., et al. The Servitization of Manufacturing：A Review of Literature and Reflection on Future Challenges［J］. Journal of Manufacturing Technology Management，2009，20（5）：547-567.

［170］Lay G., Copani G., Jager A., et al. The Relevance of Service in European Manufacturing Industries［J］. Journal of Service Management，2010，21（5）：715-726.

［171］Dimache A., Roche T. A Decision Methodology to Support Servitization of Manufacturing［J］. International Journal of Operations & Production Management，2013，33（11-12）：1435-1457.

［172］张伯旭，赵剑波，李辉. 服务型制造的模式创新［J］. 企业管理，2016（11）：12-15.

［173］刘兰芝. 制造业服务化模式研究［J］. 经贸实践，2017（5）：140.

［174］Saara Brax. A Manufacturer Becoming Service Provider-challenges and a Paradox［J］. Managing and Service Quality，2005，15（2）：140-145.

［175］赵少华. 装备制造业服务化水平过程及影响因素研究——基于我国内地30个省市截面数据的实证研究［J］. 科技进步与对策，2014（14）：48-52.

［176］周艳春，赵守国. 制造企业服务化的理论依据及动因分析［J］. 科技管理研究，2016（30）：15-20.

［177］童有好. "互联网+制造业服务化" 融合发展研究［J］. 经济纵横，2015（10）：60-67.

［178］周国华，王岩岩. 服务型制造模式研究［J］. 技术经济，2017（2）：

13-18.

[179] 胡敏，陈建军，沈继为，等．生产性服务业与安徽制造业互动发展的思考 [J]．安徽科技，2016（13）：21-23.

[180] Reiskin E. D. , White A. L. , Kauffman J. J. Servicizing the Chemical Supply Chain [J]．Journal of Industrial Ecology，2003（3）：20-50.

[181] 黄毅敏，齐二石．工业工程视角下中国制造业发展困境与路径 [J]．科学学与科学技术管理，2015，36（4）：85-94.

[182] James P. Womack，Daniel T. Jones，Daniel Roos. The Machine that Changed the World [M]．New York：Rawson Associates，1990.

[183] 路甬祥．坚持科学发展，推进制造业的历史性跨越 [J]．机械工程学报，2007（11）：1-6.

[184] 冯俏彬．我国经济高质量发展的五大特征与五大途径 [J]．中国党政干部论坛，2018（1）：59-61.

[185] 盛来运．经济运行稳中向好　高质量发展任重道远——2017 年中国经济形势分析 [J]．紫光阁，2018（2）：55-57.

[186] 贾华强．实现更高质量发展的"四个必须" [J]．国家治理，2018（5）：18-26.

[187] 李佐军．企业家如何迎接新挑战、抓住新机遇 [J]．紫光阁，2018（1）：24-66.

[188] Sohal A. Developing a Lean Production Organization：An Australian Case Study [J]．International Journal of Operations & Production Management，1996（16）：91-102.

[189] Browning T. R. , Heath R. D. Reconceptualizing the Effects of Lean Production Costs with Evidence from the F-22 Program [J]．Journal of Operations Management，2009（27）：23-44.

[190] 江志斌，周利平．精益管理、六西格玛、约束理论等工业工程方法的系统化集成应用 [J]．工业工程与管理，2017，22（2）：1-7.

[191] Toni L. Doolen，Maria E. Hacker. A Review of Lean Assessment in Organizations：An Exploratory Study of Lean Practices by Electronics Manufacturers [J]．Journal of Management Systems，2005，24（1）：55-67.

[192] Joachim Metternich，Stefan Seifermann，Sebastian Beck. Volume and Mix Flexibility Evaluation of Lean Production Systems [J]．Procedia CIRP，2013

（9）：79-84.

［193］王黎，蒋国璋，向锋．制造企业精益生产水平评价方法研究［J］．科技管理研究，2018，38（12）：114-118.

［194］邓善怡，戴良铁．精益生产变革下战略性人力资源管理实践［J］．企业管理，2015（3）：58-60.

［195］Sterling Amanda, Boxall Peter. Lean Production, Employee Learning and Workplace Outcomes: A Case Analysis through the Ability-motivation-opportunity Framework［J］. Human Resource Management Journal, 2013, 23（3）：227-240.

［196］井含文，彭文涛，王顺国，等．迁钢炼钢精益生产组织实践［J］．中国冶金，2018，28（9）：46-49.

［197］Dombrowski U. , Mielke T. , Engel C. Knowledge Management in Lean Production Systems［J］. Procedia CIRP, 2012（3）：436-441.

［198］Geir Ringen, Silje Aschehoug, Halvor Holtskog, et al. Integrating Quality and Lean into a Holistic Production System［J］. Procedia CIRP, 2014（17）：242-247.

［199］Salah A. M. , Elmoselhy. Hybrid Lean-agile Manufacturing System Technical Facet, in Automotive Sector［J］. Journal of Manufacturing Systems, 2013（32）：598-619.

［200］Dary Powell, Erlend Alfnes, Jan Ola Strandhagen, et al. The Concurrent Application of Lean Production and ERP: Towards an ERP-based Lean Implementation Process［J］. Computers in Industry, 2013（64）：324-335.

［201］孙新波，苏钟海．数据赋能驱动制造业企业实现敏捷制造案例研究［J］．管理科学，2018，31（5）：117-130.

［202］Powell, Daryl. ERP Systems in Lean Production: New Insights from a Review of Lean and ERP Literature［J］. International Journal of Operations & Production Management, 2013, 33（11）：1490-1510.

［203］Andrea Chiarini. Sustainable Manufacturing-greening Processes Using Specific Lean Production Tools: An Empirical Observation from European Motorcycle Component Manufacturers［J］. Journal of Cleaner Production, 2014（15）：1-8.

［204］Moyano-Fuentes Jose, Jose Martinez-Jurado Pedro, Manuel Maqueira-Marin, et al. Impact of Use of Information Technology on Lean Production Adoption: Evidence from the Automotive Industry［J］. International Journal of Technology Management，2012（57）：132-148.

[205] 程翼宇，张伯礼，方同华，等．智慧精益制药工程理论及其中药工业转化研究 [J]．中国中药杂志，2019，44（23）：5017-5021.

[206] 孙慧，任鸽．高管团队垂直薪酬差距、国际化战略与企业创新绩效——组织惯性的调节作用 [J]．经济与管理评论，2020，36（2）：44-55.

[207] 娄祝坤，黄妍杰，陈思雨．集团现金分布、治理机制与创新绩效 [J]．科研管理，2019，40（12）：202-212.

[208] 姚艳虹，张翠平．知识域耦合、知识创新能力与企业创新绩效——环境不确定性和战略柔性的调节作用 [J]．科技进步与对策，2019，36（23）：76-84.

[209] 许珂，耿成轩．制度环境与战略性新兴产业创新能力发展研究 [J]．技术经济与管理研究，2018（10）：106-111.

[210] 熊晓琼，李智豪，李昇平．基于改进灰色 TOPSIS 模型的信号——响应系统稳健参数设计 [J]．计算机集成制造系统，2020（10）：1-19.

[211] 邓聚龙．灰色理论的关联空间 [J]．模糊数学，1985，4（2）：1-10.

[212] 张可，刘思峰．A Novel Algorithm of Image Edge Detection Based on Matrix Degree of Grey Incidences [J]．The Journal of Grey System，2009，21（3）：231-240.

附　录

附录一　2012～2016 年河南省数据

指标 \ 年份	2016	2015	2014	2013	2012
制造业销售产值（当年价格）	72751.28	66031.84	59496.75	43066.33	51124.22
制造业主营业务收入（万元）	72630.04	65700.03	59620.73	43766.04	51629.66
制造业利润总额（万元）	5105.56	4639.26	4459.53	3473.46	4005.74
制造业新产品销售收入（万元）	70452626	60791737	57581861	51321743	47422007
制造业专利申请数（项）	21034	15956	14868	14276	12762
制造业资产总计（万元）	50445.57	46127.01	41251.03	26697.05	34685.27
制造业流动资产合计（万元）	24122.89	22208.39	19838.41	13230.99	17375.18
制造业负债合计（万元）	22301.31	20184.93	18094.41	12603.54	15567.75
制造业所有者权益合计（万元）	27878.93	25339.8	12406.15	13891.15	18850.19
制造业主营业务成本（万元）	63288.9	57157.66	51630.13	37265.49	44366.88
制造业平均用工人数（万人）	640.67	627.61	594.36	568.22	531.03
制造业（R&D）经费支出（万元）	4466991	3853237	3393814	3066353	2630049
制造业（R&D）人员折合全时当量合计	112518	126984	118511	118052	108822
制造业新产品产值（万元）	70508962	64070784	58332427	53829637	48979069
制造业综合能源消费量（万吨标准煤）	8826.24	14141.45	11961.15	13264.96	14217.29
制造业电力消耗（亿千瓦时）	1762.34	1813.81	1741.29	1754.17	1561.52
制造业废气排放量（亿立方米）	18642.21	19570.75	24158.51	24556.34	22584.01
制造业二氧化硫排放量（吨）	98059.33	180972.06	544650.46	647678.18	617071
制造业废水排放量（万吨）	37279.85	116531.38	85754.11	88282.41	90165.33
制造业固体废弃物产生量（万吨）	4502.32	4714.6	5388.32	5200.64	5430.23
制造业固体废弃物综合利用量（万吨）	2427.65	3401.32	3686.76	3616.12	3835.89

资料来源：河南省统计局。

附录二　2016 年全国数据

指标	北京	广东	上海	黑龙江	安徽
制造业销售产值（当年价格）	13040.7	120975.12	29537.84	8576.53	39189.61
制造业资产总计（万元）	20408.14	90886.3	35921.56	8074.96	26286.14
制造业流动资产合计（万元）	12531.08	58723.71	22780.04	4295.32	14379.91
制造业负债合计（万元）	10914.79	51598.88	18171.1	4815.36	14158.92
制造业所有者权益合计（万元）	9480.11	38725.42	17510.08	3249.89	12002.35
制造业主营业务收入（万元）	14795.55	120392.32	32760.34	8684.96	38618.5
制造业主营业务成本（万元）	11757.87	101046.25	25949.36	7328.03	33409.03
制造业利润总额（万元）	1076.25	7513	2797.71	387.88	2062.07
制造业平均用工人数（万人）	91.54	1401.97	211.54	66.75	290.89
制造业（R&D）经费支出（万元）	2471279	16550018	4900800	714425	1929203
制造业（R&D）人员折合全时当量合计	48222	424000	98671	21461	93905
制造业新产品产值（万元）	40991628	288283695	77944900	5004578.3	38579015
制造业新产品销售收入（万元）	40842350	286714000	90334800	5002801	38077488
制造业专利申请数（项）	18293	145448	24228	3809	48356
制造业综合能源消费量（万吨标准煤）	1197.4	15693.045	5740.55	4907.4	2011.9617
制造业电力消耗（亿千瓦时）	176.43	2865.37	798.18	181.39	860.5697
制造业废气排放量（亿标立方米）	1949.974	33462.258	12669	2899.3235	6011.979
制造业固体废弃物产生量（万吨）	334.0212	4832.3269	1680.1	788.04	2994.495
制造业固体废弃物综合利用量（万吨）	288.0568	4224.5174	1607.51	632.05	2566.71
指标	江西	河南	湖南	重庆	陕西
制造业销售产值（当年价格）	31361.46	72751.28	36567.94	21972.88	16062.64
制造业资产总计（万元）	19344.49	50445.57	21271.51	16828.49	18442.97
制造业流动资产合计（万元）	8590.07	24122.89	10406.72	8599.87	8366.37
制造业负债合计（万元）	9011.32	22301.31	10568.87	10237.64	10345.17
制造业所有者权益合计（万元）	10269.26	27878.93	10709.27	6519.87	8022.94
制造业主营业务收入（万元）	33831.89	72630.04	36307.43	21957.62	15727.86
制造业主营业务成本（万元）	29612.95	63288.9	29686.87	18593.21	12992.16
制造业利润总额（万元）	2318.46	5105.56	1864.88	1546.2	993.25
制造业平均用工人数（万人）	248.73	640.67	299.92	175.6	125.88
制造业（R&D）经费支出（万元）	1797561	3853237	3864662	2346024	1741698
制造业（R&D）人员折合全时当量合计	46565	126984	84431	46780	63657

续表

指标	江西	河南	湖南	重庆	陕西
制造业新产品产值（万元）	31476284	64070784	84098474	47213076	15570047
制造业新产品销售收入（万元）	31368046	60791737	80476966	49277029	12340640
制造业专利申请数（项）	12564	15956	17735	17511	7321
制造业综合能源消费量（万吨标准煤）	5341.07	14141.45	3508.27	2817.1	4634.45
制造业电力消耗（亿千瓦时）	556.58	1813.81	558.4	503.08	556.32
制造业废气排放量（亿标立方米）	12054.28	19570.75	18227.66	10140.03	36274.4
制造业固体废弃物产生量（万吨）	2328.95	4714.6	3138.21	1083.24	4533.58
制造业固体废弃物综合利用量（万吨）	1994.68	3401.32	2356.6	651	3480.58

资料来源：Wind 数据库。

附录三　2015 年全国数据

指标	北京	广东	上海	黑龙江	安徽
制造业销售产值（当年价格）	12424.97	112357.5	29700.41	8809.3	35437.74
制造业资产总计（万元）	17791.34	81676.43	33579.17	8690.95	24151.54
制造业流动资产合计（万元）	11085.91	52178.92	20796.93	4588.72	12744.86
制造业负债合计（万元）	9520.66	47206.36	16769.1	5225.51	13111.29
制造业所有者权益合计（万元）	8244.21	34079.15	16702.56	3454.03	10794.31
制造业主营业务收入（万元）	13853.44	110548	32572.16	8891.59	35320.25
制造业主营业务成本（万元）	10999.32	93081.85	26129.29	7523.41	30453.75
制造业利润总额（万元）	940.87	6844.73	2574.33	360.69	1848.66
制造业平均用工人数（万人）	97.05	1430.36	229.96	73.58	293.03
制造业（R&D）经费支出（万元）	2365034	14950307	4742400	687694	1675047
制造业（R&D）人员折合全时当量合计	48385	411000	94981	21904	90747
制造业新产品产值（万元）	36456153	2.28E+08	73122400	5287633	30988766
制造业新产品销售收入（万元）	35620680	2.26E+08	74709300	5066248	30585912
制造业专利申请数（项）	18204	106038	21725	3354	44219
制造业综合能源消费量（万吨标准煤）	1292.5	15831.88	5815.6	3316.55	1914.534
制造业电力消耗（亿千瓦时）	170.48	2711.76	787.03	235.94	818.47
制造业废气排放量（亿标立方米）	4195	26744.09	12802	3583.84	6596.488
制造业固体废弃物产生量（万吨）	406.1312	4850.66	1868.07	864.53	2951.334
制造业固体废弃物综合利用量（万吨）	338.4484	4413.1	1796.18	844.4	2658.438

续表

指标	江西	河南	湖南	重庆	陕西
制造业销售产值（当年价格）	28382.42	66031.8	33365.6	19419.7	14454.8
制造业资产总计（万元）	16805.69	46127.0	19631.1	14634.0	16768.2
制造业流动资产合计（万元）	7472.4	22208.3	9621.19	7438.68	7398.53
制造业负债合计（万元）	8099.45	20184.9	9777.07	9055.13	9501.66
制造业所有者权益合计（万元）	8628.47	25339.8	9835.67	5549.26	7297.34
制造业主营业务收入（万元）	30686.8	65700.0	32571.0	19383.2	14350.2
制造业主营业务成本（万元）	27025.53	57157.6	26463.1	16355.7	11869.4
制造业利润总额（万元）	1950.68	4639.26	1641.46	1315.83	787.94
制造业平均用工人数（万人）	240.91	627.61	296.71	170.1	125.05
制造业（R&D）经费支出（万元）	1474968	3393814	3477012	1976230	1590794
制造业（R&D）人员折合全时当量	32100	118511	81902	444.64	59753
制造业新产品产值（万元）	21408888	5833242	7726645	4615571	1160736
制造业新产品销售收入（万元）	20586019	5758186	7309374	4477979	1034800
制造业专利申请数（项）	8561	14868	17624	14703	6606
制造业综合能源消费量（万吨标准煤）	5263.63	11961.1	3333	2953.47	4419.65
制造业电力消耗（亿千瓦时）	536.02	1741.29	670.35	508.25	410.98
制造业废气排放量（亿标立方米）	13314.28	24158.5	12586.6	7691.31	113937.
制造业固体废弃物产生量（万吨）	2309.97	5388.32	3919.3	1285.64	4891.07
制造业固体废弃物综合利用量（万吨）	2192.24	3686.76	2575.6	944.89	3198.77

资料来源：Wind 数据库。

附录四　2012～2017 年各省市技术复杂度

省份 年份	河南	安徽	山西	湖南	江西	北京	山东
2012	2421.68	2089.66	2401.90	2554.95	2254.07	5419.17	3774.91
2013	2555.71	2260.86	2515.53	2742.83	2427.80	6501.78	4067.59
2014	2641.55	2438.84	2566.03	3026.11	2634.33	6940.24	4368.93
2015	2933.32	2592.07	2588.19	3115.28	2776.70	7239.54	4594.87
2016	3094.11	2785.12	1786.42	3520.82	3079.66	8371.69	4899.76
2017	3506.58	3036.82	3222.19	3515.04	3328.01	9223.20	5235.21

续表

省份 年份	浙江	福建	重庆	四川	贵州	陕西	青海
2012	4676.37	3815.48	3043.60	2290.60	1503.98	2717.32	1367.60
2013	4926.63	4106.23	3289.28	2461.78	1730.22	2994.73	2001.21
2014	5272.24	4490.28	3662.09	2656.92	1981.16	3248.44	2108.58
2015	5198.87	4788.45	3978.26	2759.41	2196.50	3227.46	2516.12
2016	6097.01	5250.22	4494.21	2935.56	2466.23	3709.32	3187.39
2017	6306.10	5667.20	4944.13	3104.63	2768.60	3867.01	3653.89

附录五 2012~2017 年各省市出口复杂度

省份 年份	河南	安徽	山西	湖南	江西	北京	山东
2012	2362.52	1924.51	2176.95	2474.12	2238.63	4260.12	3492.94
2013	2486.75	2080.47	2355.94	2652.41	2404.38	5817.40	3788.36
2014	2446.44	2245.70	2440.33	2955.56	2601.33	6260.83	4075.16
2015	2870.81	2436.38	2504.08	2963.03	2740.47	6423.96	4294.83
2016	2905.36	2533.40	1160.45	3453.20	3033.24	7661.23	4513.01
2017	3392.86	2736.60	3179.11	3210.85	3284.82	8493.11	4848.07

省份 年份	浙江	福建	重庆	四川	贵州	陕西	青海
2012	4378.72	3501.14	3020.71	2248.69	1456.26	2429.62	715.27
2013	4594.70	3777.03	3260.34	2420.09	1684.27	2709.21	1414.58
2014	4949.00	4128.838	3642.82	2611.95	1929.69	2922.61	1456.70
2015	4543.90	4403.68	3948.47	2702.69	2109.98	2854.92	2003.25
2016	5656.22	4767.33	4460.867	2783.37	2363.79	3484.77	3015.46
2017	6513.76	5310.53	4884.69	2387.20	2725.69	4303.54	1404.59

附录六 2012~2017 年各省市指标数据

河南	Y	A1	A2	A3	B1	C1	C2	D1	D2	E1	E2
2012 年	2362.5216	44.821	1.17	79.88	2895153	0.209	15017.56	46341	2207239	69.64	2313506
2013 年	2486.7500	37.773	1.16	76.41	3501612	0.221	14937.72	47787	2396977	80	2660106
2014 年	2446.4407	41.865	1.21	76.58	3647407	0.227	15809.09	58878	2564918	81.25	2971713

河南	Y	A1	A2	A3	B1	C1	C2	D1	D2	E1	E2
2015 年	2870. 8139	43. 494	1. 16	78. 53	4214375	0. 214	15823. 33	68710	3071921	83. 25	3065512
2016 年	2905. 3619	44. 710	1. 16	75. 50	4019423	0. 221	17042. 72	82249	2839169	96. 1	3370816
2017 年	3392. 8594	47. 396	1. 09	72. 05	4550572	0. 243	18452. 06	104538	3058410	137. 94	3982301
安徽	Y	A1	A2	A3	B1	C1	C2	D1	D2	E1	E2
2012 年	1924. 5099	66. 741	2	78. 06	2463450	0. 129	8025. 84	39962	2674850	96	2793021
2013 年	2080. 4652	60. 359	1. 92	77. 27	2599711	0. 130	8880. 45	41612	2825131	109. 67	3244687
2014 年	2245. 7048	68. 283	1. 88	79. 87	2899205	0. 109	9455. 48	48026	3148537	129. 59	3685185
2015 年	2436. 3817	78. 174	1. 83	81. 79	3033191	0. 105	9264. 82	106486	3227017	147. 94	3804434
2016 年	2533. 4036	84. 839	1. 65	83. 56	2587566	0. 113	10076. 94	67256	2844668	259. 5	4432081
2017 年	2736. 5965	95. 459	1. 7	84. 00	2757138	0. 125	10916. 31	86641	3059612	260. 41	5117102
山西	Y	A1	A2	A3	B1	C1	C2	D1	D2	E1	E2
2012 年	2176. 9514	22. 502	0. 72	14. 02	635896	0. 259	6023. 55	31963	802707	33. 32	1020706
2013 年	2355. 9398	20. 167	0. 73	13. 30	748833	0. 154	5842. 14	34182	779541	62. 06	991958
2014 年	2440. 3322	20. 466	0. 79	8. 20	850290	0. 066	5471. 01	39119	729194	54. 26	1004459
2015 年	1800. 3934	18. 503	0. 74	7. 95	629562	0. 0745	5286. 7	32189	62984	55. 38	1008950
2016 年	1160. 4546	16. 540	0. 68	7. 70	645194. 3	0. 083	4148. 91	42163	672922	34. 56	689735
2017 年	3179. 1137	7. 346	0. 74	9. 80	1005931. 38	0. 269	5771. 22	49724	699126	50. 25	895493
湖南	Y	A1	A2	A3	B1	C1	C2	D1	D2	E1	E2
2012 年	2474. 122871	38. 563	1. 23	80. 88	1220350	0. 140	9138. 5	38381	934653	48. 19	2384102
2013 年	2652. 411437	46. 803	1. 22	82. 46	1433262	0. 151	10001	40486	1035411	55. 46	2959845
2014 年	2955. 557856	54. 782	1. 29	83. 89	1947802	0. 123	10749. 88	46307	1088860	59. 38	3151100
2015 年	2963. 033861	70. 324	1. 45	85. 53	1820182	0. 130	10945. 81	52147	1016471	66. 26	3315134
2016 年	3453. 197369	80. 744	1. 52	86. 52	1735271	0. 141	11337. 28	58000	855093	71. 44	3585267
2017 年	3210. 854276	86. 848	1. 67	88. 33	2116566	0. 138	11879. 94	163392	1286246	91. 42	4857534
江西	Y	A1	A2	A3	B1	C1	C2	D1	D2	E1	E2
2012 年	2238. 625358	52. 553	0. 62	57. 34	2494075	0. 209	5828. 2	53857	830104	27. 5	917019
2013 年	2404. 376371	52. 117	0. 66	61. 53	2789491	0. 222	6452. 41	58770	857998	46. 32	977849
2014 年	2601. 334866	54. 154	0. 62	63. 63	3162426	0. 237	6848. 63	67025	1070550	58. 37	1291820
2015 年	2740. 467769	58. 591	0. 65	60. 90	3268465	0. 213	6918	72578	928287	74. 79	1445062
2016 年	3033. 243889	64. 838	0. 74	69. 38	2934926	0. 224	7219. 11	77738	1023001	83. 12	2227922
2017 年	3284. 824692	82. 395	0. 97	75. 14	3206671	0. 216	7789. 59	80797	1185072	120. 09	2949584

续表

北京	Y	A1	A2	A3	B1	C1	C2	D1	D2	E1	E2
2012 年	4260. 115971	3. 839	0. 75	96. 67	4687798	0. 343	3294. 32	149355	34847523	199. 94	2527103
2013 年	5817. 401348	4. 351	0. 78	96. 62	5645590	0. 352	3566. 43	177105	36589825	234. 67	2931908
2014 年	6260. 825802	3. 033	0. 76	96. 50	5623584	0. 411	3746. 77	201027	35318018	282. 71	2971203
2015 年	6423. 96187	3. 929	0. 65	96. 31	4850824	0. 450	3710. 88	380963	26477375	287. 8	3053943
2016 年	7661. 231685	4. 415	0. 65	95. 93	4760796	0. 482	4026. 68	427371	23032612	285. 78	3226374
2017 年	8493. 11115	4. 620	0. 65	95. 66	5393005	0. 626	4274	486409	26545144	361. 76	3454456
山东	Y	A1	A2	A3	B1	C1	C2	D1	D2	E1	E2
2012 年	3492. 944935	32. 077	1. 84	82. 42	11909538	0. 213	22798. 33	158114	11683512	124. 98	8148492
2013 年	3788. 36313	34. 903	1. 76	84. 74	12497854	0. 215	24265. 31	176491	13234141	149. 14	10206343
2014 年	4075. 162925	43. 852	1. 82	85. 89	13497831	0. 217	25340. 86	199227	13222074	147. 06	11603104
2015 年	4294. 834858	49. 999	1. 95	87. 34	13452754	0. 209	25910. 75	219334	9668212	159. 05	11221423
2016 年	4513. 014507	58. 034	1. 99	88. 51	12627490	0. 223	27588. 7	251874	9725976	167	12521655
2017 年	4848. 065986	59. 127	2	89. 20	13616403	0. 213	28705. 69	304218	11751349	195. 77	13834842
浙江	Y	A1	A2	A3	B1	C1	C2	D1	D2	E1	E2
2012 年	4378. 724568	14. 243	2. 14	54. 21	21022671	0. 085	15338. 02	217810	8788421	165. 98	7145347
2013 年	4594. 693872	17. 136	2. 46	54. 54	23198654	0. 090	15837. 2	240408	8704246	191. 87	8216556
2014 年	4948. 998497	19. 459	2. 63	54. 76	25656927	0. 091	16771. 9	262881	8171272	207. 99	8960543
2015 年	4543. 898017	22. 925	2. 92	71. 41	24151863	0. 093	17217. 47	291813	7045171	250. 79	8989328
2016 年	5656. 219325	24. 761	3. 03	69. 94	24849838	0. 111	18655. 12	319870	6871216	269. 04	10041634
2017 年	6513. 755909	25. 360	3. 16	70. 20	27377450	0. 115	19474. 48	373415	9111420	303. 5	11074026
福建	Y	A1	A2	A3	B1	C1	C2	D1	D2	E1	E2
2012 年	3501. 140146	12. 871	1. 42	58. 67	8977258	0. 132	8541. 94	145744	3478547	48. 47	2278341
2013 年	3777. 034844	18. 395	1. 56	54. 68	9793830	0. 138	9455. 32	156516	3379673	60. 62	2656091
2014 年	4128. 827179	20. 815	1. 69	61. 78	10431969	0. 140	10426. 71	173245	3198466	67. 4	2846972
2015 年	4403. 678558	25. 918	1. 5	55. 16	10362586	0. 137	10820. 22	196713	2656055	76. 6	2973967
2016 年	4767. 334954	28. 275	1. 53	52. 19	9414234	0. 167	11698. 36	226315	2265597	80. 28	3516871
2017 年	5310. 531477	35. 500	1. 6	60. 66	9542405	0. 186	12674. 89	260721	2618537	99. 44	4234896
重庆	Y	A1	A2	A3	B1	C1	C2	D1	D2	E1	E2
2012 年	3020. 711732	27. 582	0. 89	72. 26	3827756	0. 129	4981. 01	53694	1463600	29. 84	1266058
2013 年	3260. 339075	30. 909	0. 91	75. 31	4638416	0. 163	4632. 15	58841	2189627	38. 65	1438649
2014 年	3642. 81848	36. 014	1. 06	78. 38	6306716	0. 200	5175. 8	67517	3203078	38. 16	1863801

重庆	Y	A1	A2	A3	B1	C1	C2	D1	D2	E1	E2
2015 年	3948. 472938	43. 805	1. 09	93. 05	5477356	0. 214	5557. 52	78845	1928001	45. 67	2388537
2016 年	4460. 863672	52. 867	1. 15	78. 39	4035271	0. 243	6183. 8	88065	2209926	51. 62	3025777
2017 年	4884. 688785	62. 750	1. 39	82. 37	4241583	0. 225	6587. 08	94558	2400585	59. 31	3252278
贵州	Y	A1	A2	A3	B1	C1	C2	D1	D2	E1	E2
2012 年	1456. 258426	21. 425	0. 45	70. 37	479509	0. 228	2217. 06	7670	167933	28. 98	400699
2013 年	1684. 265067	23. 229	0. 54	69. 52	670307	0. 178	2686. 52	11856	140413	34. 27	403004
2014 年	1929. 68658	27. 579	0. 51	55. 24	915312	0. 161	3140. 88	15472	137407	44. 34	383864
2015 年	2109. 978989	28. 336	0. 49	63. 48	955676	0. 163	3315. 58	18147	227279	58. 68	424215
2016 年	2363. 792661	42. 847	0. 51	59. 43	454580	0. 165	3715. 64	23719	95683	69. 3	550466
2017 年	2725. 691033	43. 773	0. 6	54. 54	557175	0. 170	4260. 48	31251	236860	87. 72	577811
陕西	Y	A1	A2	A3	B1	C1	C2	D1	D2	E1	E2
2012 年	2429. 619922	27. 121	0. 89	93. 82	773620. 6	0. 480	6847. 41	31130	614677	34. 94	1285251
2013 年	2709. 205089	26. 712	0. 91	94. 84	925072. 7	0. 453	7507. 34	36629	990240	38. 02	1799803
2014 年	2922. 611816	31. 840	0. 88	94. 15	1253258	0. 370	7993. 39	44734	1343469	44. 86	1710125
2015 年	2854. 923368	34. 440	0. 88	89. 74	1308175	0. 266	7344. 62	51571	1570975	57. 28	1637909
2016 年	3484. 769091	35. 876	0. 89	89. 92	1487879	0. 271	7598	56081	1410966	62. 01	1898166
2017 年	4303. 538632	37. 746	0. 88	90. 50	2414588	0. 363	8691. 79	80039	1565899	79. 34	2042467
青海	Y	A1	A2	A3	B1	C1	C2	D1	D2	E1	E2
2012 年	715. 265431	43. 200	0. 33	48. 15	38115	0. 399	895. 89	2829	42871	7. 18	74374
2013 年	1414. 579003	53. 370	0. 32	74. 07	59890	0. 286	912. 68	2981	55548	8. 39	87949
2014 年	1456. 696626	62. 156	0. 33	84. 91	77920	0. 187	954. 27	3095	58999	10. 39	99766
2015 年	2003. 251675	59. 524	0. 2	67. 31	130728	0. 118	893. 87	7396	29251	11. 22	98825
2016 年	3015. 459874	61. 328	0. 28	75. 00	129616	0. 135	901. 68	7527	15914	10. 9	62146
2017 年	1404. 59014	72. 175	0. 28	74. 03	27183	0. 178	777. 56	7699	23158	11. 94	87570